Prof. Dr. Michaela Brohm-Badry

AUFBRECHEN

Prof. Dr. Michaela
Brohm-Badry

AUFBRECHEN

Die Freiheit zur Selbstentfaltung
gewinnen

BELTZ

FSC www.fsc.org
MIX
Papier aus verantwortungsvollen Quellen
FSC® C089473

Klimaneutral
Papier
ClimatePartner.com/13732-1910-1001

Dieses Buch ist erhältlich als:
ISBN 978-3-407-978-3-407-86659-2 Print
ISBN 978-3-407-86695-0 E-Book (EPUB)

1. Auflage 2021

Lektorat: Judith Roth, Frankfurt
Umschlaggestaltung: Vietmeier Design, München
Bildnachweis: dillustrations.com/Dillon Johnson
Herstellung und Layout: Sarah Veith und Lara Thorissen
Satz: Publikations Atelier, Dreieich
Druck und Bindung: Beltz Grafische Betriebe, Bad Langensalza
Beltz Grafische Betriebe ist ein klimaneutrales Unternehmen (ID 15985-2104-100).
Printed in Germany

Weitere Informationen zu unseren Autor_innen und Titeln
finden Sie unter: www.beltz.de

Inhalt

Einleitung

Ein neues Lebensgefühl bahnt sich seinen Weg: ein Leben in Wäldern und Feldern, mit Musik und Theater, in Liebe zu allem, was lebt, und in tiefer Verbundenheit mit sich selbst. Vieles deutet darauf hin, dass wir nun zurückfinden zu dem, was lebendiges Menschsein sein kann. Und davon handelt dieses Buch.

Nach all unseren Entfremdungserfahrungen der letzten Jahrzehnte nehmen sich einige Menschen mitten im Leben die Freiheit, aufzubrechen und inneren Impulsen zu folgen: Sie bauen, reisen, lernen ein Instrument, segeln über die Meere, gründen eine Firma, steigen irgendwo ein oder aus und folgen dabei nur einem einzigen Impuls: Sie tun, was sie wirklich gerne tun, sie verwirklichen, was ihnen wertvoll ist – in Verbundenheit mit ihrer inneren Sehnsucht, aus Freude am Tun, aus Lust oder Leidenschaft. Und lassen sich dabei von ihren Träumen leiten.

In unseren Interviews sagen sie Sätze wie: »Und dann habe ich gedacht, ich mach das jetzt einfach!« Inspiriert wachsen sie über sich selbst hinaus, entfalten ihr Potenzial und vermitteln das Gefühl freudiger Lebendigkeit. So wie die ältere Frau, deren Spruch kürzlich in Läuferforen auftauchte, weil sie etwas sagte wie: »Ich fing mit 72 Jahren an zu laufen, weil ich die langweiligen Gespräche über Beerdigungen leid war!«

Jahrzehntelang haben wir uns darauf eingelassen, dass wir uns dem gesellschaftlichen und immer stärker ökonomisch geprägten, Wollen anzupassen haben. Angesichts der Erfahrungen mit den globalen Herausforderungen wie Pandemie, Klimawandel und der

Weltrisikogesellschaft sehen wir nun, was wirklich wichtig ist, was wirklich zählt im Leben.

Dabei wurde deutlich, dass es eher umgekehrt sein sollte: Die gesellschaftlichen und ökonomischen Kräfte haben sich unseren urmenschlichen Bedürfnissen anzupassen, den Bedürfnissen nach körperlich und geistig wohlbehaltenem Leben und insbesondere dem Bedürfnis nach einem menschengerechten Leben. Wir könnten auch von einem authentischen oder einem kohärenten Leben sprechen. Wir sind unsere eigenen Menschen und haben ein Recht auf Stimmigkeit mit uns selbst, auf seelische Unversehrtheit.

Und so ist die Entfaltung des eigenen Potenzials kein Akt gegen die Bedürfnisse anderer, sondern vielmehr eine Selbstermächtigung im Sinne eines menschengerechten Lebens. In unseren Gesprächen wurde an vielen Stellen deutlich, dass das Ausleben eigener Fähigkeiten, Fertigkeiten, Interessen und Leidenschaften nicht nur wohltuend auf das eigene Leben wirkt, sondern auch wohltuend auf das soziale Umfeld, auf Familie, Freunde, Ehe oder Partnerschaft. Wer ein authentisches Leben führt, lebt ein volles Leben, und diese Zufriedenheit überträgt sich auf alles, was im Umfeld lebt.

Die höchste Form des Glücks ist ein Leben mit einem gewissen Grad an Verrücktheit, schrieb Erasmus von Rotterdam. In diesem Sinne ermutigt das Buch, sich aufzuschwingen zu einem lebendigen Leben, das außerhalb des bisher Gedachten liegt; Chancen wahrzunehmen, Wünsche zu leben und statt der äußeren Zwänge die Freiheit zu wählen. Es ist daher eine Ermutigung zum abenteuerlichen Leben.

Diese Freiheit des Selbst zu beschützen ist wertvoll. So fragt dieses Buch danach, welches innere Potenzial wir leben könnten, wie wir dies angehen und welche Autonomie-Support-Techniken uns dabei helfen, unsere Handlungsfreiheit zu wahren.

Gestatten Sie mir noch eine persönliche Bemerkung: Dieses

Buch hat drei Ebenen: Forschungsbefunde, Assoziationen aus Musik, Geschichte und Literatur sowie autobiografische Passagen. Vor allem durch Letztere wurde es für mich ein sehr persönliches Buch. Beim Schreiben habe ich mir vorgestellt, ich würde für eine gute Freundin schreiben. Daher habe ich mich entschlossen, Sie zu duzen. Ein anderer Grund für diese persönliche Anrede ist auch, dass neuere Forschungsbefunde nahelegen, dass es motivierender ist, uns selbst in Selbstgesprächen nicht zu ›ich-zen‹, sondern zu duzen.

Wenn wir das machen, was wir gerne machen, führt uns das an Orte, an denen wir lebendig, offen und erwartungsvoll den eigenen inspirierenden Impulsen folgen.

In diesem Sinne möchte dieses Buch dazu beitragen, sich selbst zu ermächtigen, ein freies, der Liebe zu allem Lebendigen zugewandtes Leben zu leben und die eigenen Träume zu verwirklichen. Mit diesen Ideen steht unser Leben in der jahrtausendealten Tradition des europäischen Humanismus. Folge deinem Traum, alles andere findet sich von selbst.

Mit bestem Gruß,

Michaela Brohm-Badry
Trier, im Mai 2021

Tun, was wir wirklich wollen

Ich habe Menschen getroffen, die getan haben, was sie schon lange tun wollten, die gefunden haben, was sie begeistert, und sie erzählen davon voller Lebensfreude: Sie bauen mit eigenen Händen Pferdeställe zu Häusern um, kaufen Steinway-Flügel, die teurer sind als eine Zweizimmerwohnung im Trierer Süden, sie wandern monatelang allein durch Europa, gründen ein Unternehmen, wenn andere schon an die Rente denken, nehmen 60 Kilo ab, lassen sich nebenberuflich zum Rettungssanitäter ausbilden, erfinden ein Coachingsystem und Leute rennen ihnen die Bude ein oder lernen mit Mitte fünfzig Segeln und durchkreuzen die Meere.

Menschen, die aufbrechen und leben. Menschen, die so sind wie wir, so kraftvoll, so lebendig, so lebensfroh, nur ein ganz klein bisschen anders vielleicht. Was das andere war, wollte ich finden.

Die Tür meines Arbeitszimmers zum Wald hin habe ich weit geöffnet. Die Hunde liegen in der Sonne davor, ich sitze ruhig am Schreibtisch und schaue hinaus. Es ist Frühling, der Garten führt über die Wiese in den Wald. Jan Vogler spielt auf seinem Barockcello. Seit Wochen ist die Raserei des tobenden Wahnsinns vorbei; die Pandemie nimmt das Tempo. Ich bin in mir, wie schon seit Langem nicht mehr.

Einfach sein. Fast wie in einem wunderbaren Urlaub: Ganz in sich ruhen und aufs Meer schauen. Was für ein Gefühl, die Weite und Tiefe des Meeres wahrzunehmen. Und die Tiefe des Mensch-Seins darin zu spüren. Irgendwann sitze ich mit Andrea, Noah und

Vinci wieder am Meer. Doch in diesem Sommer nicht, denn in diesem Sommer ist eine andere Zeit.

Etwas zu erforschen heißt, sich lange Zeit zu vertiefen, um die eine Forschungsfrage beantworten zu können. In diesem Sommer ist Zeit dafür. Und so stelle ich Fragebögen online, treffe Menschen analog oder digital, führe Tiefeninterviews und werte Studien aus, um diese eine Frage zu beantworten: *Was brauchen wir, um mitten im Leben aufzubrechen und inneren Impulsen zu folgen?* Und weiter noch: Woher kommt dieser Impuls zum Aufbrechen, und wie kann der Weg gelingen?

Zu diesem Zeitpunkt im Frühling wusste ich noch nicht, dass ich im Laufe dieses Jahres das Geheimnis ergründen würde. Ich würde etwas Wertvolles finden, was meinen Blick auf das Leben verändert. Und noch mehr als das: Ich würde etwas finden, was unser Verhalten, unser Handeln verändern, uns wandeln kann.

Den Weg dorthin würde ich gerne mit dir gemeinsam gehen, dich also für dieses Forschungsprojekt quasi als Forschungspartnerin oder Forschungspartner gewinnen – und vielleicht zieht es dich ja genauso in den Bann wie mich. Und ab und an verlassen wir die geradlinigen Wege und folgen eher dem US-amerikanischen Philosophen Ralph Waldo Emerson, dem der Ausspruch zugeschrieben wird: »Folge nicht dem Weg, wohin er auch führt – sondern gehe dorthin, wo es keinen Weg gibt, und hinterlasse einen Pfad.«

Jede Forschung beginnt mit einem Anstoß: Irgendein Phänomen, das man nicht erklären kann, eine Informationslücke, Widersprüche, etwas, das man herausfinden muss, wissen will, also schlicht: Neugier. Deshalb sind viele Forscher ziemlich neugierig.

Neugierige Menschen haben ein hohes Interesse an neuen Erfahrungen und ihrer Umwelt. Sie interessieren sich für viele Bereiche und mögen abwechslungsreiche Situationen – lieben den hohen Herausforderungscharakter dieser.

Als Kind hätte mich meine Neugier fast umgebracht. Ich wollte etwas entdecken und oft endete es dann ziemlich unerwartet: Mal steckte ein rostiges Messer zwischen meinen Handknochen, mal mein Kopf im Treppengeländer fest und als ich mit fünf Blutegel fangen wollte, fiel ich im Winter in einen wassergefüllten Bombentrichter.

Heute bin ich Forscherin und so formalisierte sich die Neugier, doch das Abenteuer blieb. Es verändert uns, wenn wir uns und unsere Umwelt erkunden. A life-changing act sozusagen. All das, was wir erleben und erfahren, kann lebensverändernd sein. Und das gilt auch für kognitive Erlebnisse. So sind beispielsweise Menschen, die zu Hause viele Bücher haben, offener für neue Erfahrungen als Menschen aus Haushalten mit nur wenigen oder keinen Büchern. Oder wenn wir wissen, dass der Aufzug im Hotel vor sechs Wochen abgestürzt ist, nehmen wir lieber die Treppe.

Auch tiefer Wandel in der Persönlichkeit ist inzwischen gut belegt: So werden wir mit dem Alter verträglicher (nicht alle, aber die meisten von uns!), gewissenhafter (ist ja auch unpraktisch, wenn man zu unordentlich ist, um die Hörgeräte wiederfinden zu können) und – das ist besonders tröstlich – emotional stabiler. Wir haben dann also weniger Angst, weniger Depressionen, weniger Wut und sind weniger empfindlich. Das macht uns im Alter freier.

Neugier führt zu Wissen und Wissen verändert uns. Unsere gemeinsame Forschung wird uns verändern. Also fangen wir an!

Die Forschung beginnt zunächst mit assoziativem Suchen nach Vorwissen, Fragen, Erkenntnissen zum Thema. Ich habe das ungefähr so gedacht, wie es auf den folgenden Seiten steht.

Eroberung der Lebensgestaltung

Wir müssen uns eingestehen, dass unsere Versuche, uns an die immer schneller rotierenden Verhältnisse anzupassen, vergeblich waren. Fast wie in dem Lied von Manfred Mann, *Blinded by the light*[1] rennen wir wie wahnsinnig, geblendet durch die Nacht. Wir werden nie so schnell so perfekt, so entfremdet, so selbstoptimiert sein, dass wir genügen. Die Erwartungen haben sich nicht erfüllt. *Blinded by the light*. Und diese Erkenntnis hat etwas ungeheuer Befreiendes, lässt sie doch den ganzen Druck skrupellos zurück. Vielleicht kommt jetzt die Zeit des freien Durchatmens.

Es ist eine Zeit gekommen für die Rückbesinnung auf das allgemein Menschliche, eine Rückbesinnung auf uns selbst – ein selbstbestimmtes, freies Selbst. Es ist Zeit für eine Eindämmung des inneren Drucks und der Beeinflussung durch äußere Ansprüche. Viele wollen nicht mehr so überhitzte Ansprüche an sich selbst stellen, wollen nicht mehr den übersteigerten Erwartungen bei der Arbeit entsprechen, sich nicht mehr dem Termindruck oder der ständigen Erreichbarkeit aussetzen – denn all das entspricht nicht unserem menschlichen Sein.

Nicht nur durch den Klimawandel, nicht nur durch die Pandemie, nicht nur durch die zunehmenden Naturkatastrophen oder den massiven Populismus, sondern auch wegen deren Durchschlagskraft auf uns als Individuen, was sich in wachsendem Psychopharmakakonsum, Schlafstörungen, Herz-Kreislauf-Erkrankungen und zunehmender emotionaler Härte zeigt, haben wir einen deutlichen Schrei vernommen: Es ist der Schrei der finalen Erschöpfung von Mensch, Kultur und Natur. Und er weckt unsere tiefe innere Gewissheit, die wie ein Seismograf ausschlägt auf das, was falsch oder eben wichtig und richtig ist. Wir wollen die Hände frei haben, um zu greifen, fassen, gestalten und leben.

Daher können wir nun fordern, dass sich ab jetzt die Welt an uns anzupassen habe. Wir erobern uns die eigene Lebensgestaltung. Brechen sie heraus aus den Händen überangepasster Marktorientierungen, leistungsoptimierender Qualitätsmanagementsysteme und aus den überbordenden, unmenschlichen, entmenschlichenden Ansprüchen von Profit- und Non-Profit-Organisationen, von Unternehmen, Schulen, Hochschulen, Kirchen, Parteien, Vereinen und mehr.

Es ist ein aus dem Scheitern geborener Neuanfang, ein Aufbruch in offenes Gelände. Und was fangen wir nun an mit diesen neuen Räumen der Freiheit? Zunächst vielleicht die derzeitige Grundentschleunigung, die derzeitige Beruhigung, ein Stück weit zu halten. Ruhig bleiben, um das zu tun, was unserem tiefsten Innersten wirklich entspricht: wachsen, uns menschengerecht entfalten, in unseren eigenen Talenten, Werten, in unserem eigenen Sein – also ein gutes Leben führen. Denn, frei nach Oprah Winfrey, das größte Abenteuer, was wir jemals erleben können, ist das Leben unserer Träume zu leben. Und nun bemächtigen wir uns dazu selbst. Stell dir einfach vor, dass du das machst, was du gerne machen willst …

So wie Norbert, Mitte sechzig, groß gewachsen, graues, dichtes Haar, muskulös, leichter Bauchansatz, breite Schultern, den ich an einem sonnigen Abend in einem kleinen Bergdorf in der Eifel bei einem kühlen Moselriesling interviewe. Er hat sich einen abenteuerlichen Lebenstraum erfüllt (davon später mehr), und als ich ihn frage, warum er das gemacht hat, schaut er mich völlig entgeistert an und sagt voller Inbrunst: »Ja für mich selbst! Um zu sehen: Ja, ich kann das schaffen, wenn ich das will. Dazu musst du nur damit anfangen und dann eben kontinuierlich daran festhalten.« Und etwas später dann: »Ich wollte immer etwas Neues probieren, damit man nicht in so eine Monotonie fällt.« Wir treffen Norbert später wieder.

Einige Teilnehmerinnen und Teilnehmer unserer letzten Untersuchung formulierten es so: Eine 25-Jährige, die das Wandern für sich entdeckt hat, nennt es »meine persönliche Me-Time, nur ich und der Wald«. Ein 63-Jähriger findet durch das Reisen »mehr Lebensfreude«. Eine 37-Jährige pflanzt so gerne Blumen und Gemüse an: »Ich freue mich wahnsinnig über das Wachstum meiner Pflanzen und staune immer wieder über die wunderbare Natur. Ich liebe es, die Bienen, Falter und die anderen Insekten zu beobachten. Es fasziniert mich und macht mich einfach tief zufrieden.« Eine 29-Jährige schreibt über das Chorsingen, dass es »das ist, was ich am allerliebsten tue«. Und eine 71-Jährige schließlich gibt Kurse in kreativem und autobiografischem Schreiben. Sie hat diese neue Fähigkeit gefunden, indem sie sich auf eine neue Herausforderung eingelassen hat, »ohne zu wissen, was genau da auf mich zukommt«, und sie hat es auch deshalb gewagt, »weil andere mir das zugetraut haben«. Nach der Bedeutung dieser Entdeckung für ihr Leben gefragt, schreibt sie: »Es bereichert und erfüllt mich ungemein und macht mich zutiefst dankbar und glücklich.« Sie heißt Hanne und ich habe mich mit ihr verabredet, um mehr von ihr zu erfahren.

Nach diesen ersten Überlegungen und Impulsen folgt in unserem Forschungsprojekt im zweiten Schritt die theoretische Phase: Wir recherchieren nach Literatur, stöbern in Datenbanken, sichten die bereits vorhandenen Ansätze und Modelle – also das bisherige Wissen – und werden so von all jenen Kolleginnen und Kollegen getragen, die vor uns an dem Thema gearbeitet haben. Ein solides Fundament. Und vielleicht können wir etwas Neues zu diesem Wissen beitragen und so eines Tages die nächsten Forscherinnen und Forscher auf unseren Schultern tragen, damit auch sie das Wissen der Menschheit vertiefen.

Wenden wir uns also zunächst den Basics zu: Was ist Entwicklung und wie entsteht sie? Wir werden sehen, dass wir unsere individuelle Entwicklung beeinflussen können. Wir sind unsere eigenen Entwicklungshelfer, und zwar klarer und stärker, als wir bisher dachten.

Wodurch entwickeln wir uns?

Zunächst ein schlichter Blick in die Lexika. Woher stammt das Wort »Entwicklung«?

1859 schreiben die Gebrüder Grimm in ihrem Wörterbuch, das Wort stamme vom niederländischen »ontwikkelen«, *entfalten*.[2] Und so ähnlich auch an anderen Stellen: Das Wörterbuch des deutschen Wortschatzes (DWDS) spricht von sich entwickeln in einem Prozess, vorwärtsschreiten, sich zu etwas entwickeln, langsam einen neuen Zustand annehmen, etwas bildet sich aus etwas heraus, entsteht nach und nach, bringt etwas hervor, entfaltet sich, bis hin zur veralteten Deutung: sich aus etwas auswickeln, sich auseinanderrollen.[3]

Wie schön: etwas auswickeln, etwas auseinanderrollen, langsam einen neuen Zustand annehmen. Und in einigen Monaten von jetzt an können wir in einer vollkommen anderen Lage sein: emotional, mental, körperlich. Ja, wir können das.

Entwicklungspsychologisch gesehen verweben sich in unserem Leben zwei Stränge: zum einen der universelle, zum anderen der individuelle Teil unserer Entwicklung.

- Die psychischen und physischen Veränderungen in Kindheit und Jugend sind universell, beziehen sich also kulturübergreifend auf alle Menschen, wie zum Beispiel greifen, krabbeln, laufen oder sprechen lernen durch Reifung. Mit dem Erwachsenenalter ist dieser universelle Entwicklungsvorgang dann abgeschlossen.
- Individuelle Entwicklungsvorgänge stehen dem universellen Ansatz zur Seite. Individuell entwickeln wir uns ein Leben lang bis zum letzten Atemzug weiter.

Individuelle Entwicklungen werden durch die *Erfahrungen* beeinflusst, die wir im Laufe der Zeit machen. Denn diese Erfahrungen führen zu Wissen und das Wissen zu Veränderung. So können beispielsweise Erfahrungen mit dem Partner, den Eltern, mit Krankheiten, Geburt oder dem Tod eines nahestehenden Menschen entscheidend für unsere Entwicklung sein. Abgesehen von solchen einschneidenden Erlebnissen sind auch alltägliche, emotional weniger tiefe Erfahrungen lebensverändernd – also entwickelnd.

Uns zu entwickeln, bedeutet zu lernen. Lernen ist einer der natürlichsten und lebendigsten Prozesse der lebendigen Existenz. Lernen bedeutet, dass wir unser Verhalten oder unsere Verhaltensmöglichkeiten ändern, und zwar auf der Grundlage gemachter Erfahrungen. Lernen ist also eine Verhaltensänderung aus Erfahrung. Sie ist ein deutliches Indiz für geänderte Vorgänge im Nervensystem und kann sich auf verschiedene Bereiche beziehen, beispielsweise können es motorische (Bewegung), physiologische (Herzrasen), kognitive (Fremdsprache sprechen) oder emotionale Verhaltensänderungen (Umarmung) sein.

All das sind Indizien für Lernvorgänge. Zwar sind nicht alle Persönlichkeitsunterschiede dadurch erklärbar, dass jemand etwas gelernt hat, denn wir werden noch sehen, dass rund die Hälfte der Persönlichkeit durch die Umwelt geprägt ist. Diese Umwelt sollte daher eben möglichst stimulierende Lernchancen bieten, damit Selbstentfaltung gelingt. Vermissen wir Stimulation, können wir auf die Suche nach neuen Herausforderungen gehen.

So wie es Daniela, 37 Jahre, in unserem letzten Forschungsprojekt geschildert hat. Sie ist Lehrerin und wohnt mit ihren beiden Hunden in Süddeutschland. Sie erzählt, dass sie den Wunsch hatte, etwas Neues zu beginnen, bei dem sie gesellschaftlich etwas beiträgt und gleichzeitig der Routine ihres Lehrberufs durch neue Herausforderungen begegnen konnte.

Da sie schon öfter ehrenamtlich gearbeitet hat und fürsorglich ist, entsteht die Idee, Sanitäterin zu werden. »Ich informierte mich beim ortsansässigen DRK (Deutsches Rotes Kreuz) und besuchte die Ausbildungsgruppe einen Abend, um mir ein Bild davon zu machen. Ich erkannte schnell, dass das eventuell in die Richtung gehen könnte, die ich mir vorgestellt habe.« Sie absolviert die Sanitäterausbildung und baut darauf auf, weil die Tätigkeit genau das ist, was ihr entspricht: Sie wird Rettungshelferin und schließlich Rettungssanitäterin. Alle Ausbildungen absolviert sie parallel zu ihrer vollen Stelle als Lehrerin, empfindet aber die zeitliche Beanspruchung nicht als Belastung. »Denn ich wusste, für was ich diese ›Strapazen‹, das Lernen der theoretischen Inhalte, die praktische Ausbildung im Krankenhaus auf den verschiedensten Stationen (Notaufnahme, OP, Intensiv, Stroke Unit) in den Ferien, die 12-Stunden-Schichten am Wochenende, auf mich nahm – nämlich für die Erfüllung meines Traumes – Teammitglied einer Rettungswagenbesatzung zu sein.«

Bezüglich ihrer Persönlichkeitsentwicklung sagt sie, dass durch diese Ausbildungen Eigenschaften, die schon vorher zu ihrer Persönlichkeit zählten, verstärkt und weiterentwickelt wurden. »Gerade im Einsatz ist der Teamcharakter, die Zusammenarbeit – also dass man sich blind aufeinander verlassen kann –, das ist grundlegend und notwendig. Ebenso das empathische Auftreten gegenüber dem Patienten, anzunehmen, dass die Situation für ihn eine Ausnahmesituation darstellt, ist wichtig.« Auch wenn sie diese Fähigkeiten schon vorher in ihrem Lehrberuf eingesetzt hat, »haben mich die Erfahrungen in diesem Umfeld weiterentwickeln lassen. Und auch das Arbeiten unter extremem Stresseinfluss hat mich für meinen Beruf weitergebracht. Auch wenn ich mich immer schon als eine belastbare Person bezeichnet hätte, haben mir die Ausbildung und die Erfahrungen, die ich bis jetzt sammeln konnte, gezeigt, was unser Körper und unser Geist auch in Extremsituationen leisten können.« Die neuen Erfahrungen verändern sie.

»Alles ist Veränderung«, schreiben die Psychologen David Krech und Richard S. Crutchfield in Bezug auf die menschliche

Persönlichkeit. Veränderung findet statt, »sooft neue Erfahrungen auf das Selbst einwirken und es modifizieren«, und das ist für jeden von uns »in jedem gegebenen Augenblick«, wobei das Selbst die Ganzheit dessen ist, »was wir genetisch und konstitutionell sind«, und alles das, »was wir bis zu jedem neuen Augenblick gesehen, gelernt und gewollt haben. Dieses Selbst befindet sich deshalb in einem ständigen Prozess der Neuerschaffung« – in schier unbegrenzten Variationen.[4]

Fassen wir die Punkte von Krech und Crutchfield zusammen, so wird die Wucht der Worte deutlich:

- Neue Erfahrungen beeinflussen Entwicklungen.
- Dadurch verändert sich das Selbst.
- Das Selbst ist unsere Genetik, die körperliche Verfassung, sowie das, was wir bis zu diesem Augenblick gesehen, gelernt und gewollt haben.
- Das Selbst befindet sich in einem ständigen Prozess der Neuerschaffung – in schier unbegrenzten Möglichkeiten.

Das eröffnet die Perspektive, uns anhand frischer Erfahrungen, Erkenntnisse, Eindrücke und körperlicher Veränderungen als Mensch neu zu erschaffen. Wenn wir wollen. Mehr erleben, Frisches erleben – neues Selbst.

Petra treffe ich in ihrem Garten, in einem kleinen Dorf über Trier gelegen. Sie hat mich von Anfang an beeindruckt – mit dem, wie sie ist, und mit dem, was sie gemacht hat.

Sie ist 68, hat ihre schwarzen Haare locker zum Knoten gebunden und erinnert mich an die Indianerfilme meiner Jugend (ich weiß, dass Indianer inzwischen ›First Nations‹ genannt werden, aber die Filme hießen damals so). Eine außergewöhnlich lebensbejahende Frau. Und so beginnt Petra unser Gespräch trotz ihrer

Tiefschläge, von denen sie später erzählen wird, mit: »Mein Leben ist bisher wunderbar verlaufen. So wunderbar, dass ich dem Schöpfer dafür dankbar bin. Es fing zwar nicht so lustig an, weil ich ein Flüchtlingskind bin und meine Eltern keine gute Ehe geführt haben. Aber das habe ich alles hinter mir gelassen und hab mich allein auf den Weg begeben, auf den Weg ins Genießen, ins Frohsein, in die Freude. Ja. Meine Schwester hat den Gegenweg eingeschlagen: in die Traurigkeit, in die Einsamkeit und Isolierung. Das war für mich immer ein Grund, genau hinzuschauen und andere Wege zu wählen. Meine jüngere Schwester ist ganz anders als ich.«

Ich bitte Petra, über ihren bisherigen Lebensweg zu erzählen. »Ich bin in Berlin in der Charité geboren. Ja, meine Mutter kannte sogar Professor Sauerbruch noch. Mein Vater war Malermeister und lebte mit meiner Mutter in Oranienburg. In diese Region hier bin ich durch die Flucht meiner Eltern und durch mehrere Wechsel von Lager zu Lager gekommen – ich habe ungefähr sechs Mal die Schule wechseln müssen, bis wir dann eingeteilt wurden in Hessen, da sind wir dann ein bisschen zur Ruhe gekommen. Aber dann haben sich meine Eltern getrennt. Und ich habe mich von meinen Eltern etwas getrennt und von meiner Schwester und habe mich allein auf den Weg gemacht.«

Ich frage sie, ob das nicht schwer gewesen sei, in so jungen Jahren allein loszugehen.

»Ja«, sagt sie. Einfach »ja«. Wir sprechen gleich weiter mit ihr.

Insgesamt beschreibt Petra hier ihre persönliche Entwicklung, und Entwicklungen finden über die gesamte Lebensspanne statt. Entwicklung meint eine zeitlich länger andauernde Veränderung des Erlebens und/oder des Körpers oder Verhaltens eines Menschen und kann sich auf eine Zunahme oder Abnahme von Fähigkeiten beziehen. Wobei Veränderungen nicht, Richard Gerrig und Philip Zimbardo weisen darauf hin, bis zum Erwachsenenalter eher aus Zugewinn, also Veränderungen zum Positiven, und ab da an aus Verlust, also Veränderungen zum Negativen, bestehen – auch wenn das oft angenommen wird. Vielmehr ist es so, dass »Möglichkeiten und damit Zugewinne wie Verluste Merkmale jeder Entwicklung sind.[5] Wenn Menschen beispielsweise einen Lebenspartner wählen, verzichten sie auf Abwechslung, gewinnen aber Sicherheit. Wenn Menschen in den Ruhestand treten, verlieren sie an Status, gewinnen aber Freizeit.«[6] Wenn Petra ihr Verhältnis zu ihren Eltern und ihrer Schwester verändert, verliert sie ein Stück weit die bis dahin enge Bindung an ihre Eltern und ihre Schwester, gewinnt aber die Freiheit, die eigenen Wege zu gehen. So wie in dem Lied von Heinz Rudolf Kunze: *Ich geh meine eigenen Wege, ein Ende ist nicht abzusehn, eigene Wege sind schwer zu beschreiben, sie entstehen ja erst beim Gehen.*[7]

»Ich wollte schon früh heiraten«, sagt Petra, »unbedingt, weil ich gedacht habe, dann finde ich da Ruhe und Geborgenheit. Also habe ich tatsächlich mit 21 geheiratet – das war viel zu früh, das weiß ich jetzt, aber es war auch gut so, ich habe viel dadurch gelernt. Und nach 14 Ehejahren habe ich dann kapituliert (lacht).«

Ich hatte gedacht, ihre beiden inzwischen erwachsenen Söhne seien aus der Ehe mit ihrem damaligen, eben erwähnten Mann, der Arzt war, aber es war ganz anders: »Nein, mein Mann war absolut gegen Kinder, er hat immer gesagt: Wenn du ein Kind kriegst, gehst du! Er wollte keine Kinder im Haus haben, er wollte einen Porsche und schön leben – das war nichts für mich. Erst mal hab ich's dann mit vier Pferden versucht (lacht), das war aber auch kein Ersatz für Kinder – also haben wir uns getrennt. Ich hab dann gedacht, bevor ich 40 werde, muss ich irgendwie ein Kind bekommen (lacht). Ich habe vier oder fünf Jahre gesucht und keinen gefunden, der gesagt hat: ›Hurra, lass uns zusammen ein Kind kriegen!‹ Leider hab ich wohl eine Art an mir, die Männer anzieht, die keine Kinder wollen. Also habe ich mich entschieden: Dann krieg ich eben alleine ein Kind! Und dann hab ich ein Opfer gefunden (lacht) und bekam gleich zwei auf einmal. Da war ich vierzig und es war ein Geschenk – wirklich, die Zwillinge, es war ein Wahnsinnsgeschenk!«

Sie hat also bei der Kinderfrage schon getan, was ihr wirklich wichtig war – und Petras Geschichte wird noch besser! Sie erzählt sie später weiter.

Immer wieder taucht im Laufe des Sommers die Frage nach dem Sinn meiner Untersuchungen auf. Warum ist die Entfaltung unserer Person denn überhaupt so wichtig?

Letztendlich geht es um das Ausleben eigener Bedürfnisse, um den Wunsch nach persönlichem Wachstum, um die Wachstumsmotivation des Menschen. Wirklich, ein Wahnsinnsgeschenk!

Wir haben also nun herausgefunden, dass unsere Entwicklungen von unseren Erfahrungen abhängen. Wenn wir für neue, andere, fremde Erfahrungen sorgen, werden wir neue Anteile an uns finden. Wir werden noch sehen, dass es zu weiten Teilen von uns selbst abhängt, welche Erfahrungen wir in unser Leben lassen. Wir sind unsere eigenen Menschen. Wir haben das Recht, die eigenen Erfahrungsräume auszuwählen und zu gestalten. Werfen wir dazu doch einen Blick auf das menschliche Wachstum.

Eudaimonia

Die Vorstellung, dass Menschen sich entfalten und wachsen wollen, geht zurück auf philosophische Vorstellungen aus der griechischen Antike. Aristoteles war es, der die Vorstellungen eines guten Lebens mit denen der menschlichen Entwicklung verband. Seine Idee der Eudaimonia (»eu« für »gut« und »daimon« für »Dämon/Geist«) meint einen guten Geist, der die Glückseligkeit bringt. Ziel des menschlichen Strebens ist, so Aristoteles, das gelingende oder das gute Leben. Dieses hat Werte und Ziele – von ihm als »Tugenden« bezeichnet. Dem zugrunde liegt ein Wachstumsmotiv, welches im Menschen darauf drängt, seine Fähigkeiten zu vervollkommnen und ein im Großen und Ganzen gutes Leben zu führen.

Aristoteles lehrte, dass eine Neigung in allen menschlichen Systemen besteht, das Gute des Menschseins aktiv anzustreben und zu erreichen. Eudaimonisches Wachstum wird so erreicht – der gute Geist der Glückseligkeit lebendig. Wir streben also alle danach, das Gute in uns zur vollen Entfaltung zu bringen.

Aristoteles' Idee wurde in der Folgezeit oft neu gefasst, der Kern aber, das Streben nach Weisheit und psychosozialer Reife – Tugenden wie Gerechtigkeit, Mut, Besonnenheit und Selbstlosigkeit –, die Gutheit des Menschen, blieb durch die Jahrtausende als Idee eudaimonischen Wachstums des Menschen bestehen.

Es geht hier, so Bauer, Wayment und Kollegen, »um die humanistische Entwicklung des Menschseins, wobei der Schwerpunkt auf Kultivierung von Qualitäten wie Weisheit, Tugend, Liebe und nicht-egoistischer Sinnhaftigkeit«[8] liegt. Diese angestrebten Werte tragen – auch aus heutiger positiv-psychologischer Perspektive – direkt zum Wohlbefinden bei, geben sie doch Orientierung und innere Gelassenheit. Alle anderen Intentionen kommen eher dem nahe, was Aristoteles als sekundäre Güter (Ziele wie etwa Reichtum, Ehre, Schönheit) bezeichnet. Sie sind nur Mittel zum Zweck, in der Hoffnung, Glück zu erlangen. Das seelische Glück – der gute Geist (Eudaimonia) – jedoch galt Aristoteles als höchstes Gut, da es um seiner selbst willen erstrebt wird. Es entschleunigt vom Selbstbehauptungskampf und Fremdansprüchen, schenkt uns Selbststeuerung und Wohlbefinden. Kürzlich war ich in einem Restaurant wo über dem Toilettenspiegel ein Schild hing: Egal, ob es dir heute schon jemand gesagt hat: Du bist gut!

Zweitausend Jahre nach Aristoteles bleiben Forscher auf dieser Spur und teilen unsere Bedürfnisse in intrinsische (von innen kommend) und extrinsische (von außen erzeugt) ein – und empfehlen, den intrinsischen, inneren Bedürfnissen zu folgen, was sehr viel glücklicher macht, als sich auf die Erfüllung der äußeren zu fokussieren.

Auch gegenwärtig wird an aktuellen Eudaimonie-Elementen geforscht. Die renommierte Eudaimonie-Forscherin Veronika Huta aus Ottawa schreibt 2016, dass vier Elemente notwendig seien, um heutzutage von einem eudaimonischen Leben zu sprechen. Bei allen vier Elementen gehe es darum, danach zu streben, das zu tun, was wirklich, objektiv und von Natur aus gut, richtig und sinnvoll ist, auch wenn es schwierig sei: *authentisch sein, nach Sinn suchen, nach Exzellenz streben und wachsen.*

1. Authentisch sein – was bedeutet, das eigene wahre Selbst und die eigenen Werte zu klären und in Übereinstimmung damit zu handeln.
2. Nach dem Sinn suchen – das heißt, nach dem zu suchen, was wirklich wichtig und wertvoll ist, das große Ganze verstehen zu wollen und sich auf seinen eigenen Beitrag dazu auszurichten.
3. Nach Exzellenz streben – dies meint, sich auf hohe Standards und Qualität in der eigenen Ethik, im Verhalten, in der Leistung und in den erstellten Produkten auszurichten.
4. Wachsen – schließlich bedeutet, Wissen zu erwerben, Einsichten und Fertigkeiten, das eigene einzigartige Potenzial zu verwirklichen und als Mensch zu reifen.[9]

Eudaimonisches Leben zeigt sich also darin, zu sich selbst zu stehen, auch in schwierigen Situationen, etwas Gutes beizutragen; Menschen zu helfen um ihrer selbst willen; in den wirklich wichtigen Dingen nicht nachlässig zu sein, sondern im Streben nach Selbstvervollkommnung zu denken, dass man etwas gut oder besser kann; sich immer weiter zu entwickeln; wissen zu wollen, was man nicht weiß; etwas rauszufinden, damit man es weiß; zu üben, was man entwickeln will, und auch, was man schon gut kann. Und diese Entwicklungsziele im Auge zu behalten.

In einer Untersuchung über Leidenschaften erzählte uns eine

33-jährige Frau über ihre Liebe zum Fotografieren: »Ich habe immer aus Spaß meine Kamera mit zu Veranstaltungen und Treffen mit Freunden genommen und einfach wild drauflosgeknipst. Irgendwann habe ich immer mehr positives Feedback bekommen, meine Bilder seien sehr schön. Ehrlich gesagt wusste ich aber gar nicht genau, was ich da mache … Bis ich schließlich einen Fotokurs für Einsteiger besucht habe. Mit dem nötigen Know-how läuft es plötzlich richtig rund. Am liebsten würde ich die Kamera gar nicht mehr aus der Hand legen. Ich kann kreativ sein, technisch arbeiten und mich ausdrücken. Und andere Menschen froh machen mit tollen Porträts von ihnen. Das macht mich stolz und glücklich und ist immer wieder aufs Neue eine Herausforderung und ein Ansporn.«

Hier finden wir alle Ebenen der Eudaimonie:

- Authentisch sein: »Ich habe immer aus Spaß meine Kamera mitgenommen.«
- Sinn finden: »Ich kann kreativ sein, technisch arbeiten und mich ausdrücken. Und andere Menschen froh machen mit tollen Porträts von ihnen.«
- Nach Exzellenz streben: »Bis ich schließlich einen Fotokurs für Einsteiger besucht habe.«
- Wachsen: »Mit dem nötigen Know-how läuft es plötzlich richtig rund. Am liebsten würde ich die Kamera gar nicht mehr aus der Hand legen.«

Von einer sehr ungewöhnlichen Leidenschaft berichtet die 36-jährige Katharina Wolter in der Landeszeitung. Sie engagiert sich seit vielen Jahren in der Freiwilligen Feuerwehr und hat dabei das Schlauchturmrennen gefunden: Dabei rennt sie in voller Feuerwehrmontur Hochhäuser hoch. Zuletzt in Berlin, wo sie im Park Inn Hotel am Alexanderplatz 39 Stockwerke und 770 Stufen hochrannte. »Das ist eine gute Möglichkeit, sich fit zu halten, und ich liebe neue Herausforderungen«,[10] sagt sie. Ja, kann man machen.

Für sie ist diese Tätigkeit authentisch (ich liebe Herausforderungen), sie ergibt Sinn (Fitness), das Streben nach Exzellenz und Wachstum zeigt sich in den gewählten Rahmenbedingungen: 770 Stufen in voller Montur.

Ein stark eudaimonisches Motiv zeigt sich auch bei einer 52-jährigen Freundin, die sich von ihrem Mann getrennt und mit Anfang 50 einen neuen Beruf erlernt hat. Ich frage sie, warum sie ihr Leben so sehr verändert hat.

»Weil ich Sehnsüchte hatte.«

»Sehnsüchte wonach genau?«

»Etwas zu tun, weil ich es will, nicht nur für andere.«

Was für ein Ruf nach Authentizität! Über den Verlust des Authentischen könnte ich viel schreiben. Das Aalglatte hat durch den Selbstoptimierungswahn Einzug gehalten in die sozialen Netzwerke, in Filme, Fotos, Fernsehen. Kürzlich sah ich das phänomenale Konzert von Simon & Garfunkel von 1981 im Central Park in New York vor 500 000 Menschen. Art Garfunkel, mit der sphärischen Stimme, steht mit leicht schiefen Zähnen, zeitweise verschränkten Armen und seltsam tänzelnd, fast schüchtern auf der Bühne, *Cecilia*, *Mrs. Robinson* und dann *Bridge over Troubled Water* – so authentisch, so schön. Verglichen mit den heutigen, glattgecoachten Superstars könnte er sicher keinen Blumentopf mehr gewinnen und fiele bestimmt in der ersten Runde durch, weil das »Gesamtpaket« nicht stimmt. Was für eine gnadenlose Entmenschlichung. Ich wünsche mir mehr Garfunkels im Leben und in den Medien. *Feeling groovy.*

Eudaimonia kann als Lebensorientierung verstanden werden. Das Streben nach Wachstum in einem klar wertorientierten Rahmen klärt die Motive, das Verhalten, die Werte und Ziele eines Menschen und beruhigt somit seine Seele.

Was haben wir also hier alles in allem? Menschen wollen wachsen, weil sie nach einem guten Leben in Selbsterfüllung streben – nach dem Leben in Eudaimonie – im guten Geiste.

Wachstumstheorie: Organismische Perspektive

Egal, ob du auf deinen Balkon, in deinen Garten oder einen Park gehst, egal wo der Blick auf Bäume und Blumen fällt: Pflanzen entwickeln sich aktiv aus sich selbst heraus. Haben sie Nährstoffe, Wasser, Licht, wachsen sie der Sonne entgegen – heliotropisch sozusagen. Manche bis in den Himmel.

Einmal war ich in Kanada auf einer Konferenz, bin danach noch länger im Land geblieben und konnte in der Nähe von Vancouver Bäume bestaunen, wie ich sie noch nie gesehen hatte: Mammutbäume, höher als Big Ben (96 Meter), breiter im Durchmesser als unsere Doppelgarage (sechs Meter).

Und genau entlang solcher Naturbeobachtungen argumentieren die Vertreter organismischer Wachstumsperspektiven: Wie bei Bäumen, so könnte es auch beim Menschen sein. Wie Bäume wollen Menschen wachsen und gestalten diesen Wachstumsprozess aktiv. Das Individuum beeinflusst die Entwicklung, die Umwelteinflüsse sind zweitrangig – Menschen sind also demnach von Natur aus aktiv und auch psychisch wachstumsorientiert.

Stimmt das denn wirklich? Zustimmung erhielt die Theorie beispielsweise vom Schweizer Biologen und Entwicklungspsychologen Jean Piaget, der beobachtete, dass ein Kind bis zum jungen Erwachsenenalter spezifische geistige Entwicklungsstufen durchläuft, ohne dass die Umwelt viel dazu tun muss. Ähnliches stellte Lawrence Kohlberg auch für die Entwicklung moralischen Urteilens fest.

Der organismische Ansatz geht auf universelle Untersuchungen in verschiedenen Kulturen zurück, in denen der Frage nachgegangen wurde, ob sich Kinder zu ähnlichen Zeitpunkten in ähnlicher Reihenfolge unabhängig von ihrer jeweiligen Umwelt Fähigkeiten aneignen.

Ein führender Forscher auf diesem Gebiet war auch der US-amerikanische Kinderarzt und Psychologe Arnold Gesell (1880–1961), der »mehr als 1000 Kinder untersuchte und herausfand, dass ›sich bei ihnen Greifen, Sitzen, Stehen oder Laufen stets in der gleichen Reihenfolge und in annähernd gleichem Lebensalter zeigten‹.[11] Der Begriff der Reifung wurde in den Mittelpunkt der Forschungen gestellt und damit der genetische Einfluss auf die Entwicklung des Menschen betont. Der Umwelt kam nur insofern Bedeutung zu, als sie das Entwicklungsgeschehen nicht zu behindern hatte, z. B. durch Unterernährung, Vernachlässigung und Misshandlung. Für Gesell und andere Reifungstheoretiker benötigt eine gelungene Entwicklung das Umfeld lediglich als ›Nährboden‹; alles weitere ergibt sich – nach genetisch festgelegtem Plan – sozusagen von selbst.«[12]

In Bezug auf unsere Frage nach der Selbstentfaltung können wir also festhalten: Menschen wachsen ein Leben lang als Person, weil es ihre Natur ist, sich zu entwickeln.

Humanistische Perspektive

Wir haben ja schon gesehen, dass bereits Aristoteles ein positives Menschenbild entworfen hatte. Von Aristoteles über Cicero, Seneca zu Erasmus von Rotterdam, Philipp Melanchton bis hin zu Abraham Maslow, Carl Rogers und Erich Fromm prägten humanistische Gedanken die Philosophie, Psychologie und Pädagogik quer durch die Jahrtausende Europas. Und bei alldem ging es immer um den Kerngedanken des Humanismus: die Betonung des positiven Potenzials des Menschen.

In ihrem Standardwerk der Einführung in die Psychologie (2008) führen Gerrig und Zimbardo aus, dass Menschen aus humanistischer Perspektive ein starkes Bedürfnis haben, ihr volles Potenzial zu entfalten, nach seelisch gesunder Selbsterfüllung streben, und diese sei eine »konstruktive, lenkende Kraft, die jeden Menschen zu generell positiven Verhaltensweisen und einem Wachstum des Selbst hinführt«.[13]

Menschen werden in der humanistischen Psychologie »als aktive Geschöpfe angesehen, die von Grund auf gut sind und über die Freiheit der Wahl verfügen«.[14] Carl Rogers legte die »natürliche Tendenz des Individuums zu geistiger Weiterentwicklung und Gesundheit«[15] zugrunde. Humanisten betonen die »natürliche Tendenz des Individuums zu geistiger Weiterentwicklung«.

In unserer flüchtigen Welt scheint es oft so, als sei alles gleich richtig, gleich wichtig, gleich gut. Doch dem ist nicht so. Mit dem humanistischen Menschenbild stehen wir in einer jahrtausendealten Tradition Europas – zum Wohle der Menschen, zum Wohle von uns allen. Eudaimonia und Humanismus. Das ist die Tradition der Aufrechten. Auf das können wir bauen. Was für eine Befreiung.

Human Potential Movement

In den Sechzigerjahren formierte sich in den USA mit der Human Potential Movement (HPM) eine Bewegung, die als Gegenkultur begann und das menschliche Potenzial in den Blick nahm. Psychologen, Pädagogen, Soziologen, Trainer, Berater und andere trafen sich in einem Schulungszentrum in Esalen in der Nähe von San Francisco und entwickelten gemeinsam Konzepte, mit denen das menschliche Potenzial entwickelt werden sollte. Den Gründungsmitgliedern Michael Murphy und Dick Price schlossen sich im Laufe der nächsten Jahre und Jahrzehnte immer mehr Psychologen und Pädagogen an.

Gemeinsam nahmen sie an, dass das menschliche Potenzial zwar prinzipiell sehr breit im Menschen angelegt ist, oft aber durch einengende Rahmenbedingungen weitgehend unerschlossen bleibt – im weiteren Verlauf dieses Buches werden wir sehen, dass das vollkommen richtig ist. Und wir werden auch sehen, was wir gegen diese Einengungen tun können.

Durch die Entwicklung der menschlichen Möglichkeiten sollte, so die Anhänger der Human Potential Movement, eine außergewöhnlich hohe Lebensqualität voller Glück, Kreativität und Erfüllung möglich sein. Zentral sei demnach, damit anzufangen, das eigene Persönlichkeitspotenzial freizusetzen. »Die Welt braucht diejenigen, die an unsere gemeinsame Menschlichkeit glauben, die die Entwicklung aller Individuen und Gemeinschaften verstehen und fördern – Körper, Geist, Herz und Seele«,[16] sagt Michael Murphy, einer der Begründer der HPM.

Die HPM nahm eudaimonische, organismische und humanistische Entwicklungsgedanken auf. Helden der Bewegung waren folgerichtig seit Mitte der Sechzigerjahre die Psychologen Abraham Maslow und Carl Rogers, weil sie die theoretischen Grundlagen lieferten. Maslow hatte in seiner Theorie, wonach Menschen nach Selbstverwirklichung streben, seit den Fünfzigerjahren eine Gliederung menschlicher Grundbedürfnisse vorgenommen, die mit geringen Abstrichen bis heute noch gilt. Er ging davon aus, dass die menschlichen Bedürfnisse hierarchisch gegliedert sind und Menschen danach streben, sie aufsteigend nach und nach zu befriedigen.

Spannend ist, dass er die ersten vier Stufen an spezifische Mangelbedürfnisse bindet, an Hunger, Durst, Unsicherheit u. a., die auf Befriedigung drängen. Als fünfte und höchste Stufe der individuellen Entwicklung entsteht dann das Selbstverwirklichungsbedürfnis – ein Wachstumsmotiv. Dieses Bedürfnis zielt auf Verwirklichung eigener Potenziale durch Entfaltung, Lernen, Exploration und die Suche nach Herausforderungen. Diese Stufe ist von Mangel frei und dient dem Selbstzweck menschlichen Wachstums.

Die Stufen in ihrer Abfolge sind:

1. Zunächst versuchen wir dem Körper gerecht zu werden: Auf der ersten Stufe stehen die »physiologischen Bedürfnisse«, welche die Bedürfnisse nach Nahrung, Wasser, Sauerstoff, Schlaf, Sexualität und körperlichem Wohlbefinden umfassen. Nehmen wir zum Beispiel jemanden, der furchtbar durstig ist: Er oder sie wird so lange nicht lesen, schreiben, malen oder joggen wolle, bis sein oder ihr Durst gestillt ist.
2. Sind die körperlichen Bedürfnisse gestillt, so Maslow, handeln Menschen gegen die Angst, schutzlos zu sein: Wir sehnen uns nach »Sicherheit«, also Stabilität, Geborgenheit, Schutz, Angstfreiheit, sowie Struktur, Ordnung, Gesetz, Grenzen u. a. Wir richten eine Wohnung ein, kaufen ein Haus oder schließen Versicherungen ab.
3. Sind unsere körperlichen und unsere Sicherheitsbedürfnisse gestillt, richten wir uns gegen die Angst, einsam, geächtet, zurückgewiesen, isoliert oder entwurzelt zu sein. Wir suchen also unsere Bedürfnisse nach Liebe, Zuneigung und Zugehörigkeit, unseren Hunger nach »liebevollen Beziehungen mit den Menschen im Allgemeinen«, »nach einem Platz in der Gruppe oder Familie« zu erfüllen. Unsere Joggerin/Unser Jogger hat keinen Hunger, keinen Durst, eine Wohnung und geht nun auf die Suche nach einer Partnerin/einem Partner.
4. Gegen die Angst, minderwertig, schwach und hilflos zu sein, hilft das Streben nach »Achtung«. Dieses meint das Bedürfnis nach hoher Wertschätzung für die eigene Person, nach Selbstachtung und Achtung durch andere, gekoppelt an Bedürfnisse nach Stärke, Leistung, Bewältigung, Kompetenz, Unabhängigkeit oder auch gutem Ruf, Prestige durch Respekt oder Hochachtung anderer, Anerkennung, Dominanz, Würde, Wertschätzung u. a. Jetzt steht zum Beispiel die Achtung durch die Eltern oder Geschwister im Mittelpunkt. Oder es steht die berufliche

Entwicklung an, dann wird die Achtung der Kollegen oder der Chefin wichtig.

5. Und wenn all das geschafft ist, wenn all diese Befürchtungen und Ängste weitgehend erfolgreich abgearbeitet sind, dann – und das ist für unsere Überlegungen hier zentral – entsteht schließlich final das Bedürfnis nach Selbstverwirklichung; das Bedürfnis danach, das eigene Potenzial auszuschöpfen. Es geht dabei um das Streben, die »volle Anwendung und Nutzung der Talente, Kapazitäten und Fähigkeiten«[17] auszuleben. Hier ist keine Angst mehr. Hier geht es um den reinen Selbstzweck der Verwirklichung des Selbst aus sich selbst heraus, nicht von äußeren oder inneren Nöten angestachelt. Selbstverwirklichung als Entfaltung des Selbst durch das Wachstumsmotiv.

Es gibt, so Maslow, eine kleine Gruppe von psychisch gesunden Menschen, die nicht permanent angstmotiviert ihre Mangelbedürfnisse abarbeiten, sondern sich selbst entfalten: Sie sind auf dem Weg weit fortgeschritten, das Bestmögliche zu werden oder zu sein, dessen sie fähig sind. Sie erfüllen sich selbst. Sie leben die »volle Anwendung und Nutzung der Talente, Kapazitäten und Fähigkeiten«[18] und zeigen dabei die »ungewöhnliche Begabung, das Unechte, Falsche und Unehrliche in einer Persönlichkeit zu bemerken«.[19] Sie nehmen sich selbst, den anderen und die Natur an. Eng damit verwandt ist erstens »der Mangel an Verteidigung, Schutzfärbung oder Pose und zweitens (die) Abneigung gegen solche Gekünsteltheit bei anderen. Lüge, Arglist, Heuchelei, Spiel, Rolle, Eindruckschinden: Dies alles (ist) bei den selbstverwirklichenden Menschen in einem ungewöhnlichen Grad nicht vorhanden.«[20]

Darüber hinaus zeigen sie

- starke Spontaneität, Einfachheit, Natürlichkeit,
- Problemlösefähigkeit,

- häufiges Bedürfnis nach Privatheit und eventuell Einsamkeit,
- Unabhängigkeit von Kultur und Umwelt,
- unverbrauchte Wertschätzung,
- Kreativität,
- Fähigkeit, zu lieben und geliebt zu werden – die Verteidigungshaltung wird fallen gelassen.

Eine grundlegend demokratische Charakterstruktur und der Wille, aktiv zu handeln, kommen hinzu.

Maslow entwirft hier einen humanistischen Prototyp, dessen Konturen sich auch hin und wieder deutlich in unseren Studien abzeichnen. Zum Beispiel bei der oben erwähnten 71-jährigen Hanne, die Schreibkurse gibt: »Es bereichert und erfüllt mich ungemein und macht mich zutiefst dankbar und glücklich. Ich spüre, dass ich so meine Berufung noch intensiver leben kann.«

Werden die körperlichen Bedürfnisse erfüllt (1), fühlen wir uns darüber hinaus geschützt (2), geliebt (3) und geachtet (4), rückt das Wachstumsmotiv stärker in den Vordergrund und drängt in Richtung Selbstverwirklichung. Freilich müssen die Mangelbedürfnisse nicht vollkommen befriedigt sein, bevor Wachstumsbedürfnisse entstehen, aber die annähernde Zufriedenheit auf den ersten vier Stufen macht es wahrscheinlicher, dass wir uns der Selbstverwirklichung zuwenden und das Bedürfnis verspüren, als Mensch wachsen zu wollen.

Der US-amerikanische Psychologe Carl Rogers baute diesen humanistischen Ansatz ab 1959 weiter aus. »Statt von Motiven sprach er von Aktualisierungstendenzen und statt von Selbstverwirklichung von der Selbstaktualisierungstendenz, die dafür sorge, dass positive Selbsterfahrungen gesucht und negative gemieden würden. Dadurch werde ein positives Selbstkonzept aufrechterhalten und das Potenzial zur Selbstverwirklichung immer weiter auszuschöpfen versucht.«[21]

Rogers unterscheidet zwischen einem realen Selbstkonzept (dem Real-Selbst als subjektiver Wahrnehmung der eigenen Person) und einem Ideal-Selbst (der erwünschten eigenen Persönlichkeit). Die Übereinstimmung von Real- und Ideal-Selbst beschreibt das Ausmaß der individuellen Kongruenz der Person. »Eine hohe Kongruenz sei ein Indikator psychischer Gesundheit.«[22]

Die Human Potential Movement experimentierte ab Mitte der Sechzigerjahre hinsichtlich der Persönlichkeitsentwicklung und Erweiterung des menschlichen Bewusstseins in alle möglichen Richtungen. Gruppenevents, Naturerleben und vieles andere mehr bezog sich dann immer deutlicher auf die humanistische Psychotherapie, die »ein ganzes Spektrum an Therapieverfahren, insbesondere Psychodrama, die Gestalttherapie, Gesprächspsychotherapie, Encounter-Gruppen, Transaktionsanalyse, Musiktherapie, bewegungs- und körperorientierte Therapie, Tanztherapie, Kunsttherapie, Bioenergetik«,[23] umfasst. All diesen Ansätzen ist die Annahme gemeinsam, »dass Blockaden oder Abspaltungen die Weiterentwicklungstendenz eines Menschen und sein volles Funktionieren behindern, sowie das Bemühen um eine ganzheitliche Sicht des Menschen«.[24]

In den Folgejahren verlor sich die HPM in Drogenexperimenten, esoterischen Wendungen und Gruppensex – alles rein zur Persönlichkeitsentwicklung natürlich. Die Exzesse der Hippie-Kultur wurden weithin kolportiert.

Dieses und die verstärkte Ausrichtung der Psychologie auf empirische Forschung führte dazu, dass theoretische Diskurse weniger wertgeschätzt wurden und der Zweig der humanistischen Psychologie eher in Nachbardisziplinen überlebte. Die Philosophen und Pädagogen der Siebziger-, Achtziger- und Neunzigerjahre bezogen sich oft auf humanistisch-psychologische Theorien.

Erst Ende der Neunzigerjahre fand die humanistische Psychologie zu neuer Stärke, denn die Positive Psychologie baut seither auf dieses Menschenbild: Menschen sind im Grunde gut und wollen wachsen und sich entwickeln. Diese Tendenz wohnt dem Menschen inne, ist ihm mitgegeben. Stillstand ist bei gesunden Menschen weder aus humanistischer noch aus neuronaler oder lerntheoretischer Perspektive denkbar. Ist dieses nicht der Fall, liegen Blockaden im Menschen selbst oder in seinem Umfeld vor – innere oder äußere Blockaden, die den Lebensquell dämpfen. Doch dazu später mehr.

Was können wir bisher festhalten?

Auf Grundlage eudaimonischer, organismischer und humanistischer Perspektiven können wir klar davon ausgehen, dass Menschen ein natürliches Wachstumsmotiv haben. Menschen wollen sich entwickeln. Dieses geschieht durch Erfahrungen, Erkenntnisse, körperliche und geistige Impulse, die das Selbst verändern.

Und warum?

1. Weil wir ein gutes Leben leben wollen (eudaimonische Begründung).
2. Weil es unserer Natur entspricht – Wachstum ist natürlich (organismische Begründung).
3. Weil wir ein natürliches Wachstumsbedürfnis haben, das unsere psychische Entfaltung voranbringt – Wachstum ist ein Bedürfnis.

Allen drei Theorien gemein ist, dass das persönliche Wachstum glücklich macht, weil es ins Gute führt, natürlich ist und kohärent mit der eigenen Person. Werden Menschen daran gehindert, sich zu entfalten, bedroht dies ihre psychische Gesundheit.

Die Frage ist, was wir wirklich zum Wachstum brauchen – was wir wirklich im Leben brauchen.

Was wir brauchen

Mit der Entfaltung ist es derzeit nicht so einfach, auch unser privates Leben hat sich stark verändert. Meine Frau Andrea und ich erleben dieses Frühjahr als intensive, verinnerlichte Zeit, denn der Lockdown lehrt uns, dass unser Wollen da endet, wo unsere körperliche Unversehrtheit beginnt. Wir leben auf der westlichen Seite von Trier in einem Dorf mit 73 Einwohnerinnen und Einwohnern auf einem roten Sandsteinfelsen. Wie die meisten anderen Menschen machen wir uns Sorgen, versuchen Masken zu organisieren und möglichst viel von zu Hause aus zu arbeiten. Eine meiner Schwestern, die Ärztin in einer Großstadt ist, schreibt uns eine SMS: »Bleibt ihr in eurem Dorf da oben!« Das tun wir. Es ist März, die Sonne scheint und im Fernsehen rät jemand bezüglich des Virus: »Man darf die Historie nicht zu sehr hochsterilisieren« – Hysterie und hochstilisiert war gemeint – zu Beginn dieser Pandemie ist wohl jeder ein Experte …

Die Universität ist ohnehin für den normalen Studienbetrieb geschlossen, nur ab und an fahre ich mit dem Wagen auf leeren Straßen quer durch Trier zur Uni und treffe mich mit einzelnen wissenschaftlichen Mitarbeiterinnen und Mitarbeitern, Kolleginnen und Kollegen oder meiner Sekretärin, die motiviert und meist guter Dinge alles gibt, um unsere Abteilung in Gang und bei Laune zu halten.

Vom Präsidenten der Universität kommen regelmäßig aufmunternde E-Mails. Die Digitalisierung in Forschung und Lehre war schon immer eines seiner Augenmerke – und jetzt geht die Sache ja in Meilenstiefeln voran.

Wie die Universität ist auch Andreas Maklerbüro weitgehend geschlossen, einzelne Kunden oder Bauträger kommen zu Gesprächen oder sie sieht sie bei den Notarterminen. Und so bleiben wir in unserem Dorf da oben und entdecken neue Leidenschaften: Abends bauen wir gemeinsam an einem riesigen Puzzle mit Strandmotiv und können nicht glauben, dass es uns gestandenen Frauen wirklich Spaß macht, in aller Ruhe bei leisen Kammermusikklängen von Bach oder Brahms kleine farbige Teilchen zu kitschigen Bildchen zusammenzustecken.

Unsere Hunde, Noah, ein großer, 60 Kilo schwerer Alaskan Malamute-Schäferhund-Mix, und Vinci, ein Husky aus Italien, liegen daneben und genießen, dass wir fast ständig bei ihnen sind.

Und noch etwas ist neu: Wie in den letzten Wochen immer mal wieder, waren wir wandern – von unserem Dorf aus durch Wälder und Felder, an Schluchten und Berggipfeln vorbei. Die Frühlingssonne meint es gut in dieser Zeit. Unsere Hunde und wir selbst werden nach all den bequemen Jahren langsam wieder richtig fit. Es ist eine innige und körperliche Zeit angebrochen. Meine Forschung geht gut voran, schneller als vor der Pandemie. Alles also im grünen Bereich. Hätten wir da schon gewusst, was auf uns zukommt, wäre uns das Blut in den Adern gefroren.

Was wir sind

Wir haben gesehen, dass Erfahrungen uns verändern. Aber nach welchen Erfahrungen sollen wir suchen? In welche Richtung können wir gehen? Manche Entwicklungswege machen glücklicher als andere.

Wir bestehen aus unserem Körper und unserer Psyche, die sich in drei Bereiche gliedert: Kognition, Motivation und Emotion – Denken, Wollen und Fühlen.

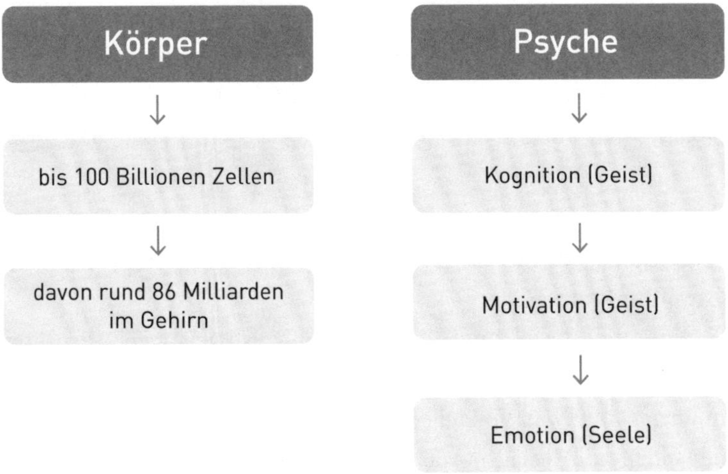

Die Einheit von Körper und Psyche

Körper

Der Körper als Organismus ist der materielle Teil des Menschen, welcher der Seele (Emotion) beziehungsweise dem Geist (Kognition und Motivation) als immateriellem Teil Heimat gibt. Physiologisch ist er aus Blut und Wasser, Knochen, Muskeln, Eiweiß, Phosphor und all den anderen Bestandteilen zusammengesetzt.

Den Menschen unterscheidet von den meisten anderen Säugetieren sein aufrechter Gang, sein überproportional großes Gehirn und seine dürftige Körperbehaarung. Durch den aufrechten Gang wurden die Hände frei und wir konnten greifen, aufbauen, schaffen, halten, Höhlen frei räumen, Wohnraum schaffen, Getreide anbauen – Natur zähmen und Kultur schaffen.

Rein biologisch betrachtet bestehen wir aus einem Zellhaufen, der in Kopf, Hals, Rumpf und Gliedmaßen sowie die Organe gegliedert ist. Es sind wohl rund 100 Billionen Zellen pro Mensch – also 100 mal 1 000 Milliarden, wobei allein 86 Milliarden Nervenzellen im Gehirn liegen. Früher ist man von rund 100 Milliarden ausgegangen, aber neuere, genauere Untersuchungen der brasilianischen Neurowissenschaftlerin Suzana Herculano-Houzel an Gehirnen von Männerleichen haben die Zahl etwas reduzieren lassen.

Psyche

Kognition, Motivation und Emotion sind die drei psychischen Grundfunktionen.

Kognition bezeichnet alle mentalen – also geistigen – Prozesse eines Lebewesens wie etwa Wahrnehmen, Denken, Lernen, Erinnern, sich etwas Vorstellen, Fantasieren, Beobachten, Bewerten oder Planen. Alles also, was im Gehirn vor sich geht und mit unbewussten oder bewussten geistigen Vorgängen zu tun hat.

Motivation bezieht sich auf das Wollen und schließt Handlungsvorsätze ein. Sie wird als die Kraft verstanden, die ein Verhalten auslöst, ändert oder aufrecht hält. Das Verhalten bezieht sich meist auf die Motive, etwas zu leisten, sozialen Anschluss zu finden, zu festigen oder Macht auszuüben.

Die Emotion beschreibt Gefühle und deren Entstehungszusammenhang. Emotion wurde lange als das Gegenstück des Geistes verstanden und umfasst alltagssprachlich alles, was gefühlt wird. Heute wissen wir, dass Angst, Ärger oder Liebe erst durch kognitive Prozesse entstehen. Die Seele kann dabei drei emotionale Zustände annehmen: als Stimmung, Emotion oder Affekt.

Die Stimmung ist ein diffuser Gefühlszustand, der länger andauert und keinen besonderen Auslöser oder Fokus (ein Objekt) benötigt. Sie ist die Alltagsemotion auf niedrigem Level. Man fühlt sich einfach so gut, schlecht, angenehm oder eben unangenehm gestimmt. Wir können die Stimmung als nicht besonders intensives emotionales Grundrauschen verstehen.

Über diesem Grundrauschen erheben sich die Emotionen, wie Freude, Trauer, Stolz oder Ekel, die oft kürzer und stärker sind als

Stimmungen. Darüber hinaus haben sie oft einen starken Objektbezug – sie beziehen sich auf etwas oder jemanden. Beim Säugling schon beobachtbar und auch wohl kulturübergreifend, sind sieben Primäremotionen: Freude, Interesse, Überraschung, Furcht, Ärger, Trauer und Ekel. Komplexer und damit als »Sekundäremotion« bezeichnet, werden Emotionen, die ihre Wurzeln in einem tieferen Selbstverständnis und dem Verständnis sozialer Beziehungen haben. Wie zum Beispiel Empathie, Scham, Dankbarkeit, Schuld, Liebe.

Bei sehr heftigen, unkontrollierbaren Emotionsausbrüchen haben wir es mit der dritten Emotionsform zu tun: den Affekten, einer kurzen, heftigen und intensiv empfundenen Emotion, die sich jeglicher Handlungskontrolle – dem Denken – entzieht. Wut, Zorn, Hass kann sich so entladen oder aber auch grenzenloser Jubel, Ekstase und Begeisterung. Über Letztere merkte Christian Morgenstern wahrscheinlich zu Recht an: »Glaub mir, dass eine Stunde der Begeisterung mehr gibt als ein Jahr gleichmäßig und einförmig dahinziehendes Leben.«

Streichquartett: Leidenschaft und Lebensfreude

Das Streichquartett aus dem Ruhrgebiet interviewe ich an einem Samstagabend nach der Probe. Alle vier – ein Mann, drei Frauen – sind Laienmusiker/-innen und treffen sich seit nunmehr 17 Jahren jeden Monat zum Musizieren und mehr. Sie wollen ihr Alter nicht verraten (der erste Lacher in unserem sehr lustigen Zoom-Meeting), ich schätze sie so zwischen 50 und 70 Jahren ein.

Ein Streichquartett (erste und zweite Geige, Bratsche, Cello) wird seit seiner Blüte im späten 18. Jahrhundert (Hayden, Mozart, Beethoven) als Gespräch unter vier Personen verstanden, die sich in der Sprache der Musik austauschen. »Man hört vier vernünftige Leute sich unterhalten, glaubt ihren Diskursen etwas abzugewinnen und die Eigentümlichkeiten der Instrumente kennenzulernen«, kommentierte Goethe, was im Prinzip richtig ist: Die Gleichwertigkeit der Stimmen kommt hier zum Ausdruck und der individuelle Klangcharakter jedes Instruments bei einheitlichem Gesamtklang. Seit Beethovens Streichquartetten gilt diese Musikgattung als die »Königsklasse« der Musik.

Im Gespräch mit dem Streichquartett aus dem Ruhrgebiet merkt man sofort, dass sie seit über 17 Jahren zusammenspielen: Alle vier sitzen gemeinsam vor der Kamera und sprechen so, wie Kammermusik ist: Sie reden lebhaft miteinander, hören sich gegenseitig sehr genau zu, ergänzen dann ihre Sätze im Geflecht, und die einzelnen Redebeiträge verschmelzen zu einem großen Ganzen. Ein untrennbares Gruppenstatement.

Christiane spielt seit ihrem neunten Lebensjahr Geige und wollte es damals gerne lernen, weil der Nachbarjunge Geige spielte. Er hatte ihr vorgespielt und sie war begeistert von dem schönen Klang.

Wolfgang spielt seit seinem zehnten Lebensjahr Geige und später kam die Bratsche dazu. Er hat in vielen Amateurorchestern gespielt und versorgt das Quartett mit Noten.

Constanze begann erst als Erwachsene mit dem Cellospiel und spielt mit großer Begeisterung. Wolfgang und sie sind verheiratet.

Birgit spielt Querflöte seit ihrer Kindheit. Notenlesen hat sie sich selbst hinter dem Sofa mit einem Xylofon beigebracht. Sie hatte ursprünglich mit Christiane und Johannes, dem Geigenlehrer ihrer Tochter, zusammengespielt. Als dieser dann traurigerweise verstarb, »haben Christiane und ich gedacht, wir finden uns nett, wir machen das weiter«. Sie geben eine Anzeige auf und es melden sich alte Studienfreunde von Christiane aus Münster: Constanze und Wolfgang.

»Wir haben uns nach 20 Jahren wiederentdeckt!«

»So spielen wir jetzt seit 17 Jahren zusammen Kammermusik. Streichquartette und die Querflöte übernimmt eine Geigenstimme.«

Was hat euch unterstützt, das Ensemble aufzubauen?

»Die Leidenschaft. Motivation, Freude, sein Hobby zu pflegen, Lust am gemeinsamen Musizieren.«

Die Proben

Die vier treffen sich immer reihum, einmal im Monat. Zu einem festen Termin?

»Nein, ganz entspannt am Wochenende, mal Freitagabend, Samstagnachmittag, mal Sonntag, wir verabreden es einfach so, ohne festen Termin.«

Aber mit klarem Ablauf: »Zuerst wird nur geredet, geredet, geredet, dann schnabuliert (Köstlichkeiten! Alle lachen), dann musizieren wir so zwei, manchmal auch drei Stunden miteinander, heute auch schon Tango und Purcell, unsere Treffen dauern so vier oder fünf Stunden.«

Auf die Frage nach den Fähigkeiten, die sie an sich entdeckt haben, antworten sie: »Geduld muss man immer haben, die Fähigkeit, sich anzupassen und auf andere einzugehen.« »Zuhören können natürlich!« »Und Humor haben wir, wenn es das erste Mal nicht klappt.«

Alle äußern sich zur Bedeutung des Quartetts für ihr Leben: »Unsere Proben sind Highlights im Monat. Ich freue mich jedes Mal, ich freue mich auch auf meinen Chorabend und das Orchester, aber das Quartett, weil wir ja eben auch befreundet sind, ist noch was anderes. Das macht das Leben schöner. Lebenswert ist das. Ja natürlich, Wolfgang und die Kinder, das ist klar, aber auch die Musik gehört unbedingt zur Freude dazu. Es ist die zweite, ganz wichtige Säule!«

»Und Musiker, die ticken alle sehr ähnlich – man passt zusammen. Das Emotionale stimmt, da ist eine Seelenverwandtschaft unter Musikern, das stelle ich immer wieder fest.«

»Und während wir zusammen spielen, lebt man in der Gegenwart. Man merkt gar nicht, wie die Zeit vergeht, weil wir immer ganz glücklich sind. Also ich immer besonders, wenn ich die Töne treffe, und wenn ich dann höre, was die anderen so spielen, das sind einfach Glücksmomente, so beseelt.«

»Und es wirkt auch noch nach. Es ist so schön, wenn man dann nach Hause fährt und man spürt immer noch diese Musik in sich.«

»Wir haben das alles Wolfgang zu verdanken. Er recherchiert, er besorgt die Noten, er bereitet alles vor.«

»Und wenn das Stück gut klingt und sich auch gut spielen lässt, dann kriegt es drei Sternchen auf die Notenseite. Durch die Sterne wissen wir dann beim nächsten Mal, was wir spielen und was wir weglassen. Kein Stern – spielen wir nicht mehr, ein Stern – auch nicht (alle lachen). Und manchmal schmeißen wir die Noten auch hinterher weg (lautes Lachen).«

»Wir machen es aus reiner Freude. Und ich denke mir, für den Kopf ist es doch auch gut, wenn man älter wird und man die Koordination zwischen Notenlesen und der Verbindung mit den motorischen Fähigkeiten erhalten kann – das kann nur gut sein.«

Gemeinschaft

»Wenn ich es nicht mehr hätte, würde ich noch weniger zur Geige greifen. Sich alleine da hinstellen und musizieren, das macht man nicht gerne. Das gemeinsame Musizieren gibt den Kick, da entwickelt sich noch mehr Freude!«

»Die Stücke, bei denen ich jetzt mitgespielt habe, hätte ich ja alleine nicht kennengelernt.«

»Und das Erobern von anderen Stücken. Wenn man alleine vor sich hin übt mit einer Stimme – das ist ja alleine gar nichts.«

Äußeren Druck wollen sie nicht durch das Quartett haben: »Den könnten wir haben, aber den wollen wir nicht. Wir brauchen uns nichts mehr beweisen und auch keinem anderen. Wir spielen nur für uns, ganz entspannt. Wir haben früher mal gelegentlich in Gottesdiensten oder auf Geburtstagen musiziert, da ist dann schon ein gewisser Druck gewesen, das machen wir gar nicht mehr. Nur noch für die Freude! Und für unsere eigenen runden Geburtstage vielleicht noch.«

»Alles mit so einer Leichtigkeit!«

Und inneren Druck? »Absolut gar nicht. In unserem Quartett nicht, vielleicht in größeren Gruppen, im Orchester, wenn man dann so ein komisches Stück üben soll, so ein Orgelkonzert, was fünf ♭s (Vorzeichen) hat – also das ist dann Druck. Wenn der Konzerttermin steht, dann muss man das Stück bis dahin können, das ist ein Druck, den habe ich gar nicht mehr gerne.«

Was würdet ihr meinen Lesern raten, damit so etwas gelingt?

»Freude an der Musik, intrinsische Motivation! Also es bringt gar nichts, wenn du jemandem sagst, ich möchte gerne, dass du Musik machst und ein Instrument lernst.«

»Spaß am gemeinsamen Musizieren haben, dann kommt das andere von allein.«

»Man kann das natürlich nur mit Leuten machen, die man persönlich mag oder mit denen man befreundet ist, das ist natürlich in so einem Quartett besonders schön.«

»Und man muss ungefähr auf einem ähnlichen Level sein – wenn du jetzt einen Profimusiker darunter hast, mit xy (Geigerin) zum Beispiel kann ich keine Kammermusik zusammen machen – da fühle ich mich einfach nicht wohl dabei. Es muss schon technisch passen.«

»Ich (Cello) bin ja schlechter als die anderen, weil ich noch nicht so lange spiele, aber das sind ja Freunde hier, da weiß ich, dass das nichts macht, die können das ertragen (alle lachen). Und dann, wenn meine Stimme zu schwer ist, einfach: Ach, das Stück zerreißen wir mal (brüllendes Lachen). Und auf dem Cello ist es ja so richtig schwer, die Töne sauber zu treffen. Aber man freut sich an sich selbst – man wird im Laufe der Zeit immer besser – und das ist natürlich sehr schön. Durch das gemeinsame Musizieren wird auch das Gehör geschult: Wo sind die anderen? Passt mein Ton dazu?«

Warum könnt ihr euch treffen, seid ihr alle getestet?

»Wir beschließen das einfach. Im Moment sind wir ein Haushalt (lachen). Da reduzieren wir lieber die anderen Kontakte. Und wir testen jede Woche. Ich muss meine Kinder und mein Quartett sehen, dann geht das alles, dann kann ich die Corona-Zeit durchhalten.«

Bei diesem Interview mit dem schwungvollen Quartett ist schon einiges angeklungen, was den menschlichen Sehnsüchten entspricht: druckloses Handeln aus eigenem, innerem Impuls heraus.

Wonach wir streben

Wir bestehen also aus Körper und Psyche. Doch wonach streben beide? Bei der Antwort kommt es darauf an, was der Mensch für uns ist, ob wir ein positives oder negatives Menschenbild haben, in dem der Mensch des Menschen Wolf ist, Pfahl im Fleische des anderen (Sartre) oder im Grunde gut. Ich habe mich hier für die positive Perspektive entschieden. Wonach streben wir?

Lass uns mit einem großen Geist beginnen, einer Philosophieikone meiner Studienzeit, jeder kannte seine Schriften, jeder diskutierte mit, ob das Sein besser ist als das Haben, und jeder, zumindest jeder bei mir im Musikstudium, wusste, wie die Kunst des Liebens tatsächlich geht. Erich Fromm (1900–1980), der große Philosoph und Psychoanalytiker hatte uns das nahegebracht.

Die Texte von Erich Fromm sind mir im Laufe der Zeit zunehmend wichtig geworden, vielleicht weil unsere Zeit flacher geworden ist, entfremdeter; weil wir weiter weg sind von uns selbst – ein Zukunftsszenario, vor dem er oft gewarnt hat. Und so ist sein Denken heute vielleicht brisanter denn je.

Einen großen Teil seines Lebens hat Erich Fromm der Frage gewidmet, wonach Menschen streben. Seine Antwort ist, dass wir unser Leben lang danach streben, uns zu vereinen und uns in unserer Ganzheit zu fühlen. Demnach befinden wir uns bis zum Tod ständig auf dem Weg dorthin und in Wachstums- und Wandlungsprozessen. Somit kann das Leben als Entwicklungsprozess auf das hin verstanden werden, »was der Mensch potentiell ist«.[1]

Dieses Wachstum erreichen Menschen durch Aktivität, die aber nicht im Sinne von Geschäftigkeit verstanden werden soll, sondern als produktiver Gebrauch der menschlichen Kräfte, als inneres Tätigsein. »Tätigsein heißt, seinen Anlagen, seinen Talenten, dem Reichtum menschlicher Gaben Ausdruck zu verleihen, mit denen jeder – wenn auch in verschiedenem Maß – ausgestattet ist.«[2] Sich demnach selbst zu entfalten durch das aktive innere Tätigsein. »Es bedeutet, sich selbst zu erneuern, zu wachsen, sich zu verströmen, zu lieben, das Gefängnis des eigenen isolierten Ichs zu transzendieren, sich zu interessieren, zu lauschen, zu geben.«[3]

Die Energie für diese aktiven Prozesse entstammt weniger der körperlichen als vielmehr der psychischen Energie, die daraus gezogen wird, *sich auf die Welt zu beziehen, interessiert an ihr zu sein.* In Situationen, in denen man jemanden liebt oder etwas sehr Anregendes liest oder sieht, kann man, so Fromm, diese Energie wahrnehmen. Man spürt in solchen Momenten, dass man nicht müde wird und tiefe Freude empfindet. Diese Freude wirkt energetisierend, und zwar unabhängig vom körperlichen Zustand und dem Alter. Bis in das hohe Alter kann diese Form der psychischen, sich für die Welt aufschließenden Energie erhalten bleiben. Bei achtzigjährigen Menschen beispielsweise könne man beobachten, dass diejenigen, welche ein Leben in Liebe, Zuwendung und Interessiertheit gelebt haben, sehr energievoll und frisch wirken. Und dieses hat mit der körperlichen Kraft nichts zu tun, sondern entstammt der warmherzigen Lebenshaltung selbst.

Das erinnert mich an eine Geschichte, die ich im Internet gelesen habe und die ungefähr so ging:

Eine alte Frau, fast blind, wartet in der Vorhalle des Altersheims, in dem sie nun endlich ein Zimmer beziehen kann. Als sie schließlich am späten Vormittag vom Personal abgeholt wird, läuft sie mit ihrem Rollator langsam zum Aufzug. Die begleitende Angestellte beschreibt ihr schon auf dem Weg das kleine Zimmer, das nun ihres sein wird, inklusive der Vorhänge, Schränke und Teppiche. Die alte Frau lächelt und sagt voller Begeisterung:

»Oh, ich liebe es!«

»Aber, Frau Maier, warten Sie doch, Sie haben es doch noch gar nicht gesehen!«

»Ach, das macht doch nichts, ich liebe es. Es hat nichts damit zu tun, ob ich es gesehen habe. Glück ist etwas, für das du dich im Voraus entscheidest. Ob ich das Zimmer mag, hängt nicht vom Zimmer, von den Möbeln oder Teppichen ab, sondern davon, wie ich meine Gedanken darauf einstelle. Ich habe mich schon entschieden, es zu lieben.«

Ein solcher, auf die Welt bezogener, die Welt liebender Mensch befindet sich in einem Zustand hoher Lebensenergie. Liebe ist eine Lebenshaltung.

Die Entfaltung unserer Lebenskräfte erreichen wir insbesondere durch die Liebe und die Stärkung der eigenen Unabhängigkeit und Freiheit. Fromm nennt hier insbesondere die

- Biophilie – die Liebe zum Leben und allem Lebendigen,
- die sich auch in der Liebe zur Menschheit und zur Natur spiegelt, sowie
- in einem Leben in Unabhängigkeit und Freiheit.[4]

Liebe zum Leben und allem Lebendigen

»Die Biophilie ist die leidenschaftliche Liebe zum Leben und allem Lebendigen; sie ist der Wunsch, das Wachstum zu fördern, ob es sich nun um einen Menschen, eine Pflanze, eine Idee oder eine soziale Gruppe handelt.«[5]

Dieser Leben erhaltende Lebenstrieb folgt seiner Tendenz, integrierend wirken zu wollen. Alles Lebendige – von der Zelle bis zum Organismus – neigt dazu, sich mit anderen vereinigen zu wollen, um so zu wachsen – und dieses, so Fromm, ist nicht nur bei Zellen der Fall, sondern auch bei unserem Fühlen und Denken. Die Vereinigung in Körperlichkeit, aber insbesondere im Fühlen und Denken führt so zu einem ständigen Wachstum hin zur Ganzheit.[6]

Und wie sehr Fromm hier im Einklang mit Seinsvorstellungen der späten Weimarer Klassik oder Romantik des späten 18. Jahrhunderts sowie auch des aktuellen Zeitgeistes steht, zeigt ein Text-Fragment Friedrich Hölderlins (1770–1843) aus *Hyperion* und seine aktuelle Rezeption:

»O selige Natur! Ich weiß nicht, wie mir geschiehet, wenn ich mein Auge erhebe vor deiner Schöne, aber alle Lust des Himmels ist in den Tränen, die ich weine vor dir, der Geliebte vor der Geliebten.

Mein ganzes Wesen verstummt und lauscht, wenn die zarte Welle der Luft mir um die Brust spielt. Verloren ins weite Blau, blick ich oft hinauf an den Aether und hinein ins heilige Meer, und mir ist, als öffnet' ein verwandter Geist mir die Arme, als löste der Schmerz der Einsamkeit sich auf ins Leben der Gottheit.

Eines zu sein mit Allem, das ist Leben der Gottheit, das ist der Himmel des Menschen.

Eines zu sein mit Allem, was lebt, in seliger Selbstvergessenheit wiederzukehren ins All der Natur, das ist der Gipfel der Gedanken und Freuden, das ist die heilige Bergeshöhe, der Ort der ewigen Ruhe, wo der Mittag seine Schwüle und der Donner seine Stimme verliert und das kochende Meer der Woge des Kornfelds gleicht.

Eines zu sein mit Allem, was lebt! (…) Und aus dem Bunde der Wesen schwindet der Tod, und Unzertrennlichkeit und ewige Jugend beseliget, verschönert die Welt.«[7]

In seiner Dankesrede zur Verleihung des Friedrich-Hölderlin-Preises 2020 bezieht sich Navid Kermani auf dieses Fragment: »Wie kein anderer Dichter deutscher Sprache hat er (Hölderlin), schon weil er kein Geld hatte, aber dennoch ständig unterwegs war, die Natur durchwandert, durchfroren, durchbebt, durchhungert, durchängstigt, durchfühlt und mehrfach überlebt, am Neckar, am Rhein, am Main, an der Donau (…), dürftig bekleidet über die Alpen, im Winter längs und quer durch Frankreich und halb irre im Sommer zurück, Hunderte Nächte am Wegrand geschlafen, sein Gesicht wie das eines Bauern gegerbt, die Beine zerkratzt, die

Hände zerschründet, ist über Abgründe geklettert, hat gezittert in Gewittern und Schneestürmen, war hilflos Adlern, Blitzen und auch Räubern ausgesetzt.«[8]

Schließlich merkt Kermani zur Aktualität von Hölderlins Naturverbundenheit an: Eins zu sein mit allem, was lebt – was Hölderlin als Bestimmung des Menschen wahrnahm, wird heute »zur politischen Agenda, wenn der Mensch mit der Schöpfung auch seine eigene Lebensgrundlage zu zerstören droht«.[9] Eins zu sein mit allem, was lebt, wird heute zur politischen Notwendigkeit.

Liebe zu Menschheit und Natur

Bei Hölderlin zeigt sich die enge Verbindung zu Fromms zweitem Kraftelement: die Liebe zu Menschheit und Natur. Fromm meint hier die umfassende, bedingungslose Liebe zu allem, was lebt im Menschen und der Natur. »Was anzieht, ist immer das Lebendige.«[10]

Wir werden vom Lebendigen angezogen. Rainer Funk, Fromms Nachlassverwalter, erinnert hier an den Frühling, die Begeisterung, Freude, Zärtliches und Erotisches. »Das Leben lieben zu können und lebendig zu sein ist für uns von ganz entscheidender Bedeutung.«[11] Liebe beinhaltet immer das wache Interesse am anderen, an dessen Wachstum und Wohlergehen. Leben wird als Prozess verstanden, in dem wir eins mit uns selbst und ganz mit allem, was lebt, werden. Und die Liebe zu allem, was lebendig ist, findet seinen Ausdruck in dem leidenschaftlichen Wunsch, Wachstum zu fördern.[12]

Und diese Liebe zum Leben ist der Kern jeder Form von Liebe, so Fromm, die sich in der Liebe zu Menschen, zu einem Tier oder einer Pflanze wiederfindet. Sagt jemand über einen anderen Menschen, dass dieser »das Leben wirklich liebt«, so wüssten die meisten Menschen, was gemeint sei, denn innere Bilder würden dann aktiv. »Wir stellen uns dann einen Menschen vor, der alles liebt, was wächst und lebendig ist; wir haben jemanden vor Augen, der vom Wachsen eines Kindes, vom Erwachsenwerden, von einer Idee, die Gestalt annimmt, von einer im Wachsen begriffenen Organisation angezogen wird. Für einen solchen Menschen wird selbst das, was nicht lebendig ist, wie ein Stein oder das Wasser, zu etwas Lebendigem. Das, was lebendig ist, zieht ihn an, und zwar nicht, weil es groß und mächtig ist, sondern weil es lebendig ist.«[13]

Sowohl bei der Liebe zum Leben und Lebendigen als auch bei der Liebe zur Menschheit und Natur bleibt die Liebe das zentrale Element menschlichen Wollens und Wachsens. *Love lift us up where we belong: Where the eagles cry, on a mountain high.*[14]

In einer schönen Metapher erklärt er, was die Liebe als Seinsmerkmal in sich trägt, nämlich die Angemessenheit der Zuwendung, egal ob in der Liebe zum Leben, zu Pflanzen, Tieren oder Menschen: Die Liebe müsse angemessen sein und den Bedürfnissen und der Natur des Geliebten entsprechen. »Benötigt eine Pflanze nur wenig Wasser, dann drückt sich meine Liebe zur Pflanze darin aus, dass ich ihr nur so viel Wasser gebe, wie sie braucht. Habe ich aber vorgefasste Meinungen darüber, ›was für eine Pflanze gut ist‹, etwa die, dass möglichst viel Wasser für alles gut ist, dann werde ich der Pflanze schaden und sie umbringen, weil ich nicht fähig bin, sie in der Weise zu lieben, wie sie geliebt werden muss.«[15]

Love lift us up where we belong: far from the world below, up where the clear winds blow.

Einem anderen Lebewesen einfach nur das Beste zu wünschen und irgendetwas zu tun, was wir für ihn für richtig halten, reicht daher nicht aus. Vielmehr gelte, solange ich nicht weiß, »was eine Pflanze, ein Tier, ein Kind, ein Mann, eine Frau brauchen, und solange ich nicht von meiner Vorstellung, was für den anderen das Beste ist, und von meinem Wunsch, ihn zu kontrollieren, ablassen kann, ist meine Liebe destruktiv – ein Kuss des Todes«.[16] Deshalb sollten liebende Menschen mit wachem Interesse herausfinden wollen, was das andere Lebewesen wirklich braucht. Durch Fragen, Zuhören, Recherchieren, Lesen, Beobachten – durch wache Neugier an allem, was lebt.

Erwin: Liebe zum Wald

Von seiner Liebe zur Natur, von seiner Liebe zum Wald erzählt mir Erwin, rund 70 Jahre alt, der mit seinem grauen Rauschebart und langen grauen Haaren aussieht wie Pater Anselm, den er auch wohl schon öfter getroffen hat. Manche nennen Erwin den deutschen Wanderpapst, andere halten ihn mit seinen Waldbegehungen für visionär oder verrückt – auf jeden Fall ist er ein Waldliebender in Reinform, ein seltenes Exemplar einer ganz besonderen Spezies.

In den Siebzigerjahren wurde er für seine Wanderausflüge belächelt (»Hähä, muss ich auch noch laufen lernen?«), doch die Lacher hörten bald auf, denn Erwin Schottler wird von den Medien gefeiert, da von ihm im Laufe der Jahrzehnte unzählige Menschen den Bezug zur Natur erlernen. Er holt Tourismuspreise, den Bundespreis Familienferien in Deutschland, weil Familien, Kinder, Eltern und Hunde zusammen mit ihm in den Wald gehen.

Derzeit ist seine Leidenschaft für den Wald ganz nah an den Sehnsüchten der Mitteleuropäer, da sich eine neue Welle der Natursehnsucht auftut wie schon seit der Spätromantik nicht mehr.

Mondnacht

Es war, als hätt' der Himmel
Die Erde still geküßt,
Daß sie im Blütenschimmer
Von ihm nun träumen müßt'.

Die Luft ging durch die Felder,
Die Ähren wogten sacht,
Es rauschten leis' die Wälder,
So sternklar war die Nacht.

Und meine Seele spannte
Weit ihre Flügel aus,
Flog durch die stillen Lande,
Als flöge sie nach Haus.

Joseph von Eichendorff

Umwege gehen und ankommen

Erwins Vita ist besonders. Er wollte von klein auf Förster werden: »Ich war schon als kleiner Junge, sobald ich mit elfeinhalb Monaten auf den Füßen war, im Wald unterwegs.« Da das Familieneinkommen für die Oberschule nicht reicht, wird er zunächst Dreher beim Maschinenbau, später dann Polizist und während der Zeit der Roten Armee Fraktion Personenschützer beim Spezialeinsatzkommando (SEK). Dort kommt er mit den Verwaltungsstrukturen nicht zurecht, steigt aus und unterstützt seine Frau in ihrem Hotel am Wald, indem er mit den Gästen Waldtouren unternimmt, »und dann war ich endlich, wo ich hingehöre, mit Menschen in der Natur. Dann war ich endlich wieder dort. Und ab da war ich über 27 Jahre lang fast täglich im Wald.«

Krafttankstelle

»Und habe dabei gemerkt, dass, wenn Menschen in der Natur sind, sie anders mit sich umgehen und anders miteinander umgehen.« Was bedeutet denn »anders«? »Ja, zum Beispiel: Wenn wir den Sonnenuntergang beobachten, stehen wir auf einem Felsen und ich sage den Menschen: ›Vom Aufsitzen der

Sonne bis zu deren Untergang dauert es dreieinhalb Minuten. Bitte sprecht jetzt nicht.‹ Und dann war da mal einer dabei, ein Meter neunzig, aus einer Pharmafirma, der dreht sich danach um und sagt: ›Erwin, was du machst, ist etwas ganz Besonderes.‹ Da habe ich gesagt: ›Ich mach doch gar nichts.‹ Da sagt er: ›Doch, was ich gerade erlebt habe, das habe ich das letzte Mal in Griechenland auf einem Boot erlebt – und anschließend habe ich drei Semester Theologie studiert.‹ Ich bin getauft und konfirmiert, ob ich ein guter Christ bin, weiß ich nicht, aber ich weiß, dass da draußen etwas ganz, ganz Großes ist.

Was bedeutet dir der Wald? »Ohne den Wald kann ich nicht sein – das ist ganz klar. Aus heutiger Sicht muss ich sagen, ich habe in meiner Lebensschule brutal harte Zeiten erlebt – mehr will ich dazu nicht sagen –, und da war ich im Wald, saß im Wald am Baum, lag auf der Bank, schlief ein und dort war meine Erdung, meine Krafttankstelle. Wenn ich etwas vorbereite und die Gedanken stocken, dann geh ich rauf zum Wald. Wenn ich da reingehe, dann begrüßt er mich und ich sehe, wie der Wald sagt: Oh Erwin, schön, dass du wieder da bist! (lacht) Also ich merk das, ich weiß das, was der Wald für eine Krafttankstelle ist – physisch und psychisch! Da brauch ich nicht in ein Fitnessstudio zu gehen mit Knopf im Ohr, da geh ich den Berg rauf, geh den Berg runter. Ja, das hat was von Vorangehen. Also der Wald ist ganz einfach für uns eine natürliche Krafttankstelle; der natürlichste Fitnessraum, den es gibt: 24 Stunden geöffnet, kostet keinen Eintritt, hat die beste Klimaanlage und gehört einfach zu meinem Leben.«

Ruhepol und Kreativraum

»Ja also, das ist jetzt kein Theater, was ich dir erzähle: Ich geh da rein, schau ins Grüne, und in mir beruhigt sich etwas und gleichzeitig geht auch die Seele auf. Und dann ist da ein kleiner Bach, und es kann sein, dass ich an dem kleinen Bach einfach nur sitze und nichts mache. Nicht schreiben, nicht lesen, nur da sein. In der Ruhe liegt die Kraft. Ich habe mein Handy zwar dabei, aber stumm geschaltet, nur für den Fall, dass was passiert. Ich spüre nur, dass ich in der Natur bin. Und sehe Bäume dastehen, die 250 Jahre alt sind und sich mit den Wurzeln in die Felsen einkrallen, in das vulkanische Gestein. In den Rhyolith geht das Wasser nur 70 bis 80 Zentimeter rein und in dieser geringen Tiefe müssen die Wurzeln ansaugen und sie stehen da (streckt die Arme gen Himmel). Dann bleibe ich ganz ruhig stehen, vor so einer Wurzel, und heute Morgen noch war ich mit dem Hund im Wald und stand vor einer Eiche und habe die Wurzel angesehen und in den unbelaubten Baum mit dem schönen blauen Himmelhintergrund. Das sind meditative Momente.

Wenn ich eine Idee habe, sage ich mir manchmal: Jetzt gehn mer naus. Und dann gehe ich raus und dort reift die Idee und kriegt wie ein Baum Äste und Äste und Äste, wo sich dann auch Richtungen erkennen lassen. Also der Wald ist wirklich für mich, wenn ich nur für mich bin, die Ideentankstelle, der Gedankensäuberer, der Kreativraum.

In der Natur sehe ich Bilder, Ameisenhaufen, Bachlauf, Wurzel, die sich in Felsen einkrallt – das sind Sinnbilder. Fest verwurzelt stehen. Feststehen – was auch Zeit braucht. Oder überhaupt der Baum: Im Frühling, ah, da blüht er so schön, im Sommer kommen die Früchte, im Herbst kommen die Stürme und das Laub fällt runter, aber er ist gut verwurzelt, er fällt nicht um, und im Winter steht er still, die Jahresringe werden eng und stabilisieren den Baum. Also du brauchst auch in dir diese ruhigen Momente, diesen Winter, damit du in dir stabil bist.«

Menschlichkeit durch Naturerfahrung

Ganz im Sinne der Biophilie findet Erwin zu einer generellen Liebe zu allem Lebendigen und zum Thema Menschlichkeit. Mehrfach sagt er: »Es geht darum, Menschlichkeit wieder lebendig werden zu lassen.« Er plädiert in Coaching und Seminarleitungen für einen »sozialen Klimawandel«, der im Wald beginnen könnte mit Gruppen, die 48 Stunden gemeinsam im Wald verbringen – ein neues Projekt. »Dabei geht es darum, dass die Menschen, die eine gemeinsame Zukunft bauen wollen, miteinander reden und gestalten. Und sie reden nicht über die anderen, die anders sind, sondern über die gemeinsame Zukunft der Menschen, und sie leben das vor, was Zukunft ist. Menschliche, lebenswerte, erfolgreiche Zukunft.« Der Wald habe diese Kraft, die auch menschliche Konflikte bearbeiten könne. »Konflikte, wir brauchen Konflikte, ohne Konflikte geht nichts auf den Weg. Am besten kann man in der Natur über so was reden. Weil die Natur die Menschen öffnet. Wenn sie miteinander gehen und reden – im ›Geh-spräch‹ –, dann kommen sie automatisch in einen Gleichschritt, der von der Psyche her ein Miteinander erkennen lässt. Miteinander gehen, der Gleichschritt. Er wird nicht befohlen, sondern beim Gehen wird unbewusst aufgenommen, ›wir gehen miteinander‹.

Ich habe auch mal ein Seminar gehalten, Nordic Walking mit Leuten, die psychisch erkrankt waren. Da waren wir eine ganze Woche draußen. Dann kamen wir zurück und einer hat gesagt: ›Oh, das war heute so schön – das blaue Licht.‹ Er hat nicht gesagt: ›Der blaue Himmel.‹ Er hat gesagt: ›Das blaue Licht.‹ Jetzt wissen wir ja, das Tageslicht bringt Stimmungsaufhellung. Und eine Frau hat gesagt: ›Und die vielen Sorten Grün.‹ Also sie hat nicht gesagt: ›Der Wald ist grün.‹ Sondern sie hat festgestellt, da sind so viele Sorten Grün. Was sich da abgespielt hat! Und dann sagte einer: ›Ey, Herr Schottler, wenn wir das jeden Tag machen würden, dann bräuchten wir ja gar keine Tabletten mehr!‹ (Lacht, freut sich)«

Und seine innovativen Ideen gestalten neue Projekte: Es geht um Bewegung von Kindern und Jugendlichen im Wald. »Gerade in dieser Corona-Zeit, die Verrohung und Verwahrlosung der Kinder – ja, das ist schwierig, aber wir hatten vorher schon 28 Prozent der Kinder zwischen sechs und 16 Jahren, die physisch erkrankt sind: Adipositas und Diabetes Typ 2. Woher kommt das? Kommt das von der Schule? Oder der Kita? Nein. Das kommt von zu Hause! Deswegen müssen wir von ganz unten anfangen, bei den Kindergartenkindern – sie öffnen für die Kraft, Ruhe und Kreativität in der Natur.«

Natur schenkt Glück

Was würdest du sagen, was ist das Wichtigste? »Das Bewusstsein öffnen für das Ursprüngliche. Vor 100 Jahren sind wir noch 20 Kilometer am Tag gegangen und wir sollten heute sieben Kilometer pro Tag gehen, um das abzurufen, um das zu mobilisieren, was wir brauchen, um ein lebenswertes Leben zu leben. Der durchschnittliche Mensch in Deutschland geht aber 700 Meter. Also nur zehn Prozent davon. Der Rest wird zugekauft vor den Nachrichten: Die Werbung, die sagt ihnen, wie viele Tropfen sie nehmen müssen, damit sie schlafen können. Aber das Selbst: Selbst für sein Glück sorgen, aus dem Wald kommen und sagen: ›Ohhh, wunderbar!‹ Das ist ein Gewinn. Alles, was uns das Leben bequemer macht, nimmt uns von dem was weg, was die Natur uns geschenkt hat, um glücklich zu leben.

Im Juli letzten Jahres bekam ich eine neue Hüfte. Es war der sehr heiße Sommer. Vorsorglich haben mir die Pflegekräfte die weißen Rollos zugezogen und die Klimaanlage eingeschaltet. Am zweiten Tag dieser Isolierung dachte ich an Einzelhaft. Ich nahm die Krücken, ging zum Lift, fuhr ins Erdgeschoss, ging raus vor die Tür und hielt den Kopf in einen grünen Busch. Meine Frau sagte: ›Da hattest du Glück, dass dich niemand gesehen hat, denn gegenüber ist die Psychiatrie‹ (er lacht).«

Landluft und Freiraum

Nach dem Interview denke ich an Waldbaden, Waldluft und Naturgottheiten – Waldluft öffnet die Lungenbläschen und senkt das Cortisol, das Stresshormon im Körper. Unser Gespräch hat mich so motiviert, dass ich selbst mit den Hunden sofort aufbrechen will. Wenig später sitze ich auf einem Baumstamm am Waldrand und es fällt mir die alte Geschichte von Papst Gregor ein, der eine von Germanen als heilig verehrte Eiche fällen ließ, um den Baumkult zu beenden. Aus dem Holz ließ er eine Kapelle bauen – als ein Sinnbild des Sieges über Naturgottheiten, Heidentum und heilige Eichen.

Der aktuelle Trend hätte Papst Gregor wahrscheinlich nicht gefallen, denn durch die Pandemie wurde die räumliche Unabhängigkeit vom Arbeitsplatz möglich, Homeoffice statt Anwesenheit. Und so haben Menschen in der Pandemie begonnen, aus den Städten in die Natur zu ziehen und sich mit Wäldern, Wiesen, Bäumen – ja Lebendigem statt Betonbauten – zu umgeben. Auch für Kunst und Kultur könnte durch Corona eine neue Welle der Wertschätzung wachsen – viele Menschen haben wohl festgestellt, dass es ohne Konzerte, Lesungen, Ausstellungen, Museen u. a. nicht gut geht in unserer Welt. Und so hofft der Kulturbetrieb in der Nach-Corona-Zeit auf viele Art-Genossen.

Das Erste, was ich über die derzeitige Stadtflucht hörte, bezog sich auf New York: Der Bürgermeister einer kleinen Stadt, 160 Kilometer entfernt von New York City, nennt die neu zuziehenden Familien »Corona-Refugees« – Corona-Flüchtlinge. In einer Dokumentation erzählt er, der neue Trend zum Landleben sei prima, denn wenn Familien mit Kindern aus der Stadt kommen, entstehe hier am Rande der Großstadt wieder Gemeinwesen. Sie erzählen, dass sie naturverbunden und entschleunigt leben wollen, Landleben eben zu einer Zeit, als das Leben in New York wieder Fahrt aufnimmt. Ein Vater meint, es sei zu laut in der Stadt, zu hektisch und zu stressig dort. Die Luft sei schlecht, Burn-out und Druck wären in New York allgegenwärtig.

So ziehen die Menschen weg aus Manhattan, leben entschleunigt, mehr mit der Natur, nachhaltiger, wollen sich »mehr auf die Kinder und deren Bildung konzentrieren, die Umwelt schützen und gut bezahlte grüne Jobs schaffen«. Ein Unternehmer benennt seine Firma in »Remote« um – fern, abgelegen.

Und ähnliche Wanderbewegungen sehen wir ja derzeit auch in Europa: raus aus den Städten, hin zu bezahlbaren Grundstücken und Häusern, hin zur Natur. Wenn man nur noch ein- oder zweimal pro Woche im Büro anwesend sein muss, ändert sich das Mobilitätsverhalten und man nimmt auch längere Fahrstrecken auf sich. Im Grunde kann man doch nun leben, wo man will – zumindest in den Berufen, die keine Präsenz erfordern. So mancher empfindet inzwischen, dass ein Tag ohne Outdoor-Zeiten ein verlorener Tag ist – vielleicht hat es wirklich einen Grund, dass wir uns der Natur zuwenden, wenn wir nach uns selbst suchen. Und auch beim Arbeiten selbst kann das doch nur wohltuend sein: tief durchatmen, frei von Lärm, Hektik, Stadtstress, und dabei in die heiligen Eichen der Germanen blicken.

Nur für die Politik scheint es noch manches zu tun zu geben für ein naturnahes, freies Leben in Deutschland: Ja, wir haben eine neue Asphaltdecke auf der Straße, und tatsächlich hat unser kleines Dorf jetzt Glasfaseranschluss und schnelles Internet. Aber der

Lebensmittelladen im Nachbardorf hat letzten Monat geschlossen, der Blumenladen, die Apotheke und die Volksbank im letzten Jahr. Und weil die Gemeinde nicht den Winterdienst bezahlen will, ist die Straße zum hoch gelegenen Waldgebiet gesperrt. Die Post ist zu. Was nützt da Glasfaser? Die Freiheit des Menschen liegt im Blumenkauf, im Waldweg, in der Pizza, in Medikamenten, im Geldautomaten und im Internet. Auch im Internet, aber nicht nur.

Auch hinsichtlich der Privatisierung von Natur scheinen die politischen Vorgaben noch nicht ausgereift. Wie im Mittelalter die Allmende sollten Wald und Strände meines Erachtens allen zur Verfügung stehen und nicht für Privatnutzung geschlossen sein dürfen. In Dänemark ist das zum Beispiel bei den Stränden so: Die gesamte Küste – rund 7000 Kilometer – steht jedem frei zur Verfügung. Nicht wie die an Firmen verkauften Waldgebiete, in denen der Forst allem Anschein nach absichtlich ausgetrocknet wird, um den Kohleabbau vorantreiben zu können. Und auch nicht wie die Strandabschnitte, die von Hotels einverleibt werden, und auch nicht so, wie ich es bei einem Vortrag in dem ehemaligen Filmstudio Babelsberg in Potsdam erlebt habe.

Das ehemalige Filmstudio liegt inmitten schöner Villen und der Wohnhäuser der damaligen Präsidenten der Siegermächte, die sich hier zur Potsdamer Konferenz – und später zum Potsdamer Abkommen – getroffen haben. Churchills Villa liegt hier genauso wie die von Stalin. Die Veranstalterin erzählt mir nach meinem Vortrag die Geschichte der Babelsberger Studios. Wir stehen am Fenster und schauen hinaus auf die fließende Havel.

Ursprünglich war das Babelsberger Filmstudio seit 1912 das größte Filmstudio Europas. »*Metropolis*« und »*Der Blaue Engel*« wurden hier gedreht, Alfred Hitchcock, Marlene Dietrich und Billy Wilder holten sich hier ihre Meriten. In der NS-Zeit wurden die Studios zu einer Versammlungsstätte der Nazis, die dem Gebäude das klotzige Aussehen gaben. Und dann später, zur Zeit der neuen Filmakademie, verlief die Mauer genau auf der Grundstücksgrenze inklusive Todesstreifen und Havel-Überwachungskameras. Nach dem Mauerabriss sieht man nun wieder die Havel – und den dazugehörigen See. Die Grundstücke der Nachbarschaft sind inzwischen im Privatbesitz, und da, wo ehemals die Mauer stand, ist nun ein schöner Weg am Wasser.

Wir stehen noch immer am Fenster und schauen hinaus auf diesen Weg am Fluss entlang – dieses Sinnbild der gefallenen Mauer, der Freiheit. Der Weg am Fluss da draußen. Ich schlage der Veranstalterin vor, nun noch etwas dort spazieren zu gehen und den Tag in Ruhe ausklingen zu lassen, aber sie winkt mit leicht gesenktem Blick ab. »Da kann man nicht spazieren gehen, denn die Nachbarn haben die Wasserzugänge gleich mitgekauft und sie für die Öffentlichkeit gesperrt. Genau wie am Wannsee – man kommt fast nirgendwo mehr ans Wasser.«

Freiheit

Na, da kommt das dritte Element der menschlichen Energie gerade recht: Jenseits der Liebe zu allem Lebendigen, zu Mensch und Natur, liegt die Freiheit. Freiheit, so Fromm, kann der Mensch dadurch erlangen, »dass er sein Selbst verwirklicht, dass er er selbst ist«.[17] Nicht nur das Denken, sondern die Verwirklichung der gesamten Persönlichkeit führen zum Selbst, wenn nämlich der Mensch alles zum Ausdruck zu bringen vermag, was emotional oder intellektuell in ihm angelegt ist. Möglichkeiten zum Ausdruck dieses Selbst hat jeder Mensch, aber verwirklicht werden sie nur in dem Maße, in dem sie auch tatsächlich ausgedrückt werden. »Mit anderen Worten: Die positive Freiheit besteht im spontanen Tätigsein (activity) der gesamten, integrierten Persönlichkeit.«[18]

»Spontan« meint hier ein Tätigsein aus freien Stücken. Es geht nicht darum, irgendetwas zu tun, sondern um kreative Tätigkeiten, die sowohl emotional als auch intellektuell, sinnlich als auch willentlich wirken.[19] Denken, Fühlen und Handeln werden in solchen Momenten Ausdruck des Selbst. Das Erlebnis einer Landschaft beispielsweise, eine aufblitzende Erkenntnis, ein sinnliches Vergnügen oder eine plötzlich aufquellende Liebe zu einem Menschen zählen zu solchen Augenblicken, die stets mit Glücksempfinden verbunden sind.

In solchen Augenblicken »wissen wir alle, was ein spontanes Erlebnis ist, und wir haben vielleicht eine Ahnung davon, was das menschliche Leben sein könnte, wenn solche Erfahrungen nicht so selten wären und so wenig gepflegt würden«.[20] In solchen spontanen Momenten vereinigt sich der Mensch mit der Welt und überwindet seine Einsamkeit und Angst vor dem Alleinsein. Seine Trennung von der Welt wird dadurch aufgehoben, dass er sich auf die Welt einlässt und sich in ihr ausdrückt.

Bei jeder spontanen Tätigkeit wird das Selbst gestärkt. »*Denn das Selbst ist stark genau in dem Maße, wie es aktiv-tätig ist.*«[21]

Frei von Bindungen

Doch manchmal fällt es nicht so leicht, aktiv tätig zu sein. Das mag an den Bedingungen liegen. Eine Studierende schrieb uns beispielsweise: »Wenn ich bei meiner Mutter zu Besuch bin, fühle ich mich manchmal in meiner Autonomie gehindert. Natürlich ist es auch schön, wieder in der Heimat zu sein, allerdings habe ich dort nicht meinen eigenen Rhythmus. Das ist am Anfang immer wieder eine Umstellung. Ich merke dabei auch, dass ich bei meiner Mutter sehr wenig Motivation habe, etwas für die Uni zu erledigen. Natürlich mag das auch daran liegen, dass ich in der Heimat auch viel Zeit mit meinen Freunden und meiner Familie verbringe. Jedoch fehlt mir einfach ein strukturierter Tagesablauf; sobald ich wieder in Trier bin, funktioniert alles wie vorher und ich bin wieder motivierter.«

Hilfreich bei alledem ist ein hohes Maß an innerer und äußerer Freiheit. »Ich glaube«, schreibt Fromm, »dass man erst ›frei von‹

seinen inneren und/oder äußeren Bindungen sein muss, um ›frei zu‹ etwas sein zu können: zu schöpferischem, gestaltendem Tun, zu mehr Erkenntnis usw. Erst dann ist man fähig, ein freies, tätiges, verantwortliches Wesen zu sein.«[22] Fast ist das ein Aufruf zur Selbstbefreiung.

Aktivität

Bei alledem wird klar, dass der Humanist Fromm den wachsenden Menschen als aktiv handelnden Menschen versteht. Und zwar geht es um ein Handeln nicht im Sinne des reinen Selbstzwecks – um irgendetwas zu tun –, auch nicht als entfremdeter Arbeitslohnerwerb, sondern um eine viel innigere Aktivitätsform: um ein Handeln im Sinne der Verwirklichung des Selbst. So wie Maria Callas es sagte, als sie gefragt wurde, was das Singen ihr bedeutet: »Es ist meine Welt sozusagen. Ich fühle mich darin über alles erhaben. So drücke ich mich aus. So gebe ich vielleicht dem Publikum die Vorstellung von etwas Schönerem im Leben.« Als eine ihrer schönsten Passagen gilt aus »La Mamma Morta« – einer Arie aus der Oper *Andrea Chenier* von Umberto Giordano – »Io son l'amore« – »Ich bin die Liebe«.

Lebendig fühlt man sich nach Erich Fromm, *wenn man Körper, Geist und Seele nicht durch fremden Druck, sondern entsprechend dem eigenen Ich aktiviert.* Wenn dies geschieht, wachsen Glück, Lebensbejahung und Gesundheit, wenn nicht, wachsen Destruktion, Aggression und Depression. »Selbst wenn es zu einer umfassenden Symbiose des Menschen mit der Technik kommt und der Alltag ohne die Steuerung durch Rechnerprogramme nicht mehr zu bewältigen ist, wird die Liebe zum Leben und *Lebendigen von der Aktivierung der biophilen körperlichen, seelischen und geistigen Eigenkräfte abhängen (Hervorhebungen von MBB).*« Eine solche Aktivierung bedeutet, dass in uns etwas wächst, was aus uns selbst stammt und uns von niemandem aufgezwungen wurde.[23] Uns selbst verwirklichen wir, indem wir aus unserem inneren Selbst heraus *ein körperlich, geistig und seelisch aktives Leben führen.*

Letztendlich ist der Weg des aktiven Lebens auch der Ratschlag, das Leben beim Schopfe zu fassen, mit einem liebenden Herzen zu leben und den inneren Impulsen mehr Vertrauen zu schenken als äußerem Druck. *Love lift us up where we belong: where the eagles cry, on a mountain high.* Als der Rocksänger Joe Cocker 2014 an Lungenkrebs starb, hörte ich ein Interview mit seiner Frau Pam Backer. Sie erzählte, mit Tränen in der Stimme, nach 38 Ehejahren: »Wir freuten uns auf das Alter, wir wollten zusammen reisen, keine Konzerte, nur wir beide. Aber so ist eben das Leben ... Es passieren eine Menge Dinge.« *Love lift us up where we belong: Far from the world we know, up where the clear winds blow. Love lift us up where we belong.*

Andrea, die Ärztin, die leidenschaftlich Klavier spielt, traf ich in unserem Institut. Sie hatte gerade beim Klavierbauer um die Ecke einen Flügel gekauft, ein wahnsinnig edles Instrument. Sie schwebt! Ein Leben lang hatte sie Klavier gespielt. Als Kind bei Frau Z., die im Rhythmus auf den Tisch hämmerte: Tonleitern rauf und runter. Dann bei Prof. G., Vorbereitung zur Aufnahmeprüfung. Schließlich doch lieber Medizin statt Musik.

Und jetzt stand sie vor mir: Ich hätte ihr während der Entscheidungsphase doch das Foto geschickt und auch deshalb hätte sie ihn jetzt einfach gekauft. Das Foto hatte ich im Netz gefunden: Ein älteres Pärchen sitzt schlafend in einer Gondel vor malerischer Kulisse in Venedig und darunter der Satz: Warum Sie mit Ihren Träumen nicht bis zur Rente warten sollten. Ich hatte dazugeschrieben: Mit 75 brauchst du dir keinen edlen Flügel mehr zu kaufen, da laufen die Finger naturgemäß nicht mehr so, das Spiel ist vielleicht nicht mehr so brillant. Jetzt hättest du noch mindestens zehn Jahre große Freude daran. Wenn du ihn immer schon haben wolltest und es zurzeit finanziell möglich ist, dann würde ich es machen!

»Ich habe ihn gekauft, ich habe ihn gekauft, ein wunderbarer Steinway!«

Später fragte ich ihren Mann, was er davon halten würde. Er sagte, es sei immer Andis Herzenswunsch gewesen und er freue sich, dass sie ihn sich jetzt erfüllen konnte.

Wenn nicht jetzt, wann dann? Das Leben beim Schopfe packen … *It's my life*. Hier und heute ist es mein Leben. Das Wesen des Lebens ist flüchtig. Ja, dadurch ist es entweder jetzt, dass wir es verwirklichen, oder eben aller Voraussicht nach wohl nicht mehr. Wie es funktioniert, Möglichkeiten im Leben aktiv zu erweitern, werden wir noch sehen.

Das alles und noch viel mehr: Selbstbestimmung

Tief im Innersten des Menschen verborgen liegen Begabungen, Fähigkeiten, Wünsche, Sehnsüchte und Ideen, die gelebt werden könnten oder gar danach drängen, ausgelebt zu werden. Es könnte eine ungeheure Bereicherung für unser Leben sein, diese neuen Möglichkeiten des Denkens, Fühlens und Handelns zu entdecken und zu leben, im Sinne des Søren Kierkegaard zugeschriebenen Aphorismus: *Der, der wagt, verliert den Halt für einige Zeit, der, der nichts wagt, verliert sich selbst.*

In einer unserer Studien ging es genau darum: Wir haben die Teilnehmerinnen und Teilnehmer gefragt, ob sie in den letzten Jahren Freude an einer neuen Aktivität oder Charaktereigenschaft entdeckt haben (neues Interesse, Leidenschaft, Begabung, Hobby, Verhalten, Fähigkeit usw.) und was diese Entdeckung für ihr eigenes Leben bedeutet.

Gestaltungskraft

Eine 25-Jährige erzählt etwa vom Wandern, es sei »energetisierend«. Eva, eine 37-Jährige mit einer zweijährigen Tochter, die im Schuldienst und in Integrationskursen arbeitet, hat das Plastizieren für sich entdeckt – das künstlerische Gestalten, meist mit Ton. Es bedeutet ihr »Ausgleich und Inspiration«.

»Es öffnete sich eine Tür in eine andere Welt, in der ich Abstand nehme von der Gedankenwelt und eintauche in einen Gefühls-

und Tatenraum, der auf wundersame Weise mir innewohnende Kräfte aufleben lässt. Es ist eine wundersame Begegnung mit meinen Händen. Ich habe entdeckt, wie intuitiv und erdend doch die Hände arbeiten und ganz genau wahrnehmen, ob etwas proportional, angenehm oder unangenehm, nass, kalt, trocken, warm oder glitschig ist. Oftmals sind es Nuancen, die die Hände wahrnehmen, wir jedoch mit dem bloßen Auge nicht sehen. Sie haben ihre ganz eigene Wahrnehmung und sind dabei sehr präzise und perfekt. Im Durchformen, Durchkneten und Bearbeiten des Tons herrscht eine unglaubliche (Gestaltungs-)Kraft, die letztlich aus mehr als nur den Fingern und Händen kommt. Diese Kraft durchströmt den ganzen Körper und wirkt danach noch Tage nach.«

Eva empfindet, dass das Gestalten klärende Gedanken und Kraft für Herausforderungen im Alltag mit sich bringt. »Es ist, als würde sich eine Tür zu einer anderen Welt öffnen, in der der Verstand nicht diktiert, sondern mit dem Herzen und den Händen gefühlt wird. Ich habe den Eindruck, meinem wahren Wesen zu begegnen. Darin steckt eine unglaubliche (Gestaltungs-)Kraft, die oftmals aufgrund des ›Funktionierens im Alltag‹ gar nicht freigelegt oder gelebt werden kann.«

In Bezug auf Corona »ließ es mich Abstand nehmen von all diesen diffusen Gedanken und Informationsströmen, denen wir täglich ausgesetzt sind. Es war wie mein kleiner Mikrokosmos, in dem nur mein Selbst, Gefühle und Taten existierten. (…) Es ist meine innere Ruheoase, mein Innehalten, meine Kraftquelle und gleichzeitig Rückzugsort, um Antworten auf Sinn- und Lebensfragen zu finden.«

Auf die Frage, was das Wichtigste dabei sei, um so etwas zu tun, sagt sie: »Interesse oder Affinität zu diesem Ausdrucksmedium, Offenheit, Flexibilität und die Fähigkeit, sich einzulassen und einfach zu schauen, was passiert.«

Eva spricht hier über die Ruhe bei der Tätigkeit. Bei aller Entwicklung ist das eigene Wohlbefinden der innere Gradmesser, um Phasen der Entspannung immer wieder in den Zyklus einzustreuen: Zeiten der Ruhe, Vertiefung, ziellosen Spannungslosigkeit und ausreichender Schlaf sind Phasen des Selbstschutzes und der Selbstachtung. Einige Hotelketten weltweit sind in der Zeit vor der Pandemie dazu übergegangen, Handynutzung in Spas und Lobbys zu verbieten oder den Hotelgästen das Geschenk zu machen, dass sie ihre Handys für einige Stunden in »sichere Kisten« einschließen lassen können, die nur Hotelmitarbeiter öffnen dürfen. Ruhe ist existenziell im Zyklus der Potenzialentfaltung.

Bedürfnisse befriedigen

Drei Faktoren bestimmen, was aus uns wird: unsere genetischen Anlagen, unser Umfeld und unsere individuellen Entscheidungen. Wir leben also nur *einen* Entwicklungsverlauf unter vielen anderen möglichen. Es hätte auch ganz anders kommen können.

Aktuelle Befunde der Lernforschung zeigen, dass die Persönlichkeit eines Menschen über die gesamte Lebensspanne plastisch bleibt, was bedeutet, dass wir uns bis in das späte Erwachsenenalter hinein permanent verändern und neue Denk- und Handlungsweisen erlernen.

Lange Jahre wurde in der psychologischen Forschung angenommen, dass Menschen eine stabile Persönlichkeit haben, die nahezu unveränderbar ist. Heute wissen wir aus zahlreichen Forschungsbefunden, dass das so nicht stimmt. Beispielsweise fand ein Forscherteam der Universität Michigan State in einer aktuellen Studie heraus, dass Kinder sich gegenseitig in ihren Persönlichkeitseigenschaften anstecken, wenn sie im frühen Alter viel Zeit miteinander verbringen.[1] Sie entwickeln und übernehmen dabei Charaktereigenschaften des anderen Kindes.

So zeigen auch Forschungen an Ehepaaren, dass sich Charaktereigenschaften und auch die Intelligenz im Laufe der Jahre angleichen. Ein Beleg mehr, dass das Ich auch durch die Umgebung geprägt wird und nicht nur genetisch festgelegt ist. Die Psychotherapieforschung zeigt das ebenso: Die ehemaligen Patienten sind nach der Therapie extrovertierter und weit weniger neurotisch als vorher.[2]

Wir wissen also, dass Teile der Persönlichkeit lebenslang veränderbar bleiben. Die Persönlichkeit eines Menschen ist nicht von Geburt an festgelegt. Die Persönlichkeit eines Menschen ist nicht statisch. Doch wie viel ist angeboren, wie hoch ist der veränderliche Anteil genau? Die Forschung geht heute nicht mehr davon aus, dass Anlage und Umwelt Gegensätze sind – das eine ist stabil in den Genen, das andere veränderbar. Von »Anlage« wird oft gar nicht mehr gesprochen, weil der Begriff zu ungenau ist, denn Gene verändern sich und Umwelten verändern sich und beide beeinflussen sich im Laufe des Lebens gegenseitig. In der Psychologie bestehe, so der Psychologe Asendorpf, »eine breite Übereinstimmung darin, dass sie vielmehr in Wechselwirkung über die Zeit stehen, da genetische Unterschiede Einfluss auf die Umwelt und Umweltunterschiede Einfluss auf die Genaktivität (z. B. durch *epigenetische Programmierung*) nehmen können«.[3]

Die Epigenetik untersucht die beeinflussenden Faktoren bezüglich der Aktivität eines Gens.[4] Dabei wurde herausgefunden, dass sich genetische Codes im Laufe eines Lebens durch die Umwelteinflüsse ändern können: Während eineiige Zwillinge zu Beginn des Lebens noch nahezu identische Codes besitzen, war dieses bei getrennt lebenden Zwillingen mit 50 Jahren nicht mehr der Fall, denn die DNA wird permanent durch chemische Prozesse verändert, die auf vielen Faktoren basieren:[5] Zum einen sind da die zufälligen, genetischen Mutationen, die bereits direkt nach der Teilung der Eizelle im Körper beginnen. Zum anderen aber finden sich Änderungen im genetischen Code durch diejenigen chemischen Prozesse, die durch die Umwelt stimuliert werden.

So untersuchte eine Arbeitsgruppe um den Epigenetiker Manel Esteller vom *Bellvitge Institute for Biomedical Research* in Barcelona Unterschiede in Markern, die die Genaktivität steuern.[6] Dabei untersuchten sie das Blut von eineiigen Zwillingen im Alter von drei bis 74 Jahren. Die jüngeren Zwillinge wiesen ähnliche epigenetische Markierungen auf – aber diese Muster divergierten mit dem Alter oder wenn sie unterschiedlichen Umweltfaktoren ausgesetzt waren. »Wenn einer der Zwillinge anfängt zu rauchen, Drogen zu nehmen oder an einen Ort mit höherer Luftverschmutzung zieht – und sei es nur für ein Jahr –, kann ihr epigenetisches Profil stark divergieren«, sagt Esteller, »es ist sehr dynamisch.«[7] Ernährung, Gewohnheiten, Stress, sportliche Aktivität und geistige Herausforderungen und Erlebnisse können ihre Spuren im genetischen Code hinterlassen. Eindrucksvoll sind auch die Befunde der Krebsforschung[8] oder von traumatisierten Eltern, die ihre Angstneigung an die Kinder weitervererben. Oder von Kindern, die mangelhafte Elternliebe erfahren und dieses frühe Trauma in ihren genetischen Code einbauen.

Das Epigenom, also die Veränderung der Gene, »ist die Sprache, in der das Erbgut mit der Umwelt kommuniziert«, sagte einst der US-amerikanische Epigenetiker Rudolf Jaenisch. Wie dem auch sei: In all diesen Fällen hatte sich die epigenetische Programmierung durch die Lebensumstände verändert. Unsere Lebensumstände beeinflussen nicht nur unseren Geist und unsere Seele, sondern auch die tief innen liegende Programmierung unseres Körpers: unsere Gene.

Christina Berndt rekurriert in diesem Zusammenhang in der *Süddeutschen Zeitung* auf die Humangenetikerin Gudrun Rappold: »Zwillingsforschung sei trotz der zunehmenden Erkenntnis, wie sehr sich Zwillinge unterscheiden, immer noch sehr erhellend, sagt die Humangenetikerin Gudrun Rappold von der Universität Heidelberg: ›Sie kann uns bei der Beantwortung vieler Fragen helfen.‹ Aber Zwillinge zeigen der Menschheit auch: Die Gene mögen zwar ein Stück weit das Leben bestimmen, aber erstens ist der Einfluss begrenzt. Und zweitens bestimmt das Leben auch über die Gene.«[9]

Untersuchungen an Geschwisterpaaren, Halbgeschwistern, getrennt oder gemeinsam aufgewachsenen eineiigen oder zweieiigen Zwillingen weisen deutlich darauf hin, dass rund 50 Prozent unserer Intelligenz und der fünf Persönlichkeitspräferenzen – auch als Persönlichkeitsfaktoren bezeichnet – genetisch bedingt und die weiteren 50 Prozent im Laufe des Lebens veränderbar sind. Die fünf aus wissenschaftlicher Sicht nachgewiesenen und recht stabilen Persönlichkeitspräferenzen sind: Extraversion, Verträglichkeit, Gewissenhaftigkeit, Neurotizismus und Offenheit für Erfahrungen. Später werden wir sie uns gemeinsam ansehen und du kannst diesbezüglich eine Selbsteinschätzung vornehmen.

Radikale Veränderungen der Persönlichkeitspräferenzen sind zwar selten – aus dem Introvertierten wird selten ein stark extrovertierter Mensch –, aber tendenziell können wir uns alle im Laufe der Zeit verändern und den 50 veränderbaren Prozent eine Richtung geben.

Durch diese Plastizität ist die Persönlichkeit weit weniger fixiert, als Psychobiologen bisher angenommen hatten. Wir entfalten uns in einem Möglichkeitsraum, den wir aus Wechselwirkungen zwischen genetischer Anlage, unserem Umfeld und unseren individuellen Entscheidungen eingerichtet haben. In diesem Möglichkeitsraum handeln wir.

Bahnbrechende Erkenntnisse über unser Handeln und die damit verbundene Entfaltung lieferten die US-amerikanischen Psychologen Edward Deci und Richard Ryan. Sie konnten zeigen, *dass unsere Entfaltung umso besser gelingt, je stärker drei mensch-*

liche Grundbedürfnisse befriedigt werden: Was uns selbstbestimmt macht, ist die Befriedigung der Bedürfnisse nach

- Autonomie,
- Kompetenz sowie
- Verbundenheit.

Zahlreiche nachfolgende Untersuchungen bestätigten Decis und Ryans Annahme.

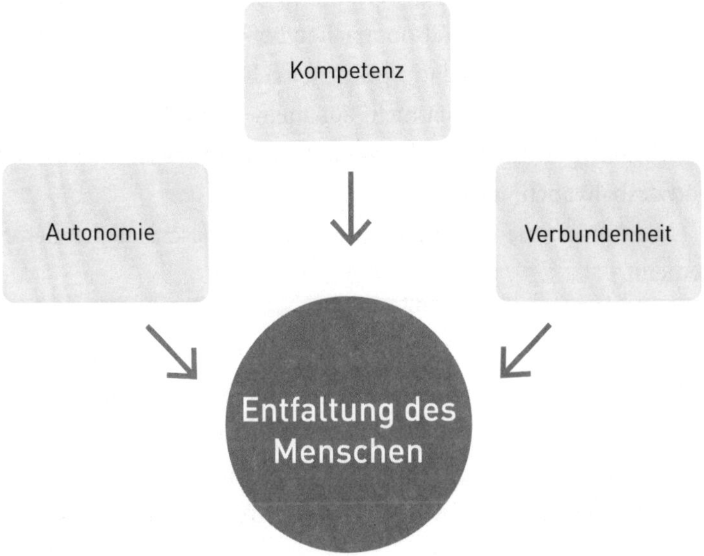

Die Entfaltung des Menschen

Ich bin frei: Autonomie

Eine Studierende, Emily, schrieb uns, sie habe sich sehr selbstbestimmt gefühlt, als sie sich an der Universität eingeschrieben habe. »Da war mir klar, dass ich gerne nach Trier ziehen möchte. Somit habe ich mir verschiedene WGs angeschaut. Während der WG-Suche habe ich mich immer eigenständig gefühlt. Meine Mutter fragte damals, ob sie bei den WG-Besichtigungen dabei sein soll, daraufhin lehnte ich dankend ab und sagte ihr, dass es mir auch darum gehe, die Leute in der WG kennenzulernen. Und die Gesprächsthemen mit meiner Mutter dabei wären wahrscheinlich auch andere gewesen. Ich habe dann eine tolle WG gefunden und bin zu Hause ausgezogen. Beim Umzug haben mir Freunde geholfen, auch bei der Einrichtung von meinem Zimmer hatte ich freie Hand. In diesem Prozess habe ich mich sehr selbstständig gefühlt, weil ich mein eigenes Ding machen konnte.«

Ein junger Mann (JD) schreibt, richtig selbstbestimmt habe er sich gefühlt, als er sein Tattoo machen ließ: »Ich habe vorher Geld von meinem Nebenjob dafür gespart, ich habe niemanden um seine Meinung gefragt (auch nicht aus meiner Familie), sondern ich habe einfach für mich beschlossen, dass das etwas ist, was ich will und deshalb auch mache.«

Mit Autonomie ist genau das von beiden beschriebene Gefühl gemeint.

Autonomie ist ein psychologisches Bedürfnis: Menschen wollen sich als selbstgesteuert, nicht als fremdgesteuert oder abhängig von fremdem Willen wahrnehmen. Es geht also um die Initiierung und Regulierung des eigenen Verhaltens. Das Autonomiebedürfnis ist befriedigt, wenn wir selbstbestimmt, aus freiem Willen handeln.[10]

Fremdbestimmte Motivation zeichnet sich aus durch

- Verführung (z. B. Belohnungen, Versprechen), durch
- Zwang (z. B. Bestrafung) oder
- Druck (z. B. Drohung).

Autonome Motivation hingegen zeichnet sich aus durch

- Wahlfreiheit und eigenen Willen,
- Einverständnis,

- Interesse und
- tiefe Wertschätzung für eine Sache.

Handeln wir auf der Grundlage autonomer Motivation, also autonom, tun wir etwas aus eigenem Willen, stimmig mit uns selbst. Was wir tun, entspricht unseren Werten und Interessen und wir tun es freiwillig und daher oft mit hohem Engagement. Autonomie und die damit verbundene Freiwilligkeit heißt aber nicht, dass Menschen vollkommen unabhängig agieren, sondern dass sie sich auch freiwillig, durch Einsicht oder Liebe beispielsweise, von etwas oder jemandem abhängig machen.

Rayen, eine junge Frau, schildert diesen Zustand. Sie fühlt sich besonders autonom in Momenten, »in denen ich Aufgaben übernehme, selbst meine Vorgehensweise und zeitliche Einteilung plane, wenn ich mich selbst dazu entscheide, etwas zu tun, und es nicht tun muss, weil es jemand sagt«. Rayen hatte sich nach dem Abitur dazu entschlossen, »alleine nach Australien zu gehen, obwohl viele Leute ihre Bedenken zum Ausdruck gebracht haben, da es ja immerhin auch gefährlich sein kann, als Mädchen alleine zu reisen, da habe ich mich sehr autonom gefühlt«.

Benjamin, ein 37-jähriger leidenschaftlicher Radfahrer aus Trier, Postdoc, Vater einer kleinen Tochter, bringt sein Autonomieerleben beim Fahrradfahren auf den Punkt, und vieles von dem, was er sagt, findet sich in der oben genannten Definition der Autonomie wieder: »Inspiriert durch Freunde und Bekannte habe ich begonnen, mehr und mehr Rad zu fahren, bis ich schließlich auch angefangen habe, fast täglich mit dem Rad zur Arbeit zu fahren und nicht mehr wie früher mit Bus und Pkw. Das Radfahren bedeutet mir sehr, sehr viel: Vor allem ist da ein hohes Maß an Autonomie, da ich durch eigene Kraft mobil bin und bei Bedarf selbst das Transportmittel reparieren kann. Das heißt, ich bin unabhängig (z. B. von Busfahrplänen, Werkstätten, Benzinpreisen).

Im Stadtverkehr komme ich häufig sogar schneller voran als mit dem Auto (insbesondere zu Stoßzeiten). Außerdem nehme ich die Welt grundlegend anders wahr als aus dem Pkw oder Bus heraus; Ich atme frische Luft, wechsele die Routen nach Lust und Laune, fahre aus Neugier in Gegenden (Straßen, Stadtteile), die ich noch nicht kenne, bin flexibel, wenn ich spontan noch etwas in der Stadt erledigen muss, finde immer einen Parkplatz, komme erfrischt auf der Arbeit an (weil der Kreislauf durchs Fahren in Schwung gebracht wird), spare Geld (Spritkosten/Busticket), bleibe allgemein fit durch regelmäßige Bewegung und genieße auch das Gefühl, dass das Radfahren mir guttut. Die Freude an der Sache ist es.«

Je mehr ich mich mit den Bedürfnissen von Menschen befasse, desto mehr denke ich, dass Autonomie der Dreh- und Angelpunkt zum Verhalten ist. Autonomie und Nähe zum Leben – Bezugnahme, Interesse, wie Fromm sagen würde. Im Grunde gibt es nur zwei Dinge: sich frei zu fühlen und sich auch so zu verhalten und die Welt, also die Menschen, alles Lebendige und den Ausdruck menschlicher Lebendigkeit, zu lieben – also Kultur und Natur, lesen, musizieren, malen, schreiben, Menschen, Käfer, Fliegen, Hunde, Katzen, Schweine, Rinder, Pferde, Bäume, Blumen, Unkraut, alles, was kreucht und fleucht, zu lieben, ohne Unterschied. Das ist, was froh macht. Und daraus wächst die Befriedigung des Verbundenheitsbedürfnisses ganz von selbst: Wer die Welt liebt, wird geliebt. Denn das Lebendige zieht an. Autonomie und Verbundenheit, Autonomie und Liebe: Und wenn dann nach einem Krach jeder eine Zeit lang was alleine macht, bis die Autonomie wieder hergestellt ist, dann spürt man plötzlich wieder die Sehnsucht, dem anderen nahe sein zu wollen und zu fragen, ob alles in Ordnung ist, und zu sagen, dass alles in Ordnung ist. *Ist da jemand, ist da jemand?*[11]

Allerdings ist ein hoher Anteil unserer Handlungen oft eher nicht autonom, sondern durch äußeren oder inneren Druck hervorgerufen, was unsere Selbstbestimmung untergräbt. Widerspricht eine Handlung jedoch den eigenen Werten, den eigenen Interessen oder dem Wollen, spüren Menschen, dass dieses Verhalten eben nicht stimmig, sondern inkongruent ist – innere Konflikte entstehen: »Die meisten Dinge, die ich tue, fühlen sich an, als ob ich diese tun muss.« Und es wächst der Drang, zu sich selbst zurückzufinden: »Das alles und noch viel mehr, würd ich machen, wenn ich ich selber wär.« Wie wir uns gegen diese Vereinnahmungen schützen und unsere Freiheit bewahren, davon erzähle ich später noch.

Andrea liegt in meinem Arm und ich kraule ihren Kopf. Nach einer Zeit sage ich:

»Andrea, kann ich mal eben einen Schluck Kaffee trinken?«

»Nein.«

Pause

»Äh, hast du schon mal was von Autonomie gehört?«

»Ja.«

»Und?«

»Kann man machen …«

Wir brüllen vor Lachen.

Ich kann was: Kompetenz

Studierende schilderten ihr Erleben von Kompetenz.

Rayen: »Als ich als Kellnerin gearbeitet habe, gab es Momente, in denen wirklich sehr viel los und es dadurch auch wahnsinnig stressig war, ich aber dennoch Ruhe bewahrt habe und fokussiert meine Arbeit gemacht habe.«

LL (männlich): »Das erste Semester stellte für mich eine große Herausforderung dar. Es war zu jeder Zeit ein Balanceakt zwischen meinen vielen Fußballeinheiten in der Woche und all dem Vorlesungsstoff. Aber am Ende des Semesters zu sehen, dass man ein super Klausurergebnis erreicht hat, trotz des vielen Stresses und einiger verzweifelter Momente, war ein tolles Gefühl und steigerte mein Selbstvertrauen und das Gefühl, der Herausforderung gewachsen zu sein, ungemein.«

Kompetenz ist das psychologische Grundbedürfnis, sich im Umgang mit der Umwelt als effektiv zu erleben. Es spiegelt den Wunsch wider, seine Fähigkeiten und Fertigkeiten zu erweitern, und beinhaltet, sich dazu optimale Herausforderungen zu suchen und Anstrengungen zu unternehmen, bis persönliches Wachstum erfahren wird.[12]
Sätze wie der von LL, er habe das Gefühl, »der Herausforderung gewachsen zu sein«, oder beispielsweise »auch schwierige Aufgaben bewältigen zu können« oder »Ich fühle mich fähig, in dem, was ich tue« zeugen davon, dass wir uns als kompetent wahrnehmen. Denn Kompetenz wird von Deci und Ryan als *wahrgenommene Wirksamkeit* bei der Ausübung von Verhaltensweisen verstanden.

Das Erleben der eigenen Kompetenz wird in der Motivationsforschung als zentraler Anreiz für motiviertes Handeln betrachtet. Kompetenzerleben wird erreicht,

- indem geschafft wird, was man sich vorgestellt hat,
- indem Herausforderungen bewältigt, Fähigkeiten entwickelt wurden und
- indem dem Menschen etwas gelungen ist.

So wie es der 33-jährige Julian, wissenschaftlicher Mitarbeiter, beschreibt: »Meine Frau und ich haben uns schon lange ein Haus gewünscht, jedoch hatten wir nur befristete Arbeitsverträge, weshalb der passende Zeitpunkt noch nicht gekommen war. Mehr oder weniger zufällig haben wir das Haus entdeckt, und da alles gepasst hat, haben wir den Kauf riskiert – trotz befristeter Verträge.«

Seitdem ist er öfter handwerklich tätig und beschreibt die Entfaltung seiner Fähigkeiten: »Die Fähigkeiten und der Wille, diese auszuüben, waren auch schon in der Mietwohnung vorhanden, jedoch ergab sich hier einfach keine Gelegenheit. Einzelne Maßanfertigungen für die Wohnung (z. B. Regal am Ende der Küchenzeile, Theke in der Küche, Regal für die Wäschesäcke) hatte ich mir zwar überlegt, jedoch wurden diese dann von meinem Vater realisiert – da mir Werkstatt und Werkzeuge gefehlt haben. Andere Tätigkeiten (z. B. im Keller Fliesen oder in der Wohnung Laminat verlegen) hätten sich für eine Mietwohnung meiner Meinung nach nicht gelohnt, da wir dort ja nicht für immer wohnen bleiben wollten. Deshalb würde ich weniger ›entdeckt‹ sagen, sondern eher ›entfaltet‹. Die Gelegenheit hat sich durch den Hauskauf (endlich) ergeben. Seitdem habe ich zum Beispiel Fensterrahmen geschliffen und gestrichen, Regale, Bänkchen und eine Brücke für den Teich selbst gebaut und anderes mehr.«

Er schildert, dass es befriedigend sei, die Ideen und Einfälle, die sie hätten, auch tatsächlich realisieren zu können: »Ich erlebe, dass ich auch in einem Bereich Kompetenz besitze, in dem ich keine Ausbildung habe oder anderweitige Expertise besitze. Und mit jedem Projekt steigen die Erfahrung und die Kompetenz. Beispielsweise wusste ich, wie man eine Deckenlampe anschließt. Hieraus konnte ich ableiten, wie Steckdosen angeschlossen werden, und daraus wiederum wie Schalter angeschlossen werden.« Die Arbeit an sich macht nicht immer Spaß und ich bin auch froh, wenn ich es ›hinter mir‹ habe – aber der Reiz ist, am Ende den Erfolg zu sehen und die Arbeit so durchgeführt zu haben, wie man es sich vorgestellt hat.«

Außerdem, und das wissen wir aus zahlreichen Forschungsbefunden, hängt man mehr an etwas, wenn man es selbst gebaut hat. Wissenschaftler nennen das den sogenannten »IKEA-Effekt«. Marc Oliver Rieger, BWL-Professor an der Universität Trier, konnte gemeinsam mit Kolleginnen und Kollegen nachweisen, dass das sogar für das Aktien-Portfolio gilt: Wer es selbst zusammengestellt hat, hält auch bei Kurseinbrüchen länger an den Aktien fest. Ein Hoch auf den Eigenbau!

Es geht hier um das Bedürfnis, die Wirkung und Beherrschung einer Handlung zu spüren.

Die Gesundheitspsychologen Pedro J. Teixeira, Professor an der Universität Lissabon, und Marta M. Marques vom University College Dublin et al. weisen darauf hin, dass das psychologische Bedürfnis, im Umgang mit der Umwelt effektiv zu sein, den Wunsch widerspiegelt, »seine Fähigkeiten und Fertigkeiten zu erweitern und dabei optimale Herausforderungen zu suchen, sie anzunehmen und Anstrengungen und strategisches Denken zu unternehmen, bis persönliches Wachstum erfahren wird«.[13]

Meine Studierenden fühlen sich beispielsweise in diesen Situationen kompetent:

- »Für gewöhnlich erledigen wir die Übungen in Mathe zu zweit oder in der Gruppe, aber letzte Woche war ich auf mich allein gestellt. Ich hatte das ganze Semester noch nicht alleine gearbeitet und war mir gar nicht so sicher, ob ich mich nicht von anderen habe tragen lassen. Zum Glück gelangen mir die Aufgaben aber ziemlich gut und als ich meine Lösungen den anderen präsentierte, stimmte man mir zu.« (JD)
- »Gerade heute hatte ich einen Vortrag, den ich schon längere Zeit geplant habe. Das Thema wurde mir zwar gegeben, jedoch fühlte ich mich sehr gut vorbereitet. Nach der Präsentation erhielt ich Kommentare darüber, wie sympathisch und freundlich ich vortragen würde. Ich habe durch den Vortrag neue Dinge gelernt und auch die Art, wie ich vorgetragen habe, kam positiv an. In solchen Momenten fühle ich mich sehr kompetent.« (Annanoyama)

Das Kompetenzerleben schwindet, so Deci und Ryan, »in Kontexten, in denen Herausforderungen zu schwierig sind, in denen negatives Feedback allgegenwärtig ist oder in denen das Gefühl der Beherrschung und Wirksamkeit durch zwischenmenschliche Faktoren wie personenbezogene Kritik und soziale Vergleiche vermindert oder untergraben wird«.[14]

Ich gehöre zu euch: Verbundenheit

Das dritte Grundbedürfnis des Menschen ist das nach Verbundenheit. Es entspricht dem Bedürfnis nach menschlicher Nähe, nach sozialer Zugehörigkeit zu einem Menschen, einer Familie oder einer anderen sozialen Gruppe.

Menschen fühlen sich meist dann zugehörig, so Ryan und Deci, »wenn sie sich bei anderen aufgehoben, umsorgt fühlen. Bei Verbundenheit geht es aber auch um Zugehörigkeit und das Gefühl, sich für andere bedeutsam zu fühlen. Daher ist es ebenso wichtig, sich selbst als jemand zu erleben, der andern etwas gibt oder zu ihnen beiträgt. (…) Das heißt, sowohl durch das Gefühl der Verbundenheit mit nahestehenden Menschen als auch durch das Gefühl, ein bedeutendes Mitglied sozialer Gruppen zu sein, erfahren Menschen Verbundenheit und Zugehörigkeit, z. B. indem sie zur Gruppe beitragen oder Wohlwollen zeigen.«[15]

Zugrunde liegt das psychologische Bedürfnis, enge emotionale Beziehungen zu anderen Menschen herzustellen, warmherzig zu geben und zu empfangen. Teixeira, Marques et al. schildern, Kennzeichen von Befriedigung dieses Bedürfnisses sei das Gefühl, sozial verbunden zu sein und sich aktiv für Fürsorge und Wohlwollen mit den bedeutsamen Menschen im eigenen Leben einzusetzen.[16] Verbundenheit heißt also: »Ich fühle, dass ich den Menschen, die mir etwas bedeuten, auch wichtig bin.«

Das erinnert mich an das Lied von Céline Dion, in dem sie

erzählt, dass sie (als lyrisches Ich) als junger Mensch niemanden gebraucht habe – *All by myself* – aber diese Zeiten seien nun vorbei. Sie will nun nicht mehr allein mit sich sein, nicht mehr allein mit sich leben.[17] Das sehen wohl auch viele andere Menschen so und binden sich: Abgesehen vom Coronajahr 2020 liegt die Zahl der Eheschließungen von hetero- oder gleichgeschlechtlichen Paaren in Deutschland seit 2015 permanent hoch bei über 400 000 pro Jahr, während die Scheidungsquote (rund 32 Prozent) tendenziell sinkt.

In unserer Befragung schildern Teilnehmer und Teilnehmerinnen beispielsweise:

- Nele: »Während der noch andauernden Corona-Pandemie wurde nur noch einmal deutlich, wie bedeutsam die eigene Familie ist. In meinem Fall trifft dies in besonders hohem Maße zu, da aufgrund unserer privaten Situation Zusammenhalt in Kombination mit gleichzeitigen Einschränkungen schon immer zum Familienleben gehörten. Folglich wurde und wird nun verstärkt ersichtlich, dass eine Person alleine die Situation nicht bewältigen kann, ohne die Unterstützung von sozialen Einrichtungen (z. B. Lebenshilfe) und vor allem ohne den engen Kreis der Familie.«
- LL (männlich): »Während der Klausurenphase haben Studenten höherer Semester angeboten, den Erstsemester-Studenten bei der Vorbereitung zu helfen. Meine Kommilitonen und ich trafen uns regelmäßig, um gemeinsam zu üben. Des Öfteren kam sogar der Professor und half uns bei Fragen etc. Dies stärkte das Gemeinschaftsgefühl und man wusste jederzeit, dass man nicht alleine ist.«

Oder auch Erlebnisse von kollektiver Verbundenheit, kollektivem Trost:

- JD (männlich): »Wir waren auf dem Abschiedskonzert einer der größten Bands ihres Genres und am Ende des Konzerts flossen ringsherum Tränen und allgemein trauerten alle um den Verlust dieser legendären Musiker. Beim Verlassen der Arena brüllte dann eine Person aus vollem Halse den Namen der Band und in beiden Richtungen stimmten Abertausende von Menschen in den Ausruf ein, sodass sich der Name wie eine Welle über das gesamte Festivalgelände verbreitete. Zu diesem Zeitpunkt fühlte ich mich sehr mit der Gemeinschaft verbunden, was für mich in diesem Ausmaß ein sehr seltenes Gefühl war, da ich es sonst eigentlich immer vermeide, mich als Teil einer größeren Gruppe (›Community‹) anzusehen.«

Aus meinem Musikstudium ist mir ein Brief der Autorin Virginia Woolf in guter Erinnerung, den sie im Sommer 1940, inmitten der Kriegswirren, an ihre Freundin, die Komponistin Ethel Smyth, nach einem Besuch schrieb. »Ach, du hast Dich nicht einmal umgedreht, als Du neulich abends am Meck. Square um die Ecke bogst. Du konntest also nicht sehen, wie ich gewunken habe. Damit wollte ich Dir dafür danken, dass Du bei der Hitze den weiten Weg gekommen bist. Meine Dankbarkeit und meine Liebe sind an Deinem Strohhut und Deinem grauen Mantel abgeglitten. Wie schade, dass es keine Winksprache gibt – denn dann wärst Du mit dem Klang eines Liedes im Ohr nach Hause gegangen.«[18] Und von Depressionen geplagt schreibt sie am 1. März 1941: »Ich sagte zu Leonhard [ihrem Mann], wir haben keine Zukunft mehr. […] Wenn Du zurück bist, laß uns diese Einsamkeit überbrücken.«[19]

Die Überbrückung der Einsamkeit, die Verbundenheit mit einzelnen Menschen oder auch großen Gruppen ist, was tiefe menschliche Beziehungen ausmacht.

Bezüglich aller drei Grundbedürfnisse, also dem nach Autonomie, Kompetenzerleben und Verbundenheit, *können wir festhalten, dass, wenn diese befriedigt werden, die Energie, sich zu entfalten, wächst.*

Die angloamerikanischen Psychologen Deci und Ryan sprechen in diesem Fall von selbstbestimmtem Handeln, aus philosophischer Perspektive geht es um ein selbstbestimmtes Leben.

Yvonne: Freiheit heißt Bewegung

Yvonne, 48, rötliche, kurze Haare, etwas stämmige, aber durchtrainierte Figur, plagen jahrelang Selbstwertzweifel, bis sie sich eines Tages entschließt, ihr Problem radikal und gegen viele Widerstände endgültig zu lösen, um ihre Bewegungsfreiheit zurückzugewinnen.

Ich treffe Yvonne in ihrer Wohnung in einem Vorort von Trier, wo sie mit ihrer 17-jährigen Tochter wohnt. »Früher habe ich wahnsinnig viel gearbeitet – gelebt, um zu arbeiten, und das habe ich jetzt umgestellt. Es ist einiges passiert in meinem Leben.«

Der Weg ins Übergewicht

Und dann erzählt sie ihre Geschichte: »Ich habe in meiner Jugend sehr viel Sport gemacht und war in allen Leichtathletikverbänden hier im Umkreis, ich habe Handball und Volleyball gespielt – all das.«

Irgendwann bekommt sie Probleme mit den Knien und ist »vom Sport auf die Musik umgestiegen, von da an wurde mein Leben gemütlich. (lacht) Ja, und durch das Andersessen, das Alkoholtrinken und so weiter habe ich immer mehr zugenommen, was ich aber gar nicht so wahrgenommen habe, bis meine Mutter gesagt hat: ›Sollen wir mal zusammen Klamotten kaufen fahren, die passen?‹ Ich habe zwar irgendwie gemerkt, dass meine Klamotten enger geworden sind, aber ich habe überhaupt keine Selbstwahrnehmung gehabt. Wir waren dann in einer Boutique für große Größen – und das war der Auslöser für meine erste Diät.«

Dann erzählt sie von ihrer ersten erfolgreichen Gewichtsabnahme, die aber nach einem Jahr durch noch mehr Gewicht als vor dem Start zunichtegemacht wurde. Sie berichtet über weitere, verschiedene Diäten, allein oder in Gruppen, weiß ganz genau die Zeiträume, die Abnahmemengen, die späteren Zunahmen. Eine lange Geschichte des Kämpfens. »Es hat mich immer begleitet, zu dick zu sein, zu schwer zu sein.«

Todesangst und Freiheitsverlust

»Und dann habe ich wieder eine andere Diät gemacht, Low Carb, und irgendwann hatte ich mein Höchstgewicht, da habe ich 166 Kilo gewogen. Ich hab gedacht, ich ... Also da habe ich Angst gekriegt. Bis dahin war ich gesundheitlich eigentlich immer ganz gut zurechtgekommen, aber dann kamen immer öfter diese Schmerzen: Füße, Knie, Hände, Rücken, daran hab ich mich dann irgendwie gewöhnt und Tabletten genommen, sodass ich das gar nicht mehr so wahrgenommen habe.

Dann wurde es so schlimm, dass ich auch Atemnot gespürt habe, ich habe zum Beispiel vermieden, morgens zur Arbeit fünf Minuten zu Fuß zu gehen, bin stattdessen ins Parkhaus gefahren, damit ich nur über die Straße muss, weil ich für die fünf Minuten Fußweg danach eine halbe Stunde Erholung gebraucht hätte. Also so weit war das schon. Total außer Atem war ich und geschwitzt habe ich auch. Und da habe ich ernsthafte Angst gekriegt – das war das erste Mal, dass es nicht nur so ein ästhetischer Moment war, sondern Angst.

Ich habe wirklich gedacht, ich könnte möglicherweise früh daran sterben. Also das war ein Punkt. Und: Mir hat komplett die Lebensqualität gefehlt. Ich bin nicht mehr ausgegangen, Sport: war gar nicht mehr dran zu denken, ich habe versucht, wandern zu gehen, da hatte ich immer schon Lust darauf – aber wenn man nicht wirklich kann ... Einmal bin ich fünf, sechs Kilometer gegangen und dann hatte ich anschließend zwei Wochen wieder Wehwehchen überall. Ja und dann habe ich irgendwann gemerkt, dieser Kreis ist so geschlossen – ich komme da nicht mehr alleine raus!

Und all die anderen Einschränkungen! Mit dem Verlust der körperlichen Bewegungsfähigkeit geht die geistige Bewegungsfähigkeit auch verloren. Weil alles unmöglich geworden ist, man denkt plötzlich: Ich gehe nirgends mehr hin, also werde ich niemals mehr jemanden kennenlernen, es gibt dann so Ketten – Verbindungen von Gedanken und eingeschränkten Handlungsmöglichkeiten.«

Ein gesundes Organ operieren lassen

Eine Freundin erzählt Yvonne von ihrer Schlauchmagen-OP, sie sagte, sie lasse sich operieren. »Ich habe sie für vollkommen wahnsinnig erklärt. Ich habe immer gedacht: Ein vollkommen gesundes Organ operieren zu lassen – nein! – man muss das mit Willenskraft schaffen.« Yvonne empfindet hohen inneren Druck gegen diesen Weg: »Ja, zum einen natürlich wegen der OP selbst, und dann der Gedanke: Ist es vielleicht – ich nenne es mal so – eine Sünde, einen gesunden Körper operieren zu lassen, nur weil man zu schwach ist, es ohne OP zu schaffen? Das hat mich ganz stark beschäftigt. Der Kreis zog sich immer enger zu und die Angst wurde immer größer, und ich habe plötzlich auch Angst gehabt, noch mal eine Diät zu machen, weil ich dachte: Wenn jetzt noch mal mehr draufkommt ... Dann habe ich gedacht, vielleicht erkundige ich mich doch mal, und habe festgestellt, wir haben hier in der Klinik eine Kapazität auf dem Gebiet – sie ist auch überregional bekannt. Da gibt es ein Adipositas-Zentrum, dort habe ich angerufen und dann haben sie gesagt, in acht Monaten wäre ein Termin frei.«

Yvonne lässt sich von der langen Wartezeit nicht abschrecken, geht zu einer von der Klinik empfohlenen Ärztin, die sie intensiv körperlich durchcheckt.

»Kein Abnehmprogramm und so weiter. Und das hatte plötzlich eine ganz andere Wellenlänge. Kein Zwang, da war plötzlich das totale Verständnis, auch von der Ärztin – da war kein Vorwurf, da war kein: Also jetzt reißen Sie sich doch mal zusammen, mit ein bisschen Beherrschung, bisschen mehr Sport und so ...«

Nach acht Monaten wechselt sie zu der Fachärztin in die Klinik (»mit extrabreiten Stühlen, sodass man sich nirgendwo reinzwängen muss«).

Traum von Bewegung

»Ich wurde da dann gefragt, was meine Beweggründe sind zum Abnehmen. Also ich musste so eine kleine Abhandlung schreiben, und – das lese ich heute immer noch wieder – da habe ich viel geschrieben von Bewegung: Ich will mich wieder bewegen können. Mein Traum – habe ich geschrieben – mein Traum ist das Laufen – also ich hab mir immer vorgestellt, wenn ich in den Wald gegangen bin, dann habe ich die Jogger gesehen, die da so leichtfüßig ... Ich hab dann gedacht: So will ich mal durch den Wald rennen können – das waren so meine Vorstellungen. Aber ich habe nicht im Traum daran geglaubt, dass das irgendwie tatsächlich Realität werden könnte, weil ich immer im Kopfe hatte: Bei mir klappt das sowieso wieder nicht! Also die Angst ist immer noch da gewesen.

Ich habe dann Vertrauen gefasst und die Ärztin hat die Magen-OP auch immer nur als eine mögliche Alternative in den Raum gestellt. Und plötzlich war bei mir der Wunsch da, ich wollte das dann. Und ich habe ich mich dann dazu entschlossen.«

Freiheit heiß, sich bewegen

Der Schlauchmagen führt dazu, dass Yvonne schnell abnimmt, bisher 60 Kilo. Nach kurzer Zeit sucht sie nach Bewegungsmöglichkeiten und beginnt zu wandern. »Und dann bin ich ganz, ganz viel alleine gewandert. Also ich habe mir ein Buch gekauft: *Traumpfädchen*, alle Touren unter zehn Kilometer, und bin alles hier in der Region abgegangen. Ich hab gemerkt, wie mir das Herz aufgeht, wenn ich im Wald bin. Wie ich mich freue, wenn das Licht schön reinfällt, wenn es warm ist und ich bin im Schatten. Wie ich es liebe, tolle Aussichten von oben zu haben! Zum Beispiel war das am Anfang so, dass ich mir immer nur flache Wege gesucht habe. Heute hab ich gar keine Lust mehr auf einen flachen Weg, heute denke ich, wenn es nicht mal richtig irgendwo raufgeht, habe ich auch keine Lust. Wenn man irgendwo runtergucken will, muss man auch irgendwo raufgehen! (lacht sehr)«

Nach einiger Zeit findet sie eine Arbeitskollegin, mit der sie gemeinsam wandert.

»Und dann haben wir das nach und nach gesteigert – also heute fangen wir unter 25 Kilometer gar nicht mehr an. Dann ist man so fünf bis sechs Stunden unterwegs, bergauf, bergab.

Vor Kurzem haben wir den Moselletrail gemacht, der geht von Luxemburg durch Frankreich und Deutschland wieder nach Schengen zurück – das waren 33 Kilometer. Da bin ich fast grenzenlos mittlerweile. Und dann habe ich irgendwann angefangen, als ich alleine war, Strecken zu joggen. Das klappte dann so gut, da bin ich auf Anhieb fünf Kilometer gelaufen.

Und heute kann ich die Zehn-Kilometer-Strecken, die ich

zu Anfang gewandert bin, joggen – ja, so bis 15 Kilometer kann ich das, das ist mittlerweile meine Hauptstrecke.«

Freiheit des Denkens

Sie liebt die Bewegung draußen. Was ist es genau? »Also eigentlich ist es die Stille, die innere Ruhe, die man hat, und gleichzeitig die völlige Freiheit im Kopf. Also über alles nachdenken oder eben an nichts denken. Einmal ist es ›Ach, guck mal, der Schmetterling‹, ein anderes Mal ›Wo werde ich wohl in zehn Jahren sein?‹. Das ist so grenzenlos möglich. Man ist nicht abgelenkt und ich weiß immer noch, wenn ich oben ankomme, habe ich auch noch eine Traumsicht. Ich könnte manchmal oben auf dem Berg ... Manchmal schreie ich da ins Tal runter, weil ich einfach nur denke: Wie geil!

Es ist die Luft, die Natur! Ich gehe jetzt bei jedem Wetter – macht mir auch nichts – im Gegenteil, ich fühle mich dann herausgefordert. Ich denke: Ich will das! Und da lass ich mir auch von keinem Regen den Spaß verderben!«

Liebe zur Bewegung

»Ich habe die Liebe zur Bewegung wiederentdeckt. Ich gehe oft ganz frühmorgens, dann siehst du noch oft Tiere! Ich habe da keine Angst – das kenne ich nicht von mir. Morgens im Wald, im Halbdunkel, oder abends im Wald im Halbdunkel – Angst habe ich da nicht.

Und das Bewegen ist unglaublich. Also am Anfang war die Frage, was kann ich tun? Wo kann ich mich bewegen, ohne mich dabei zu überfordern: Was kann ich schon? Also spazieren gehen kam für mich nie infrage – so hier durchs Dorf oder so. Ich bin dann eher mit dem Auto irgendwo hingefahren, wo die Natur anfing, und bin dann da losgegangen, als ich noch nicht so weit konnte.

Einmal bin ich gewandert mit meiner Freundin, mit der ich immer wandere. Und da war ein Stich bergauf und der sah für mich so aus, als wäre der nicht begehbar. Also ich dachte, die Schwerkraft lässt einen gar nicht da hochgehen – nicht einmal, dass ich dachte, ich wär so außer Atem. Meine Freundin ist da hochgegangen wie ein Häschen und hat zu mir gesagt: ›Ich kann mir gar nicht vorstellen, dass man das nicht kann!‹ Da war so eine Kletterpassage drin mit hohen Schiefersteinen und ich habe mein Bein gar nicht so krumm gekriegt, weil die so dick waren. Sie ist da wie auf einer Treppe hochgegangen und ich musste quasi auf den Händen und den Knien da rauf. Für sie war das gar nicht vorstellbar, dass man so was nicht kann. Also das hat sie gar nicht abwertend gesagt – sondern sie hat einfach darüber nachgedacht, dass ihr das noch nie bewusst war, dass manche das nicht können.

Neulich sind wir den Weg noch mal gegangen, und da wusste ich plötzlich gar nicht mehr, wo der steile Stich war. Ich habe dauernd gedacht, ich muss überlegen, wo ich damals so fertig war, dass ich nicht mehr weitergehen konnte – aber ich habe die Stelle nicht mehr gefunden.

Weil ich das gar nicht mehr wahrnehme. Manchmal schreibe ich, schreibe ganz kurze Gedichte, und da habe ich das in etwa so geschrieben: ›Was ist eigentlich unmöglich? – frage ich mich, als ich den Hügel hochjogge, den ich gestern noch Berg nannte.‹«

Zwang fällt weg

»Was mir Wandern und Joggen jetzt bedeuten, kann man gar nicht beschreiben. Also ich hüte das wie einen Augapfel. Wenn mir das noch mal verloren ginge, ich glaub, dann wäre ich echt verloren. Also plötzlich gehen die Sachen ganz von selbst, bei denen ich früher immer dachte: Wie muss ich mich überreden, um sie annähernd hinzukriegen? Ich glaube, es liegt daran, dass der Zwang weg ist! Natürlich, ich will jetzt nicht sagen, dass ich nicht mal was esse oder trinke, was jetzt nicht so ideal ist im Ernährungsplan, aber das tangiert mich nicht mehr. Ich kann es dann auch mal genießen – ja, ich glaube, es ist der Zwang, der weg ist. Der Druck!«

Freiheitsgewinn

»Und Freiheit! Ja, da ist ja Freiheitsgewinn in allem! Als ich mir das erste Kleidungsstück in einem normalen Geschäft kaufen konnte – ich bin ja so lange immer nur zu Übergrößenläden, da haben sie mich schon mit Namen gekannt (lacht), und wenn man ständig unzufrieden ist, kauft man ja auch ständig Klamotten. Heute kann ich eigentlich in jeden Laden reingehen und es deprimiert mich nicht, wenn dann mal was nicht passt.

Und auch auf allen anderen Ebenen: Freiheiten. Früher habe ich überlegt, wenn da eine Kneipe war mit Plastikstühlen draußen, habe ich überlegt, da kannst du dich nicht draufsetzen, der bricht zusammen. Ich bin dann manchmal in den Stühlen hängen geblieben oder sie haben hier eingeschnitten – dann hatte ich Schmerzen beim Sitzen. All diese Sachen, die man still ertragen hat oder auch gar nicht mehr wahrgenommen hat, dass man gerade etwas erträgt, sind weg.«

Bei der Frage nach dem Wichtigsten, was sie durch die Bewegung gewonnen hat, sagt sie:

»Freiheit, ja, Freiheit in mir drin, ich halte nichts mehr für unmöglich. Und auch Freiheit nach außen. Ich schäme mich nicht mehr. Ich war nie ohne Selbstbewusstsein, im Bekanntenkreis, auf der Arbeit und so. Da, wo ich wusste, dass ich meine Stärken habe, da konnte ich auch selbstbewusst sein.

Aber heute kann ich das überall sein. Zum Beispiel wenn ich alleine ins Konzert ging, habe ich früher immer gedacht, alle gucken mich an und denken: Die Dicke hat auch keinen abgekriegt, der mit ihr ins Konzert geht. Heute habe ich das Gefühl, ich sitze hier, weil ich die Musik gerne hören möchte, und es wollte halt niemand mitgehen, also sitze ich hier alleine und genieße das genauso. Also diese ganzen Gedanken sind weg.«

Ich fang jetzt was Neues an

Was würdest du anderen sagen, wie soll man mit etwas umgehen, was einen so belastet und bedrängt?

»Ich würde vielleicht sagen: Hilfe in Anspruch nehmen. Und damit meine ich nicht wahllos nach irgendwas googeln, sondern professionelle Hilfe suchen. Das würde ich sagen.«

Als ich zum Interview zu Yvonne gefahren bin, wusste ich nicht sicher, ob ich unser Interview in dieses Buch aufnehmen könnte, weil es keine Werbung für operative Eingriffe oder Ähnliches werden sollte. Als ich nach einem langen Gespräch abends von ihr wegfuhr, wusste ich, dass es bei ihrer Geschichte um viel mehr geht als das. Ich hatte es zum Schluss angesprochen: Ich fragte sie, ob ihre Geschichte nicht nur ein Beitrag zu Operationen oder Abnehmen sei, sondern vielmehr eine Geschichte darüber, wie man sich lange Zeit mit einem Problem quält und sich dann entscheidet: So, ich beende das jetzt und suche eine Lösung?

Sie zögert einen Moment, schaut mich an und sagt: »Ja, ich weiß gar nicht, ob ich aktiv gedacht habe, ich beende das jetzt, sondern ich habe vielleicht sogar eher gedacht: Ich fange jetzt etwas Neues an! So, und da war immer der Gedanke an Bewegung und Sport. Innerlich der tiefe Wunsch, der tiefe Wunsch nach Bewegung und nach Freiheit. Das fange ich jetzt an!«

Yvonnes Geschickte ist eine Geschichte von jemandem, der sich nicht in sein Schicksal ergibt, sondern sich Hilfe sucht und sich entscheidet. Es ist eine Geschichte des Aufbrechens.

Forschungshypothesen und Forschungsmethoden

Mit den Recherchen zur Selbstbestimmungstheorie können wir diesen Theorieschritt abschließen. Als Nächstes formulieren wir nun Annahmen, die plausibel scheinen und anschließend überprüft werden – die Hypothesen (H).

- Zunächst nehmen wir an, dass die oben genannten drei Grundbedürfnisse (Autonomie, Kompetenz, Verbundenheit) auch in unserer Untersuchung von den Teilnehmerinnen und Teilnehmern genannt werden (H1).
- Zweitens können wir einen deutlichen Zusammenhang zwischen dem Autonomieempfinden und dem Wohlbefinden der Teilnehmerinnen und Teilnehmer (H2) annehmen.
- Und drittens schließlich: Sich als autonom empfindende Menschen zeigen ein höheres Maß an Motivation (H3). Wir gehen also davon aus, dass die Zufriedenheit mit der eigenen Autonomie mit dem empfundenen Wohlbefinden und der Motivation zusammenhängt.
- Da Forschung immer ergebnisoffen ist, müssen wir uns auch in die gegenteilige Richtung absichern: Wir nehmen als Nullhypothese an, dass es keinen Zusammenhang der drei Elemente zu Motivation und Wohlbefinden gibt (H0).

Anschließend suchen wir nach Methoden, mit denen wir die Hypothesen untersuchen können. Nach derzeitigem Forschungsstandard setzt man immer mehrere Methoden ein (Methodentriangulation), um eine Sache eingehend zu untersuchen: Wir erheben Daten per Fragebogen (quantitative Forschung) und befragen zudem einzelne Probanden per Interview (qualitative Forschung). Beide Methoden können wir dann noch mit unterschiedlichen Auswertungsverfahren einsetzen. So bekommen wir einen relativ sicheren Befund zur Lage der Dinge.

Einer unserer Fragebögen enthält Fragen zur Wahrnehmung eigener Autonomie, Kompetenz und Verbundenheit, ein zweiter zur Motivation. Zusätzlich stellen wir einige Fragen zum Wohlbefinden. Alle Frageskalen wurden im Vorfeld auf ihre Messgenauigkeit überprüft.

Für die Interviews befragen wir einige Probanden anhand von Leitfragen, zeichnen die Gespräche auf, transkribieren sie und werten sie aus. Mit Erwin, Yvonne, Petra, Norbert und Hanne aus diesem Buch habe ich leitfadengestützte Tiefeninterviews geführt – als dritte Methode neben den Fragebögen und den schriftlichen Kurzinterviews.

Die Teilnehmerinnen und Teilnehmer rekrutieren wir online über unsere Plattformen und soziale Netzwerke. Das ist dann zwar nicht repräsentativ, weil einige Altersgruppen stärker im Netz aktiv sind als andere, aber bei unserer stark segregierten Gesellschaft bleibt sowieso fraglich, ob es so etwas wie einen repräsentativen gesellschaftlichen Durchschnitt überhaupt noch gibt.

Führen wir also nun unsere spannende Befragung durch und überprüfen, ob wir mit unseren Hypothesen richtigliegen.

Aufbrechen: Das Geheimnis, 1. Teil

Die Entfaltung des Selbst ist ein erfüllendes Erlebnis. In unserer ersten Online-Befragung berichten uns Menschen von ihrer Selbstentfaltung durch neu entdeckte Interessen und Leidenschaften.

Wirkung der Selbstentfaltung

Eva erzählte ja schon über ihr Plastizieren, andere fahren Boot, machen Yoga, gehen joggen, beobachten Vögel oder vieles andere mehr. Später schauen wir uns die Vielzahl der Möglichkeiten zur Selbstentfaltung in Ruhe an. Bezüglich der Bedeutung für ihr Leben schreiben sie, es sei »die Freude am Experimentieren«, »der Genuss, Neues zu entdecken«, »eine großartige Erlaubnis, neugierig sein zu dürfen«. Hier ein Auszug:

- Es hat mein Leben, mein Wohlbefinden und meine Entscheidungen wesentlich beeinflusst und verbessert.
- Ich lerne für mich selbst.
- Zusätzliche Lebensqualität und Freude.
- Authentisch leben, alle Facetten leben.
- Neue körperliche und soziale Erfahrung; Eintauchen in eine neue Welt.
- Fitness, Freude, Freiheit.
- Wissen, aber vor allem Begeisterung weitergeben. Anderen helfen, innerhalb des Gebietes eigene Schwerpunkte zu setzen,

und sie dadurch zu eigener Begeisterung und mehr Selbstständigkeit leiten.

- Sehr viel: Es entschleunigt, ich schaue anders auf meine Umwelt.
- Viel. Möchte es nicht mehr missen!! Macht mich ausgeglichener und den Kopf frei.
- Mehr Lebensfreude.

Welche Bedeutung haben die Tätigkeiten für das Leben unserer Probanden? Warum also haben die Befragten Freude an ihrem Tun? 104 Befragte nannten rund 120 Bedeutungen für das eigene Leben. Was wie eine wilde Liste klingt, könnte doch eine spezifische Struktur haben. Und so haben wir auf der Grundlage der Selbstbestimmungstheorie die genannten Bereicherungen kategorisiert. Und siehe da: Nahezu alle Äußerungen lassen sich den drei Grundbedürfnissen zuordnen.

Exkurs: Zuordnung der Bereicherungen zu den drei Grundbedürfnissen

Autonomie

- Meine persönliche Me-Time, nur ich und der Wald/Berg
- Autonomie, aber auch Gemeinsamkeit; Weiterentwicklung, verständnisvollerer Umgang; Spaß und Abschalten; neue interessante Perspektiven; eigene Potenziale entdecken; Gesprächsthemen haben
- Freiheitsgefühl
- Ruhe im Kopf, Auszeit vom Stress, abschalten
- Es macht meinen Kopf frei.
- Moment der Freiheit
- Mehr Freiheit beim Lernen, nachhaltigere Reflexionen, Zeitersparnis
- Das ist, was ich wirklich am allerliebsten tue.
- Wenn ich dazu komme und es ausüben darf: Freiheit, Adre-

nalin, Eustress (der sogenannte positive Stress), Erfolg und die Begierde nach mehr davon.

- Freude am ungewöhnlichen Zeitvertreib
- Es bereitet mir Freude und bietet eine Möglichkeit, meine Kreativität auszuleben.
- Ausbruch aus der Norm, Freiheit, Ungewöhnliches machen
- Freude am Experimentieren, Genuss, Neues entdecken
- Großartige Erlaubnis, neugierig sein zu dürfen.
- Persönliches Wohlbefinden, Entspannung und freien Kopf
- Freude, Freiheit, Selbstständigkeit, Kraft, Ruhe, Selbstvertrauen (im Sinne »ich vertraue mir«), Geduld
- Freiheit, Mobilität, Abenteuer, die Welt aus anderer Perspektive wahrnehmen
- Authentisch leben, alle Facetten leben
- Eintauchen in eine neue Welt
- Fitness, Freude, Freiheit
- Minimale Kostenersparnis und minimal gesünderes Essverhalten
- Sehr viel: Es entschleunigt, ich schaue anders auf meine Umwelt.
- Viel. Möchte es nicht mehr missen!! Macht mich ausgeglichener und den Kopf frei.
- Sehr viel. Vor allem bedeutet es Erleichterung und Einsicht. Bessere Wahrnehmung bzgl. dessen, was man selbst möchte.
- Entspannung, kreativ ausleben können, positive Gefühle

Kompetenzerleben

- Ich setze mir immer wieder neue Ziele, die ich mal mit wenig Übung, mal mit sehr viel Übung erreiche. Nachdem ich mein Ziel erreicht habe, bin ich sehr stolz auf mich und sehr motiviert. Durch diese Motivation bin ich eher bereit, Dinge in Angriff zu nehmen, vor denen ich Angst habe.

- Es ist ein tolles Gefühl. Man arbeitet bzw. denkt lösungsorientiert. Man nimmt eine Sache einfach an und sie ist gut, wie sie ist. Man muss nur lernen, wie man damit umgeht. Aber man muss es nicht verändern, nur seine eigene Sicht.
- Enorm viel leichte und gleichzeitig schwere Arbeit in ein Kunstwerk zu stecken
- Neue Glaubenssätze, die mir helfen, mich und meine Umwelt im Alltag achtsamer wahrzunehmen
- Sehr viel, weil es mich persönlich weiterbringt.
- Dass ich neue Sachen erlernen kann und Spaß an der digitalen Welt habe
- Erfüllung in der Freizeit, Ausgleich zum Beruf, Lebensgefühl
- Ich freue mich wahnsinnig über das Wachstum meiner Pflanzen und staune immer wieder über die wunderbare Natur. Ich liebe es, die Bienen, Falter und die anderen Insekten zu beobachten. Es fasziniert mich und macht mich einfach tief zufrieden.
- Freizeit, abschalten, sehen und erleben, wie etwas entsteht
- Manchmal anstrengend, froh, wenn man es geschafft hat
- Bestätigung und Glückserleben
- Entspannung und etwas zu erschaffen
- Ein weiterer Schritt, um etwas für den Klimaschutz zu tun
- Gutes Gefühl für Körper und Geist; Kreativität; dich durch Bewegungen ausdrücken
- Kreativ werden, Freude am Selbsterschaffenen
- Es bereichert und erfüllt mich ungemein und macht mich zutiefst dankbar und glücklich. Ich spüre, dass ich so meine Berufung noch intensiver leben kann.
- Kompetenzerweiterung
- Es macht mir sehr viel Spaß und ich finde es spannend, eine neue Sprache zu lernen, die zudem völlig neue Buchstaben und Schriftzeichen enthält.

- Neue Denkansätze zu entwickeln
- Gesünder und einfacher leben
- Sehr viel, da ich meine Gedanken besser sortieren kann.
- Ich bin ausgeglichener und etwas ruhiger geworden. Vorher war ich ein nervöserer Mensch, nun weiß ich, wie ich mich in stressigen Zeiten erholen kann, um neue Kraft zu tanken. Außerdem weiß ich, dass neue berufliche Herausforderungen auch nach 25 Jahren viel Spaß machen und dem Leben wieder einen ganz neuen Sinn geben können.
- Viel, es zeigt mir, dass man jederzeit Fertigkeiten neu lernen oder sich auf veränderte Lebensumstände einstellen und dies als Bereicherung sehen kann.
- Es bedeutet für mich zum einen Selbstbestätigung, dass ich auch in höherem Alter noch in der Lage bin, die Studienanforderungen zu erfüllen, trotz Kindern und Haushalt. Und zum anderen bedeutet es Freiheit und Unabhängigkeit, endlich den Beruf zu machen, den ich schon immer machen wollte, was früher nicht möglich gewesen wäre.
- Es hilft mir, gelassener zu sein, die neue Situation anzunehmen, wie sie ist. Die Meditation entspannt mich im hektischen Alltag.
- Struktur, Verantwortung, Disziplin, effizientes Nutzen von verbleibenden Zeitressourcen
- Dass ich mich weniger selbst abwerte
- Es gibt mir Energie und Stabilität.
- Wissen, Fitness und Nutzen in einem Hobby vereint.
- Eine weitere Möglichkeit, jederzeit eine Tätigkeit zu finden, die Freude stiftet
- Es hat mein Leben, mein Wohlbefinden und meine Entscheidungen wesentlich beeinflusst und verbessert.
- Ich lerne für mich selbst.
- Wissen, aber vor allem Begeisterung weitergeben. Ande-

ren helfen, innerhalb des Gebietes eigene Schwerpunkte zu setzen, und sie dadurch zu eigener Begeisterung und mehr Selbstständigkeit leiten.

- Meine Neugier ist geweckt. Die Angst vor einem Fach, das ich so lange von mir geschoben habe, hat sich in Neugier verwandelt.

Verbundenheit

- Wir musizieren zu Hause gemeinsam und deshalb hat es eine große Bedeutung für mich.
- Freiheit und soziale Eingebundenheit: Ich habe dabei viele neue Freunde kennengelernt.
- Ich kann kreativ sein, technisch arbeiten und mich ausdrücken. Und andere Menschen froh machen mit tollen Porträts von ihnen: Das macht mich stolz, glücklich und ist immer wieder aufs Neue eine Herausforderung, ein Ansporn.
- Viel Freude und Verantwortung. Das Vertrauen, die Liebe und Wertschätzung seitens Sohnes und Schwiegertochter zu erfahren, die uns das, was sie am meisten lieben, anvertrauen.
- Sehr viel, besonders eine gelungene Mischung zwischen Aktivitäten, Fähigkeiten zusammen zu entwickeln und ganz eigenen Hobbys und Aktivitäten
- Neue körperliche und soziale Erfahrung
- Sehr viel, da ich kaum soziale Kontakte habe.
- Viel. Die möglichen Begegnungen sind großartig.
- Gemeinsame Zeit verbringen, gemeinsam eine schöne Zeit haben
- Sehr viel: Es bringt sehr viel Lebensfreude, neue soziale Kontakte und entspannt.

All das Genannte lässt sich also auf die drei wichtigen Bereiche verdichten, da viele Menschen ähnliche Sehnsüchte haben. Die Befragten üben ihre sie erfüllenden Tätigkeiten sicher aus Freude an der Tätigkeit selbst (intrinsisch) aus und befriedigen damit gleichzeitig ihre Grundbedürfnisse.

Als erste Hypothese hatten wir angenommen, dass die drei Grundbedürfnisse (Autonomie, Kompetenzerleben, Verbundenheit) auch in unserer Untersuchung von den Teilnehmern und Teilnehmerinnen genannt werden (H1). Anhand der obigen Auflistungen können wir nun hier feststellen, dass diese Hypothese zutrifft – also verifiziert werden kann.

Und damit kommen wir zu einer wundervollen Entdeckung, zu einer Sache, die ich in diesem heißen Sommer herausfinde. Die Trierer Innenstadt ist nach dem ersten Lockdown nun wieder belebt, die Menschen blühen auf in der Sonne, auf den Plätzen und in der Fußgängerzone. Die Stadt hat viele Flächen für die Gastronomie im Freien freigegeben und Menschen sitzen bis spätabends in kleinen Gruppen an den Tischen, und auf den Plätzen spürt man ein Flair wie in Süditalien bei Nacht. Lebendig. Doch nur auf den ersten Blick. Auf den zweiten Blick entdeckt man die maskierten Kellner, die rotierenden Desinfektionsmittelflaschen, auszufüllende Zettel und die Angst, man könnte sich das Virus einfangen, weil der Kellner mit aufs Kinn verrutschtem Mundschutz auf das Essen geniest haben könnte.

Doch es ist Sommer und unsere Forschungsdaten sind weitgehend erhoben. Rund 700 Teilnehmer und Teilnehmerinnen haben an unserer bundesweiten Online-Befragung inzwischen teilgenommen und ich bin begierig darauf, endlich die Frucht unserer Arbeit anzuschauen und die Daten auszuwerten. Tag und Nacht (zumindest gefühlt Tag und Nacht) rechne ich im Statistikprogramm hin und her, suche nach Zusammenhängen und Unterschieden. Einmal schreibe ich am späten Abend eine E-Mail an den

Mathematiker in unserem Rechenzentrum und wir telefonieren die halbe Nacht zur Lösung meines statistischen Problems.

Einige Abende später sitzen Andrea und ich in einem Gartenlokal an der Mosel und schauen auf den Fluss. Ich eröffne das Gespräch mit der spektakulären Anmoderation: »Ich habe es gefunden!«

Sie schaut mich fragend an.

»Ich habe es in den Daten gefunden – wir können es zeigen – das Geheimnis der Lebensenergie können wir grafisch zeigen!«

»Und wie sieht es aus?«

»Sensationell!«

Sie lacht und hört sich zwischen Pizza, Pasta und Rotwein das Geheimnis selbstbestimmter Menschen an.

Was ich ihr an diesem Abend so freudetrunken am Moselufer erzähle, ist das hier:

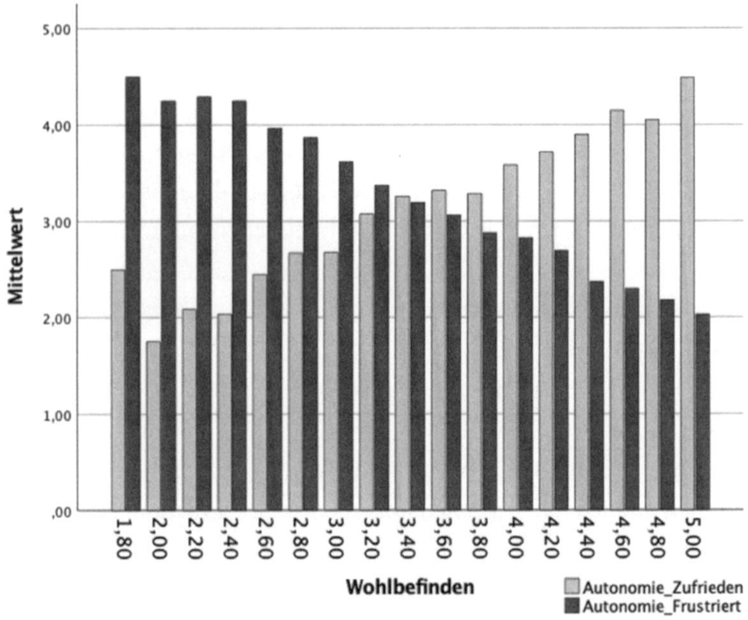

Zusammenhang von Autonomie und Wohlbefinden

Das Diagramm zeigt die Werte für Wohlbefinden auf der X-Achse. Auf der Y-Achse haben wir die Anzeige der Mittelwertskala für Autonomie.

Im Diagramm selbst stehen die schwarzen Balken für Angaben zur Unzufriedenheit von Befragten über ihre eigene Autonomie (Autonomie_Frustriert). Wenn jemand mehreren Aussagen zustimmte, zum Beispiel sowohl »Die meisten Dinge, die ich tue, fühlen sich an, als ob ich diese tun muss« als auch »Bei zu vielen Dingen fühle ich mich unter Druck gesetzt, diese tun zu müssen«, dann hat er beziehungsweise sie hohe Werte auf dieser Skala der Autonomie-Frustration.

Im Gegensatz dazu stimmten andere Menschen Aussagen wie »Ich habe die Wahl und fühle mich frei, in dem was ich tue« und »Ich habe das Gefühl, dass meine Entscheidungen widerspiegeln, was ich wirklich will« zu und hatten dadurch hohe Werte bei der Zufriedenheit mit ihrer Autonomie. Für die mit ihrer Autonomie zufriedenen Menschen stehen die hellgrauen Balken.

Nun ist in dem Diagramm deutlich zu sehen, dass links die schwarzen Werte sehr hoch sind und im Laufe des Diagramms nach rechts abnehmen. Das bedeutet: Wenn die Frustration über mangelnde Autonomie hoch ist, ist das Wohlbefinden gleichzeitig niedrig (z. B. Wert 1,8 Punkte von maximal 5). Haben wir hingegen ein Gefühl der Selbstbestimmung über unser Leben (hellgraue Balken), so haben wir gleichzeitig einen hohen Wert für Wohlbefinden – wir sind also eindeutig bei hoher Autonomie glücklicher!

Autonomie hängt demnach deutlich mit Wohlbefinden zusammen (ist statistisch »assoziiert«). Wir wissen nicht, was Ursache, was Wirkung ist – was ist zuerst, das Wohlbefinden oder die Zufriedenheit, sein Leben selbst steuern zu können? Aber was wir wissen: Autonomie und Wohlbefinden hängen ganz deutlich zusammen! *Wer sich freier, selbstgesteuerter fühlt, fühlt sich froher!*

Als zweite Hypothese hatten wir angenommen, dass Menschen, die sich als autonom handelnd empfinden, gleichzeitig ein höheres Maß an Wohlbefinden zeigen. Unsere Daten bestätigen das eindeutig, womit wir auch diese Hypothese verifiziert haben.

Und hier noch mal die gleichen Fragen zur Zufriedenheit oder Frustration mit der eigenen Autonomie, aber nun assoziiert mit Leistungsmotivation, der Freude, die eigenen Leistungen zu erhöhen; eine Herausforderung also meistern wollen – und zwar *um der Herausforderung selbst willen* – dem *Spaß an der Leistung* und den damit verbundenen Gefühlen bei Erfolg (»Diese Sache habe ich gut geschafft!« – Stolz, Zufriedenheit, Glück).

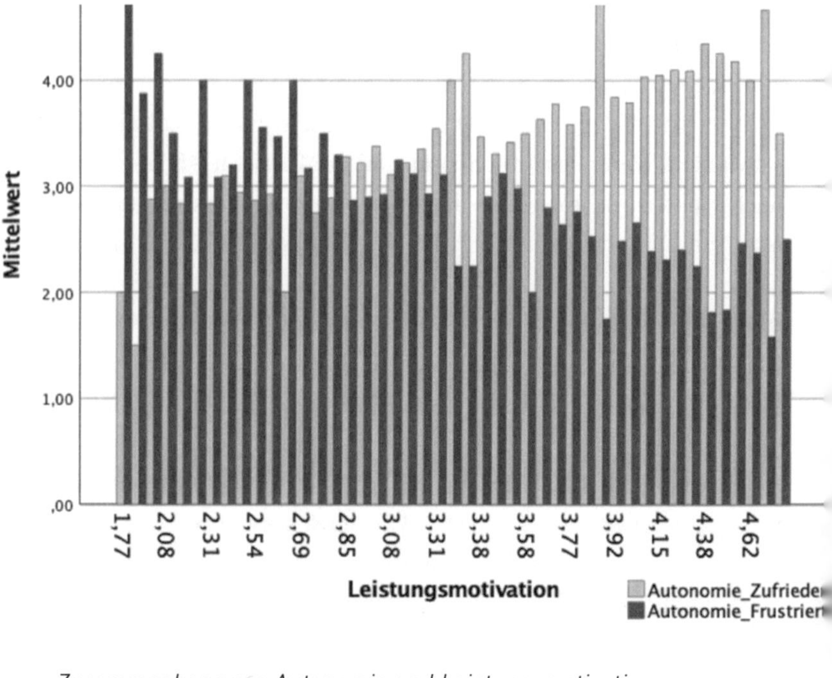

Zusammenhang von Autonomie und Leistungsmotivation

Auch hier können wir ganz deutlich sehen, dass die Zufriedenheit mit der eigenen Autonomie mit höherer Leistungsmotivation einhergeht. *Wer sich freier, selbstgesteuerter fühlt, fühlt sich auch motivierter!*

Unsere dritte Hypothese lautete, dass wir einen deutlichen Zusammenhang zwischen dem Autonomieempfinden und der Motivation der Teilnehmerinnen und Teilnehmer (H3) finden. Auch das können wir nun bestätigen. Damit sind alle drei Forschungshypothesen bestätigt und die Nullhypothese (es gibt keinen Zusammenhang zwischen Autonomie, Wohlbefinden und Motivation) kann verworfen werden, da sie falsifiziert wurde.

Schauen wir auch auf die anderen beiden Elemente der Selbstbestimmungstheorie: Kompetenzerleben und Verbundenheit. Auch hier finden wir sehr ähnliche Verläufe wie bei den obigen Diagrammen: Wer sich selbst als kompetent erlebt (Ich kann was!), ist gleichzeitig auch motivierter, Leistungen zu bringen. Und hat ein höheres Wohlbefinden!

Auch bei der Verbundenheit zeigt sich das gleiche Bild: Wer zufrieden mit seinen Beziehungen ist und sich sozial eingebunden fühlt, ist glücklicher und motivierter.

Auf Seite 106 noch einmal alles zum Wohlbefinden auf einen Blick: Hellgrau sind die Zufriedenheitsbalken für Autonomie, Kompetenz und Verbundenheit, schwarz die Frustrationsbalken genau in den gleichen Bereichen.

Unsere Befunde bestätigen ganz klar, was Deci und Ryan feststellten: Die Motivation und das Wohlbefinden eines Menschen hängen von der Befriedigung seiner grundlegenden Bedürfnisse ab, die da sind:

- Das Bedürfnis, sich selbst als Verursacher der eigenen Entscheidungen und Handlungen zu erleben (Autonomie),
- das Bedürfnis, zu erfahren, dass man selbst etwas kann; sich selbst somit als kompetent wahrzunehmen (Kompetenzerleben), und
- das Bedürfnis, zu erfahren, dass man mit anderen Menschen verbunden ist (Verbundenheit).

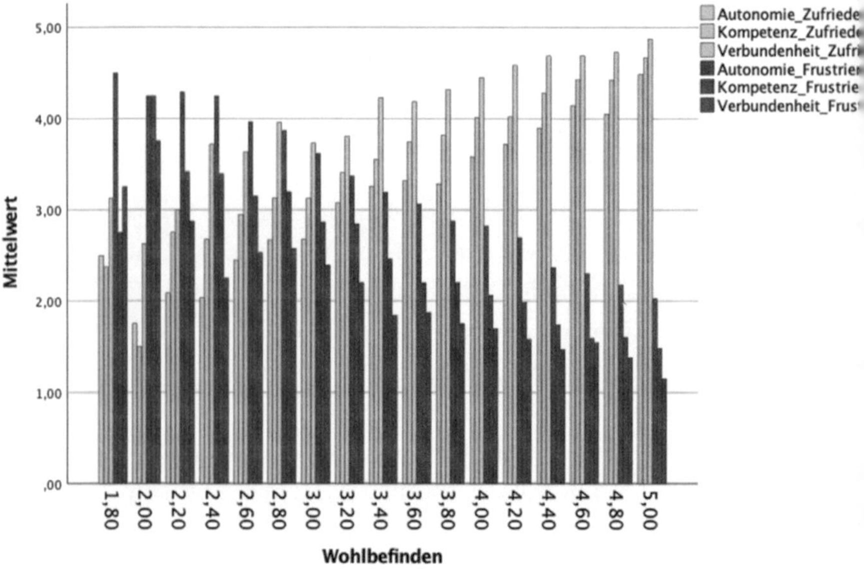

Zusammenhang von Autonomie, Kompetenz, Verbundenheit und Wohlbefinden

Wir haben enge Zusammenhänge zwischen hoher Autonomie, Kompetenzerleben und Verbundenheit mit Wohlbefinden und Leistungsmotivation gefunden. Menschen, die sich als autonom, kompetent und mit anderen Menschen verbunden empfinden, fühlen sich gleichzeitig glücklicher und motivierter.

Die Grafiken dazu sind beeindruckend und deutlich. In unserer Forschung anhand von über 700 Befragten können wir zeigen: Je autonomer handelnd sich ein Mensch fühlt, desto mehr wächst die Motivationskurve, je fremdbestimmter er sich fühlt, desto geringer ist die Motivation. Und ähnliche Kurven fanden wir auch beim Wohlbefinden (Glück).

»Nachfolgende Untersuchungen bestätigten, dass diese Bedürfnisse im Gegensatz zu einer Vielzahl anderer menschlicher Wünsche oder Befriedigungen, die Verhalten motivieren, nicht nur für eine optimale Motivation, sondern auch für das Wohlbefinden wesentlich sind. Die Bedürfnisbefriedigung steht in engem Zusammenhang mit der Vitalität, während Bedürfnisfrustration einen Motivationsabbau voraussagt.«[1]

Weitere Arbeiten haben gezeigt, so Ryan und Deci, »dass Menschen, wenn Grundbedürfnisse durchkreuzt werden, vorhersehbar reagieren werden, wenn auch auf komplizierte und dynamische Weise. Einige werden in passive oder fragmentierte Funktionsweisen verfallen, die oft als psychopathologisch bezeichnet werden. Andere versuchen, das Fehlende zu kompensieren, was sich in Motiven der Gier, Macht, suchterzeugenden Ablenkungen oder Aggressionen manifestiert, die sich aus bedürftigkeitsfrustrierenden Kontexten ergeben.« Viele »dunkle Seiten der menschlichen Natur« ergeben sich aus »bedrohten oder durchkreuzten psychologischen Grundbedürfnissen in der sozialen Entwicklung«.[2] Das bedeutet nicht mehr oder weniger, als dass die fehlende Befriedigung von Autonomie-, Kompetenz- und Verbundenheitsbedürfnissen dazu führen kann, dass sich passives Verhalten, Gier, Macht, Sucht oder Aggression zeigen.

So können wir mit Ryan und Deci davon ausgehen, dass »Ereignisse, die das Autonomie- oder Kompetenzerleben einer Person negativ beeinflussen, die intrinsische Motivation vermindern, während Ereignisse, die die Wahrnehmung von Autonomie und

Kompetenz unterstützen, die intrinsische Motivation erhöhen. Die Theorie besagt ferner, dass sowohl Kompetenz- als auch Autonomieerfahrungen notwendig sind, um intrinsische Motivation aufrechtzuerhalten.«[3] Ebenso wird davon ausgegangen, dass die soziale Verbundenheit eine Rolle für die intrinsische Motivation spielt – insbesondere bei Aktivitäten, die ein soziales Element haben.

Das erste Geheimnis der Lebenskraft ist also, dass das Ausmaß von Autonomie, Kompetenz und Verbundenheit in unserem Leben hochgradig damit zusammenhängt,

- *wie motiviert wir sind,*
- *wie viel Kraft wir haben, unseren Ideen zu folgen, und*
- *wie wohl wir uns fühlen.*

Wir sollten also dafür sorgen, dass wir uns möglichst frei handelnd, möglichst kompetent und möglichst verbunden mit anderen Menschen fühlen. Dafür können wir sorgen. Wie das funktioniert, das überlegen wir später.

Unter diesen drei Faktoren, das zeigen andere Forschungsbefunde, ist die Autonomie – also das Gefühl, seine Handlungen selbst zu verursachen – DER zentrale Schlüssel. Unsere Interviewpartner, die ihre Ideen leben, bestätigen das. Immer wieder fallen während der Interviews Sätze wie: »Da hab ich gedacht, ich mach das jetzt einfach. Ich mach jetzt mein Ding!« Wollen wir unser Vorhaben wirklich umsetzen, sollten wir darauf achten, unsere Autonomie zu schützen: *Kein Druck! Weder durch uns selbst noch durch andere.*

Wieder zu Hause in unserem kleinen Dorf, reden Andrea und ich noch am Küchentisch weiter, bis die Sonne aufgeht. *Night fever.*[4] Das ist ziemlich praktisch, oh ja, *Night fever*, weil wir dann noch vor dem Schlafengehen unsere Morgenrunde mit Noah und Vinci drehen können. Noah hat in letzter Zeit Probleme mit der Hüfte, Hüftdysplasie, aber unser Tierarzt hat ihm morgens eine Schmerztablette und abends Hanftropfen verordnet. Vor allem Letzteres scheint gut zu wirken und inzwischen mag er sie auch gerne. Der Hund ist auf Droge …

Als wir vier auf dem Berg im Acker stehen und der Sonne beim Aufgehen zusehen (ähnlich wie Erwin es in Bezug auf den Sonnenuntergang gesagt hat, dreieinhalb Minuten, bis sie aufsitzt), meint Andrea, das sei ja alles sehr spannend, was wir da herausgefunden hätten, und hängt die Frage an, ob das denn auch eine Bedeutung für den Alltag habe? Also auf gut Deutsch: Kann man mit dieser Forschung etwas anfangen? Ja, sie bestärkt die Kraft zur Selbstbestimmung, ermächtigt dazu, sich nicht mehr einengen zu lassen. Und dazu gibt es spannende Strategien.

Wohin wir unsere Bedürfnisse wenden sollten

Wir haben gesehen, dass es sowohl für unser Wohlbefinden als auch für unsere Motivation, etwas zu leisten, ungeheuer wichtig ist, unsere Autonomie, unser Kompetenzerleben und unsere Verbundenheit mit anderen Menschen zu verteidigen. Denn diese sind uns als natürliche Wachstumsressourcen von der Natur mitgegeben: Menschen wollen wachsen!

Nun stellt sich aber dann die Frage, wohin? In welche Richtung?

Innere und äußere Impulse

Auf der Grundlage der humanistischen Philosophie und Psychologie sowie der Motivationspsychologie kommen wir zu ähnlichen Lebenszielen, die es lohnt, anzusteuern. Andere Absichten hingegen lohnen sich kaum oder wirken gar destruktiv auf unser Selbst.

Zunächst können wir einfach mit Erich Fromm davon ausgehen, dass es keine höhere Macht als die des einzigartigen Selbst gibt und dass das Ziel der Realisierung der Individualität niemals anderen Zwecken untergeordnet werden darf. Er geht davon aus, dass es innere und äußere Impulse gibt. Äußerlich bleibt all das, was außerhalb unserer Selbst liegt, wie Reichtum, Prestige und Position. Dies hätte mit der Stärke der eigenen Person nichts zu tun, da die Fokussierung auf dieses eher das eigentliche Wachstum des Menschen in Lebendigkeit, Geist und Liebe behindert. Daher ist dieses eher als uneigentlich menschlich zu verstehen – also zutiefst dem Menschen fremd, weil Geld, Macht, Position und anderes nur Mittel zum Zweck sind, also funktionalisiert werden für andere Zwecke.

Das Leben aber ist Selbstzweck, um sich »zu ändern, zu wachsen, sich zu entwickeln, bewusster und wacher zu werden«, wenn man das Leben wirklich liebt. »Gibt jemand auf die Frage, warum er einen anderen Menschen liebt, die Antwort, dass dieser erfolgreich, berühmt, reich ist, dann wird sich der Betreffende bei dieser Antwort vermutlich ein wenig unbehaglich fühlen, weil er weiß, dass all dies nicht wirklich etwas mit Liebe zu tun hat.«[5] Spricht jemand allerdings begeistert über die Lebendigkeit, das Lächeln, die Stimme, die Hände oder Augen des/der Geliebten, dann verstehen wir das als Grund der Liebe, als wesentlich. Und in dieser grundlegenden Zuwendung gilt es auch für uns selbst.

Welche Lebensziele glücklich machen

Die ursprünglich von Aristoteles stammenden und von den humanistischen Philosophen aufgenommenen Gedanken zu verschiedenen Lebenszielen finden sich im Kern noch in aktuellen Konzepten der Lebenszielplanung.

In der Motivationsforschung werden intrinsische und extrinsische Motivationslagen unterschieden. Liegt der Anreiz der Tätigkeit in der Freude am Tun selbst (rechnen, schreiben, laufen, musizieren usw.), so liegt der Handlungseffekt in der Gegenwart, in der Person selbst und ist an das Erlebnis gebunden, also intrinsisch motiviert.

Die spontane, natürlich menschliche Neigung, sich durch Aktivität zu entwickeln, zu spielen, sich oder etwas auszuprobieren, zu experimentieren, Dinge und Situationen zu verändern und dadurch seine Kompetenzen zu erweitern, ist dem Menschen als intrinsische Motivation mitgegeben (und auch anderen Lebewesen, insbesondere Säugetieren). Dadurch ist sie ein angeborenes Merkmal der menschlichen Existenz und eine ungeheuer wertvolle Ressource. Wir werden noch sehen, dass sie durch Eingriffe bedroht oder zerstört werden kann.

So wie Yvonne es beschreibt, als sie nach ihrer Operation wieder anfängt, sich zu bewegen:

»Das war alles schnell wieder da nach all den Jahren.«

Weil du als Kind schon so sportlich warst?

»Denke ich mal. Oder vielleicht auch, weil der Spaß und die Freude daran so groß ist (sie ist intrinsisch motiviert). – Eine Flow-Erfahrung – genau, so ist es beim Joggen bei mir! Die ersten zwei Kilometer denke ich immer: Oh, du bist so blöd, warum bist du nicht wandern gegangen? (lacht) Und dann krieg ich keine Luft und denke, heute schaff ich es nicht. Ich weiß aber, so nach eineinhalb, zwei Kilometern, da kommt eine Zwischenphase und so ab Kilometer sechs, sieben kommt der Flow und dann kommen mir höchstens noch meine Muskeln irgendwann dazwischen. Aber dann habe ich innerlich so ein Gefühl von Unbesiegbarkeit, von Unermüdlichkeit, ich denke dann, ich könnte jetzt überallhin laufen! Und ich gehe neue Wege, ohne zu wissen, kommt man dahinten wieder auf den Weg – dann lauf ich eben wieder zurück. Früher habe ich gedacht, wenn ich jetzt 300 Meter falsch gehe, habe ich hinterher ja 600 Meter mehr. Die Gedanken sind weg.

Ich denke, hilfreich ist auch, wenn man nach vorne schaut und nicht denkt, die nächsten drei Kilo sind jetzt mein Problem. Sondern ich hatte ein für mich viel weitreichenderes Ziel – und das war kein materielles, das war ein ideelles –, es ging nicht um drei Kilo oder sieben Kilo oder dreißig. Es ging darum: Ich will da hin, ich will auf den Berg! Also das war der Punkt.«

Yvonne zeigt ganz deutlich, dass ihre Motivation aus ihrem eigenen Inneren kommt und nicht durch äußeren Druck oder persönlichkeitsfremde, äußere Anreize stimuliert wird.

Liegt der angestrebte Zielzustand hingegen außerhalb der Handlung selbst (z. B. Gehaltserhöhung, Anerkennung durch die Chefin, Hoffnung auf Lob, Abwendung von Bestrafung oder Tadel u. a.), so ist der Fokus an die positiven Konsequenzen oder das Ausbleiben von befürchteten negativen Konsequenzen gebunden, liegt damit außerhalb der Person und außerhalb der eigentlichen Handlung. Diese ist somit extrinsisch motiviert.

Die Selbstbestimmungstheorie baut darauf auf und unterscheidet zwischen intrinsischen (eigenen, selbstbestimmten) und extrinsischen (fremdbestimmten) Bedürfnissen. Eigene, *intrinsische Bedürfnisse zeigen sich in den Lebenszielen, die selbstbestimmt gesetzt sind.* Sie sind Ausdruck unserer eigenen Bedürfnisse. Welche Ziele sind für unser Leben wichtig?

Für den einen ist es das *persönliche Wachstum*: Ich möchte als Persönlichkeit wachsen und Neues lernen, am Ende meines Lebens dieses als sinnvoll und ganz betrachten können, wissen, wer ich bin, und mich annehmen. Und vor allem: Ich möchte selbst entscheiden, was ich tue, anstatt mich von den Lebensumständen zwingen zu lassen.

Für jemand anderen sind es *Beziehungen*: Ich möchte gute

Selbstbestimmung: Intrinsische und extrinsische Lebensziele

Freunde haben, auf die ich mich verlassen kann, mein Leben mit jemandem teilen, den ich liebe, eine feste, innige Beziehung führen. Und fühlen, dass es Menschen gibt, die mich wirklich lieben und die ich liebe. Ich möchte tiefe und lang andauernde Beziehungen führen.

Andere haben eher *gesellschaftsbezogene Ziele*: Ich möchte etwas zu einer besseren Gesellschaft beitragen, Menschen helfen, die Hilfe brauchen, ohne etwas zurückzuverlangen. Ich möchte dazu beitragen, die Welt zu verbessern, und anderen helfen, ihr Leben zu verbessern. Und Menschen in Not helfen.

Schließlich haben wir auch noch Lebensziele, die sich auf unsere *Gesundheit* beziehen: Ich möchte körperlich gesund sein, mit meiner körperlichen Fitness zufrieden sein, mich selbst gesund und fit halten und einen körperlich gesunden Lebensstil leben.[6]

Und das ist das Wichtige: Diese intrinsischen Lebensziele, so Dutzende von Untersuchungen zwischen 2000 und heute, geben Energie und Wohlbefinden, weil sie direkt aus unseren eigenen Wünschen abgeleitet sind. Wer primär diese Ziele verfolgt, hat eine hohe Wahrscheinlichkeit für positive Gefühle und Sinnerleben. Sie oder er spürt, dass sie oder er ein sinnvolles Leben lebt.

Eher mit negativen Gefühlen verbunden sind Ziele, die wir der anderen wegen ansteuern sollen oder müssen: aus Druck oder verinnerlichtem Zwang, also fremdbestimmt. Zu diesem Bereich gehören beispielsweise die *materiellen Wohlstandsziele*: Ich will ein reicher Mensch sein, viele teure Dinge besitzen, finanziell erfolgreich sein und genug Geld haben, um alles kaufen zu können, was ich will.

Oder das *Lebensziel Ruhm/berühmt sein*: Ich möchte, dass mein Name vielen Menschen bekannt ist, berühmt sein, oft in den Medien erwähnt werden und von vielen bewundert werden.

Schließlich zählt zu diesen extrinsischen Zielen auch noch die *Attraktivität*: Ich möchte erfolgreich die Spuren des Älterwerdens verbergen, oft Komplimente bezüglich meines Aussehens bekommen, modisch am Puls der Zeit bleiben, so aussehen, wie ich schon immer aussehen wollte, besonders anziehend sein.

Wenn wir also unsere Autonomie, unser Kompetenzerleben und unsere soziale Eingebundenheit auf etwas richten wollen, was von der griechischen Antike bis zur modernen Philosophie und aktuellen Psychologie sich als stabilisierend, motivierend und glücklich machend erwiesen hat, *so sollten wir diese richten auf unsere tiefsten, innersten, selbstbestimmten Lebensziele – unser persönliches Wachstum, unsere Beziehungen mit Menschen, unseren Beitrag zu gesellschaftlichen Verbesserungen und unsere Gesundheit.*

Frank Sinatra besang diese Selbstbestimmtheit in seinem Welthit *My Way*,[7] auf das auch der Refrain des Liedes von Bon Jovi Bezug nimmt – *It's my life*.[8] Anscheinend ist das eines der wichtigsten Gefühle, die wir für unsere Leben brauchen: Dass es eben unser Leben ist. Wohl nicht von ungefähr ist *My Way* in den USA eines der beliebtesten Beerdigungslieder. Wenn es dem Ende entgegen geht, ist das Maß unseres gelebten Selbst die das Leben bewertende Kraft. *My Way* eben.

Die Lebendigkeit des eigenen Seins, die in diesen Liedern besungen wird, ist tief in uns liegend, das ist intrinsisch, das ist der Kern des Menschseins. Reich, berühmt und sexy – diese Ziele gehören nicht dazu.

An der Sache lernen

Der amerikanische Philosoph und Pädagoge John Dewey entwickelte das Konzept des »Learning by Doing« und ging davon aus, dass dieses »Lernen durch Handeln« effektiv auf die kognitive, emotionale und soziale Entwicklung des jungen Menschen einwirkt. Das physische Tun sollte – im Gegensatz zu dem seinerzeit üblichen Auswendiglernen – durch andere Schülerinnen und Schüler, andere Schulklassen oder Organisationen unterstützt werden und die Reifung des Menschen hin zur Demokratiefähigkeit stärken. Ziel war es, das Gelernte stets in der Praxis auszuprobieren und anzuwenden, wodurch der anwendende Mensch Erfahrungen macht, sie reflektieren und somit weiterentwickeln kann. Die Lernmethode war die aktive, handelnde Auseinandersetzung mit dem Lernstoff.

Deweys Ansätze fanden in der Folgezeit weite Resonanz und seine Grundannahme wird weithin bis heute als bestätigt anerkannt. Menschen lernen durch Handeln. Und so ist unser Weg zur Selbstentwicklung auch geprägt von Versuchshandlungen, um zu wachsen. Probieren wir etwas aus, probieren wir uns aus.

Wenn wir eine Vorstellung davon haben, wohin wir wachsen wollen, wenn wir eine Idee davon haben, wenn wir es träumen können – dann können wir es ins Handeln transferieren. Und so können wir vielleicht mit dem kanadischen Politikwissenschaftler Stephen Leacock annehmen, dass diejenigen, die am meisten tun, auch diejenigen sind, die am meisten träumen. Mit aus unseren Träumen abgeleiteten Handlungsvorstellungen können wir uns vielleicht Deweys Maxime »Learning by Doing« tapfer zu eigen machen. Ich mach das jetzt einfach!

Bei der reinen Grundlagenforschung wird geforscht, um das Wissen zu erweitern und die Basis für weiteren Wissensaufbau zu legen. Der Anwendungsbezug ist dabei zweitrangig. Bei unserer Forschung aber haben wir im Gegensatz zur Grundlagenforschung direkten Anwendungsbezug, da die Ergebnisse in pädagogischen, psychologischen, berufsbildnerischen Kontexten und so letztendlich auch für das Leben jedes einzelnen Menschen Relevanz haben können. Was also beschränkt unsere Freiheit und was beflügelt sie? Jetzt wird es also richtig spannend für unsere eigene Entwicklung.

Was uns die Freiheit nimmt

Unter Druck setzt uns besonders, was uns nicht frei handeln lässt, in dem wir keinen Sinn sehen, es uns ängstigt oder inkompetent fühlen lässt oder unverbunden mit anderen.

Westernhagen schildert in seinem Lied *Zieh dir bloß die Schuhe aus*[1] einen Jungen (Klaus), später erwachsenen Mann, der fremdbestimmt wird: Die Mutter drängt ihn, die Schuhe auszuziehen, der Lehrer mahnt, fürs Leben zu lernen. Im Arbeitsamt erfährt Klaus, was er kann, die Eltern raten zu einer bestimmten Frau. Immer wieder bestärkt der Refrain Klaus, sich zu wehren, doch die Übergriffe gehen weiter. Und immer wieder hämmert der Refrain: Wehr dich! Letztendlich will sein eigener Sohn Tänzer werden und Klaus dominiert ihn auf gleiche Weise, wie er stets dominiert worden ist. Ein Teufelskreis der Fremdheit zu sich selbst, von Generation zu Generation weitergegeben.

Druckquellen identifizieren

Schauen wir doch mal genauer, was uns Druck macht: Bei Frauen sind es zuallererst die hohen Ansprüche an sich selbst (48 Prozent), die Ansprüche auf der Arbeit (39 Prozent), zu viele Termine in der Freizeit (34 Prozent) und die ständige Erreichbarkeit (23 Prozent). Bei Männern liegen die Arbeitsansprüche an erster Stelle (54 Prozent), gefolgt von hohen Ansprüchen an sich selbst (37 Prozent) und ständiger Erreichbarkeit (34 Prozent).[2]

Zum einen ist da also der innere Druck (hohe Ansprüche an sich selbst), zum anderen ist da der äußere (Termine, Arbeitsansprüche).

Der innere Druck, den wir uns selbst machen, entsteht oft,

- indem wir denken, wir »müssten« etwas tun,
- weil wir denken, wir müssten funktionieren oder perfekt sein,
- weil wir etwas richtig und sinnvoll finden,
- weil wir besser sein wollen als unsere Kollegen und Kolleginnen, Nachbarn, Freunde,
- weil wir unserem Partner oder unserer Partnerin etwas beweisen wollen,
- weil wir uns entschieden haben, etwas zu tun,
- wenn wir uns an jemanden klammern, der die Gefühle nicht erwidert.

Zum anderen wächst äußerer Druck,

- wenn jemand versucht, uns gegen unseren Willen zu etwas zu zwingen, zum Beispiel durch Belohnungen, Überreden, Drohen oder anderen psychischen Druck
- wenn jemand materielle oder psychische Anreize oder Abhängigkeit schafft, andere einsetzt, um uns unter Druck zu halten, anzutreiben, zu bedrängen usw.
- wenn jemand versucht oder versucht hat, uns zu etwas anzuleiten, was wir nicht wollen, oder uns dazu erzogen hat, so etwas tun zu müssen, und wir das inzwischen verinnerlicht haben.
- aus Gruppenzwang, weil die anderen es auch so machen.

Und all das macht Angst und hemmt uns bei der Verwirklichung unserer Vorstellungen. Paulo Coelho schrieb in »Der Alchimist«: »Es gibt nur eine Sache, die es unmöglich macht, einen Traum zu verwirklichen: die Angst vor dem Versagen.« Ich würde ergänzen:

verbunden mit dem Gefühl, zu etwas gezwungen zu sein. *Der Zwang nämlich frisst die intrinsische Motivation und damit den Genuss.* Wir dürfen das Tun aber genießen und uns zu nichts zwingen lassen.

Nehmen wir zum Beispiel das Laufen: Laufpläne, Laufzeiten, Tempomessungen können als Druckquellen wirken und das Vergnügen komplett ruinieren, sodass wir beim nächsten Mal keine Lust mehr haben, überhaupt rauszugehen. Sie können den Anreiz aber auch stärken, wenn sie nicht kontrollierend, sondern eher spielerisch eingesetzt werden. Die eigene Intuition, das Gefühl für den eigenen Körper ist das Maß der Dinge, nicht die Laufuhr. Trailrunner, die querfeldein die Berge hochrennen, wissen das schon lange: Ist der Berg zu hoch, die Steigung zu steil, die Strecke zu lang, gehen wir halt ein Stück. Das ist gut gegen Überforderung und gut für die Motivation vor dem nächsten Lauf. Der innere Kompass entscheidet! Sonst nichts! Und das gilt nicht nur beim Laufen, sondern beim selbstbestimmten Leben generell.

In einer Dokumentation über ein ägyptisches Trainingscamp für weibliche Gewichtheberinnen feuerte ein alter Trainer die Mädchen während des Wettkampfs an: »Du machst es für dich – genieß es – den ersten Platz haben wir schon tausend Mal bekommen – du machst es für dich – genieß es!« Autonomie, intrinsische Motivation durch Sinn und Freude. Mach es für dich.

Hier noch ein Wort zum Klammern an eine Partnerin oder einen Partner: Vielleicht stellt sich ganz ernsthaft die Frage, ob es diese eine Partnerin beziehungsweise dieser eine Partner wirklich, wirklich wert ist, ein Stück weit die eigene Freiheit für sie/ihn zu opfern.

Unchain my heart, baby let me go (…)
Every time I call you on the phone
Some fella tells me that you're not at home
Unchain my heart, set me free[3]

Die Ketten vom Herz nehmen, ja. Manche Menschen sind einfach keine guten Liebesziele.

Oder, um es etwas humoriger zu wenden: Ich stelle mir vor, wie jemand mit seinem Partner von einer Klippe im Wald aus den Sonnenuntergang beobachtet, so wie Erwin es geschildert hat. Die Bäume regen sich im lauen Wind, derjenige/diejenige ist ergriffen und sagt aus der Tiefe seiner Empfindung: »Oh, Schatz, ist das nicht ein wunderbarer Moment?« Und der Partner antwortet frei nach der heute-Show: »Oh, Schatz, was könnte romantischer sein als ein Sonnenuntergang hinter dem Pennymarkt von Pinneberg« – think about it!

Unchain my heart, baby set me free.

Innerer Druck

Eva, die Lehrerin, die sich mit dem Plastizieren beschäftigt und von der oben schon die Rede war, antwortet auf die Frage, ob es äußeren Druck gegen die Aktivität gab, dass sie sich den Druck höchstens selbst mache, »da ich irgendwie Kind, Haushalt, Arbeit und ein bisschen Plastizieren unter einen Hut bekommen möchte. Leider braucht es zum Plastizieren jedoch Zeit, um hineinzukommen, damit die Hände ankommen und die Gedanken verblassen, damit ich mich rein aus der Intuition und der Gestaltungskraft darauf einlassen kann. Diese Zeit fehlt mir mit Kleinkind, weshalb ich auch viel seltener dazu komme, als mir lieb wäre.«

Und in Bezug auf den inneren Druck sagt sie: »Da es bei meinen Plastizierbemühungen nicht um die Erstellung eines perfekten Endprodukts geht, sondern eher darum, innere Kräfte zu wecken, habe ich keinen inneren Druck außer vielleicht der oben genannten schwierigen Vereinbarkeit von Hobby und alltäglichen Aufgaben.« Evas Worte zeigen, wie eng die äußeren und die inneren Druckquellen miteinander verbunden sind. Den inneren Druck machen wir uns oft durch Anstöße im Äußeren.

Angst

Letztendlich geht es oft darum, dass wir den Eindruck haben, etwas tun zu müssen, weil wir Angst vor den Konsequenzen haben, die eventuell einträfen, wenn wir anders handeln würden: Wenn ich jetzt Nein sage, ist mein Chef sauer, mein Kind traurig, mein Partner ernüchtert oder meine Mutter enttäuscht. Wir wollen diese Art von Konsequenzen abwehren und fühlen uns vielleicht wie eine Marionette an Fäden, die wir abschneiden wollen, andere fühlen sich wie in einem Hamsterrad oder Käfig gefangen. Das sind die Momente, in denen ich mein Handy oder Laptop am liebsten an die Wand pfeffern würde. Nur noch Ruhe, das wäre was.

Deutlich wahrnehmbar werden solche Drucksituationen, indem wir aufmerksam hinhören, wenn wir mit uns selbst sprechen. Formulierungen wie »ich muss …« oder »ich sollte …« zeigen, dass wir uns unter Druck setzen:

- Ich muss noch einkaufen gehen.
- Ich muss den Beitrag für unsere Abteilungsseite schreiben.
- Muss die PowerPoint-Präsentation erstellen, mit meiner Mutter telefonieren und mit Franziska für das Diktat üben.
- Ich sollte endlich abnehmen, öfter laufen gehen, die Fenster im Wohnzimmer putzen, die Hecke schneiden und dem Kollegen sagen, dass ich weniger zoomen will.

Natürlich können solche Selbstgespräche hilfreich sein und uns zum Handeln bewegen, es stellt sich nur die Frage nach dem Ausmaß dieses Drucks: Fühlen wir uns permanent getrieben, unfrei, außerhalb unseres Selbst? Fühlen sich die meisten Dinge, die wir tun, an, als ob wir diese tun müssen? Fühlen wir uns gezwungen, viele Dinge zu tun, die wir uns nicht selbst aussuchen würden? Beruflich wie auch im Freizeitstress?

Noch deutlicher sind die mentalen und körperlichen Warnsignale: Sind wir oft angespannt und gereizt? Fühlen uns hilflos, unkreativ, unkonzentriert, unentspannt und lustlos, aggressiv, traurig oder deprimiert? Trinken wir mehr Alkohol, rauchen und fühlen den Druck schon im Körper? Im Magen, Herzen, durch Zittern, Schweißausbrüche, Rückenschmerzen oder Muskelverspannungen oder anderswie und -wo? Dann wird es wohl höchste Zeit, gegenzusteuern und sich von einem Großteil dieses Drucks zu befreien. Essen, trinken, atmen, schlafen, uns bewegen – ansonsten müssen wir gar nichts. Nichts. Na ja, vielleicht ab und an etwas Liebevolles. Ansonsten sind wir ungeheuer frei.

Selbstgespräche

Selbstgespräche können sehr kontrollierend sein, man droht sich selbst zum Beispiel mit Sanktionen, beschimpft sich, schnauzt sich an u. a. Aber nicht alle Selbstgespräche müssen kontrollierend sein: Das britisch-US-amerikanische Sportwissenschaftlerteam Emily J. Oliver, David Markland und James Hardy (2010) unterschieden zwischen informativem Selbstgespräch, das typischerweise mit autonomer Motivation einhergeht, und kontrollierendem Selbstgespräch, das mit Formen kontrollierter Motivation einhergeht.

Informierende Selbstgespräch werden mit positiven Affekten assoziiert, kontrollierende Selbstgespräche mit Angst und negativem Affekt assoziiert.

Dabei kommt es aber auf die eigene Einschätzung an. Wie erlebe ich einen bestimmten Satz, wenn ich ihn zu mir selbst sage? Kontrollierend oder informierend – also kompetenz- und autonomiefördernd? Vielleicht schätzt du mal folgende Sätze für dich selbst ein:

Los geht's.
Gib dein Bestes.
Sei stark!
Jetzt komm mal runter.
Rege dich nicht auf.
Kein Stress.
Ich schaffe das!
Leicht, leicht, federleicht.
Hau jetzt rein!
Wer, wenn nicht du?
Jetzt reg dich ab.
Ich bin sehr gut vorbereitet.
Ich fühle mich stark.
Ich kann es schaffen.
Konzentriere dich auf dein Ziel.
Konzentriere dich auf das, was du jetzt tun musst.
Ich erreiche meine Ziele.
Bis Freitag schaffe ich das.
Bis Freitag muss das fertig sein!
Ich will hier raus.
Ich muss mich jetzt zusammenreißen!
Jetzt reiß dich zusammen!
Ich bin ganz ruhig und fokussiert.

Sprechen wir informierend mit uns selbst, hat dies positive Auswirkungen auf das Wohlbefinden. Empfinden wir hingegen, dass wir kontrollierend mit uns selbst sprechen, hat dies negative Auswirkungen auf das Wohlbefinden. Je nachdem können so auch negative Auswirkungen einer belastenden Erfahrung abgeschwächt oder verschlimmert werden.[4]

Äußerer Druck

Ein junger Mann, Schorsch, erlebte bei der Bundeswehr Druck durch eine starke Beschneidung seiner Autonomie »so ziemlich in jeder Minute, als ich dort meinen freiwilligen Wehrdienst absolvierte«. Als selbstbestimmt und autonom handelnd erlebte er sich in dem Moment, als er entschied, »die Bundeswehr zu verlassen, den Wehrdienst zu quittieren und eine zivile Laufbahn als Gymnasiallehrer einzuschlagen«.

Rayen, eine junge Frau, schildert: »Als ich als Kellnerin in einem kleinen Restaurant gearbeitet habe, hatte ich immer Einzelschichten, das heißt, ich war die einzige Kellnerin und quasi für das ganze Restaurant verantwortlich. Da ich auch davor schon bedient hatte, war das kein Problem für mich. Als allerdings eine Küchenhilfe meinte, sie müsste mir vorschreiben, wie ich meine Aufgaben erledigen soll und in welcher Reihenfolge, habe ich mich doch sehr stark angegriffen gefühlt.«

Zurzeit fühlen sich die meisten Dinge, die ich tue, nicht besonders selbstbestimmt an. Eher so, als ob ich sie tun müsste. Heute müsste ich noch einkaufen, die Vorlesung für morgen auf Video aufnehmen und schneiden, dieses Kapitel für das neue Buch schreiben, Noahs Medikamente beim Tierarzt holen, rund ein Dutzend Mails beantworten und um drei habe ich eine Zoom-Konferenz, für die ich vorher noch einiges lesen muss. Ich habe immer den direkten Kontakt mit den Studierenden für wertvoll gehalten und kaufe mir nun zwangsläufig eine Webcam für die Videovorlesungen. Eine Reihe von Verpflichtungen, keine Zeit zum Cellospielen – Frust für meine Selbstbestimmung. Wird schon wieder …

Intrinsische Motivation wächst, wenn ein Mensch einen willentlichen Impuls verspürt. Das geht nur im Gefühl der Autonomie.

»Wenn Menschen die Erlaubnis haben, zu wählen, welche Aktivität sie tun wollen und wie sie sie tun wollen. Wenn die verfügbaren Aufgaben interessant sind oder der Sinn dahinter für sie klar ist, sollte dies auch die intrinsische Motivation verbessern.«[5]

Studierende mit Wahlfreiheit bei der Hausaufgabe waren beispielsweise stärker intrinsisch motiviert für die Hausarbeiten, hatten eine höhere Kompetenzselbstwahrnehmung bezüglich der Hausarbeiten und schnitten besser in Tests ab, die die Hausarbeit einschlossen, als Studierende mit Hausarbeiten ohne Wahlmöglichkeit.[6]

Überraschenderweise können auch Belohnungen ungeheure Druckquellen sein und unsere intrinsische Motivation lähmen. Belohnungen sind Anerkennungen, Vergütungen, Abfindungen oder Auszeichnungen – in der Psychologie auch als Verstärkungen beschrieben –, und das genau ist das Problem. Denn in der Psychologie gilt eine Belohnung als Verstärkung für ein Verhalten: Der Hund hat »Platz« gemacht und kriegt ein Leckerli, Karl-Gustav hat eine Eins geschrieben und kriegt fünf Euro. So sollen den Hund und den Menschen Belohnungen dazu verleiten, ein Verhalten öfter zu zeigen.

Nun ist es aber so, dass diese Belohnungen nicht gerade dazu beitragen, dass wir uns als autonom handelnd empfinden.

Die Cognitive Evaluation Theory (CET) ist eine Teiltheorie der Selbstbestimmungstheorie, die sich ausschließlich auf intrinsische Motivation bezieht und der Frage nachgeht, wie die Ereignisse im sozialen Umfeld die intrinsische Motivation beeinflussen.

Wir wissen, »dass Ereignisse, die das Autonomie- oder Kompetenzerleben einer Person negativ beeinflussen, die intrinsische Motivation vermindern, während Ereignisse, die die Wahrnehmung von Autonomie und Kompetenz unterstützen, die intrinsische Motivation erhöhen. Die Theorie besagt ferner, dass sowohl Kompetenz- als auch Autonomieerfahrungen notwendig sind, um intrinsische Motivation aufrechtzuerhalten.«[7]

Materielle und symbolische Belohnungen

Materielle Belohnungen sind Belohnungen durch Geld oder Sachpreise. Symbolische Belohnungen sind Belohnungen in Form von Trophäen oder sonstigen Awards (Urkunden, Token u.a.).

Erste Experimente dazu führte Deci mit seiner Arbeitsgruppe in den Sechzigerjahren anhand von Puzzles durch. Wie würden sich Menschen verhalten, wenn sie eigentlich Freude am Puzzeln haben (intrinsisch motiviert sind), dann aber für jedes geschaffte Puzzle Geld bekommen? Entscheidend war hier die Annahme, dass Menschen, wenn sie alleine sind und Zeit haben (freie-Wahl-Paradigma), das tun, was ihnen Freude macht – für das sie intrinsisch motiviert sind. Also maßen die Forscher insbesondere die Zeit nach dem eigentlichen Puzzeln, wenn die Teilnehmer bereits fertig waren, die Belohnung erhalten hatten und in dem Raum noch auf irgendetwas warten mussten.

Im Raum waren noch weitere Puzzles vorhanden, außerdem Zeitschriften, Stifte, andere Spiele usw. Diejenigen Teilnehmer bzw. Teilnehmerinnen, die Belohnungen für ihre Puzzles erhalten hatten, zeigten weniger Interesse daran, weitere Puzzles zu machen, als die Teilnehmerinnen und Teilnehmer, die keine Belohnungen erhalten hatten. Wenn die Teilnehmerinnen und Teilnehmer also extrinsische Belohnung erhalten hatten, zeigten sie in der Folgezeit eine Abnahme ihrer intrinsischen Motivation.

»Es sah so aus, als ob Belohnungen die intrinsische Motivation untergraben, wenn sie vor der Aufgabe angekündigt sind, betont werden und im direkten Kontext mit der Aktivität stehen. Diese Bedingungen sind mit kontrollierender Belohnung assoziiert.«[8] In der Wissenschaft wird das »Korrumpierungseffekt« genannt.

Prominent wurde in diesem Zusammenhang auch eine Studie von Lepper, Greene und Nisbett (1973).[9] Sie untersuchten ebenfalls die Entwicklung der intrinsischen Motivation unter Belohnungsbedingungen und teilten dazu eine Gruppe von Vorschulkindern, die gerne malten und zeichneten, per Zufallsgenerator in drei Gruppen auf:

- Vor dem Malen sagten sie den Kindern der ersten Gruppe, dass sie nach dem Malen eine Belohnung erhalten würden.
- Der zweiten Gruppe wurde diesbezüglich nichts gesagt, aber die Kinder erhielten nach dem Malen ebenfalls eine Belohnung.
- Den Kindern der dritten Gruppe wurde keine Belohnung in Aussicht gestellt und auch keine gegeben.

Die Ergebnisse waren recht eindeutig: Die Kinder der ersten Gruppe verbrachten zwei Wochen später weniger Zeit mit Zeichnen und Malen als die Kinder der anderen Gruppen. Sie beschäftigten sich mit Zeichnen und Malen sogar weniger als vor der Untersuchung.

Wenn Menschen etwas aus Freude an der Sache, um der Sache selbst willen gerne tun (intrinsisch) und Belohnungen dafür erhalten, wandelt sich die Aktivität zu etwas, was sie wegen der Belohnung tun. Sie entwickeln also »dadurch, dass sie die Belohnungen eher als Kontrolle ihres Verhaltens sehen und nicht die Tätigkeit um ihrer selbst willen oder ihrer inhärenten Befriedigung willen ausüben«,[10] eine instrumentalisierende Perspektive auf die Tätigkeit. Das sekundäre Motiv verdrängt demnach das primäre. Also auf gut Deutsch: Falls Karl-Gustav gerne Klavier spielt, belohne ihn nicht fürs Üben, denn dann verliert er die Lust am Tun selbst.

Auf einer Konferenz erzählte mir ein Kollege in der Pause mal eine lustige Geschichte, die darauf Bezug nimmt und ungefähr so war: Ein alter Mann wohnt in einem Haus an der Straße, an der auch die Schule liegt. Jeden Mittag kommt eine Gruppe von Jugendlichen vorbei, die gemeine Sprüche über den alten Mann in dessen Garten ruft. Der Mann ärgert sich furchtbar und schimpft laut, aber das bestärkt die Jugendlichen nur noch. Dann kommt er eines

Tages auf eine Idee: Er geht an den Gartenzaun, die Jugendlichen kommen und brüllen schon, da sagt er ganz ruhig zu ihnen:

»Irgendwie habe ich mich inzwischen an euch gewöhnt und euer Rufen wirkt gegen meine Einsamkeit. Deshalb gebe ich ab heute jedem von euch jeden Tag, wenn ihr kommt und ruft, einen Euro.«

Die jungen Leute finden das zwar sehr seltsam, lassen sich aber darauf ein: Sie schreien noch lauter und bekommen jeden Tag den Euro. Das geht einige Zeit so, bis der Mann eines Tages zu ihnen sagt, dass er ab morgen nur noch 50 Cent bezahlen könne. Die Jugendlichen finden das ungerecht und schimpfen. Das Gebrüll wird deutlich leiser. Kurze Zeit später stellt der Mann seine Zahlungen ganz ein. Da fragen die Jugendlichen: »Was, kein Geld mehr? Warum sollten wir das dann überhaupt noch machen? Du kannst uns mal!« Ab dem Tag war Ruhe.

Um Missverständnissen vorzubeugen: Die Selbstbestimmungstheorie ist nicht generell gegen extrinsische Belohnungen, denn wenn wir für eine Sache nicht intrinsisch motiviert sind (staubsaugen, bügeln, putzen), kann es durchaus motivierend sein, sich extrinsisch zu belohnen oder belohnen zu lassen: Wenn ich die Steuererklärung fertig habe, gehen wir schön essen. Und im Prinzip gilt das auch kurzfristig für intrinsisch motiviertes Verhalten. Zum Beispiel übe ich so gerne Cello. Oft setze ich mich abends hin und spiele einige Zeit vor mich hin. Aus Spaß an der Sache. Wenn mir nun jemand sagen würde, ich bekäme für jedes Üben einen hohen Geldbetrag, dann würde ich wahrscheinlich eine Zeit lang mehr üben. Belohnungen können also eindeutig unmittelbares Verhalten beeinflussen.

Das Problem mit Belohnung ist also »speziell ihre Auswirkung auf die Aufrechterhaltung von intrinsisch motiviertem Verhalten über die Zeit und die damit verbundenen Erfahrungen von Freude und Interesse, nachdem die Belohnung beendet wurde«.[11] Meine Cello-Spielfreude wird also geringer und mein Interesse am Cello sinkt, sobald keine Belohnung mehr erfolgt. Und zwar fallen Spielfreude und Interesse unter ein Niveau vor dem Beginn der Belohnung. Alarmierend für jede Erziehung, jeden Bildungsprozess. Alarmierend für jeden, der etwas aus Freude tut.

Sogar gleichbleibende Belohnungen können langfristig die extrinsische Motivation nicht aufrecht halten. Die Höhe der Belohnung muss ständig zunehmen, wenn sie noch wirken soll. Bevor du also anfängst, deiner Tochter oder deinem Sohn ab der ersten Klasse für jede gute Note einen Euro zu geben, bedenke in Ruhe, was daraus bis zum Abitur werden wird …

Wenn wir demnach Freude an etwas haben, es seiner selbst willen gerne tun, also intrinsisch motiviert sind, wirken extrinsische Belohnungen tendenziell eher motivationsreduzierend, ganz besonders dann, wenn sie angekündigt und erwartet werden. Belohnungen können somit »in der Tat effektiv dazu dienen, das unmittelbare Verhalten der Kinder zu kontrollieren, aber sie können negative Folgen in Bezug auf das Interesse, die Vitalität und das fortlaufende Engagement der Kinder haben«.[12] Das Gleiche gilt auch für Belohnungen unter Erwachsenen, etwa im Berufsleben.

Und es gilt eben sowohl für materielle als auch für symbolische Belohnungen: Beide Arten haben tendenziell negative Effekte auf die intrinsische Motivation. Meta-Analysen bestätigen diese aushöhlende Funktion. Wir können also festhalten: Belohnungen der materiellen oder symbolischen Art bergen ein generelles Risiko.

Verbale Belohnungen, Beurteilungen und Bestrafungen

Anders ist das bei verbalen Belohnungen: Ein solches positives Feedback verbessert die intrinsische Motivation signifikant. Wir erhalten dabei Informationen über unsere Kompetenz, und das scheint als wichtiger wahrgenommen zu werden als der kontrollierende Aspekt. Wenn das Lob die Information betont (»Du hast heute so viel geschafft«), erhöht es die intrinsische Motivation, wenn es hingegen den beurteilenden oder kontrollierenden Charakter betont (»Du hast heute so viel geschafft, und bis zum Ende der Woche hast du alles weggearbeitet«), erhöht es die Motivation nicht oder reduziert sie sogar.

Man könnte nun vermuten, dass negatives Feedback die intrinsische Motivation generell untergräbt, aber dem ist nicht so. Wird es aus einer unterstützenden und fördernden Haltung heraus gegeben, beeinflusst es die Motivation meist nicht negativ.

Drohungen und Bestrafungen werden in den Experimenten beispielsweise dadurch getestet, dass die Testleiterin bzw. der Testleiter laute, knallende Geräusche androht und tatsächlich verursacht, wenn eine Aufgabe (z. B. ein Puzzle) nicht in der vorgeschriebenen Zeit fertig wird. Es ist nicht verwunderlich, dass sich diese Drohungen und Bestrafungen negativ auf die intrinsische Motivation auswirken, was wohl an der klar kontrollierenden Funktion von Drohungen und Strafen liegt.

Das Gleiche gilt für Überwachung. Ich habe während meiner Studienzeit öfter in den Semesterferien in einem Krankenhaus gearbeitet. Einmal saß ich wochenlang in der Großküche an der Kartoffelschälmaschine. Oben die gewaschenen Kartoffeln rein, je nach Kartoffelart und -größe die Schäldicke einstellen, den Motor anwerfen und am unteren Teil des Geräts die geschälten Kartoffeln entnehmen. Weil die Maschine nur standardisierte Prozesse kann und mit der wilden Natur der Kartoffel nicht fertig wird, muss man jede einzelne Kartoffel in die Hand nehmen und an verwinkelten Stellen nachschälen oder Augen ausstechen.

Das hat mir eigentlich Spaß gemacht, ich bin dabei richtig in den Flow gekommen und habe Dutzende, Hunderte, Tausende von Kartoffeln zeitvergessen vor mich hin geschält. Nur war da eben dieser Anleiter, der alle paar Stunden erschien und kontrollierte, ob ich wirklich alle Kartoffelaugen erwischt hatte oder vielleicht zu viel oder zu wenig wegschneide. Ein Kartoffelschälmaschinenoberaufseher ganz in seinem Element. Ich erinnere mich gut, dass ich nach einigen Tagen voller Widerwillen zur Arbeit gegangen bin.

Ähnlich muss es Kindern und Jugendlichen gehen, wenn ihnen die Lehrperson ständig über die Schulter auf das Heft schaut, oder Arbeitnehmern, denen der Chef ständig im Rücken steht und auf das Desktop starrt, um zu sehen, wie weit sie mit der Präsentation sind. Das Gefühl, überwacht zu werden, schwächt die intrinsische Motivation.

Deadlines, Ziele und Wettbewerb

Deadlines beschreiben einen zukünftig erfolgreich bewältigten Endzustand. Somit können sie als Ziele verstanden werden. Eigene Deadlines sind relativ unproblematisch und tendenziell eher motivierend als demotivierend.

Bei external gesetzten Deadlines und Zielen – also zum Beispiel durch die Führungskraft, die Lehrperson oder die Eltern vorgegebene – kommt es auf zwei Dinge an: erstens auf eine möglichst starke Passung zwischen den Vorgaben und der eigenen intrinsischen Motivation des Mitarbeiters, Schülers oder Kindes und zweitens auf das Verstehen des Sinns der Deadline oder des Ziels. Es geht um die reflektierte Billigung des fremdgesteckten Ziels – wie zum Beispiel bei der Einsicht, dass ein Lockdown während einer Corona-Welle wirklich sinnvoll ist und man lieber eine Maske trägt, als am Beatmungsschlauch auf der Intensivstation zu liegen.

Manchmal werden auch Deadlines durch Verknappungen gesetzt: nur noch zwei Bücher im Lager, nur noch drei Tage Frühbucherrabatt, nur noch heute. Oder: Nur noch einen kurzen Augenblick lang hast du die Wahl. So wie wir es kürzlich in Zürich beobachten konnten. Wir sitzen im Straßenlokal, essen spätabends

Pizza und Salat in der Fußgängerzone der Altstadt und beobachten – rein aus Feldforschungsinteresse – das Bordell gegenüber: Eine aufgedonnerte Blondine in knapper Bekleidung sitzt mit einem schmächtigen jungen Mann mit zusammengekauerter Körperhaltung – offenbar gehemmt – an einem Straßentisch. Er trinkt Bier, sie Schampus – ein Glas nach dem anderen. Sie redet und flirtet, er schweigt und kauert. Nach einiger Zeit setzt sich ein Mann – wir vermuten der Chef des Etablissements – dazu, um die Stimmung anzuheizen. Schließlich fängt eine andere Angestellte an, die Markise einzurollen (Verknappung! Jetzt oder nie!). Die Blondine steht schließlich auf und tanzt den Schüchternen an. Er steht auf und folgt ihren tänzerischen Schritten ins Etablissement hinter die blickdichten roten Gardinen im ersten Stock. Der Chef zündet sich eine Zigarre an.

Doch zurück zu seriöseren Zielen: Wenn Ziele (inklusive Deadlines) mit einem klaren Sinn in einer nicht kontrollierenden Art gesetzt werden, können sie energetisieren und positiv motivieren. Aber in kontrollierender Art, oft unterstützt durch Drohungen oder Gewinner-Belohnungen, können sie sehr stark die intrinsische Motivation und das damit einhergehende Engagement untergraben.[13]

Wettbewerb hat nur negative Effekte auf die intrinsische Motivation, wenn Druck zu gewinnen entsteht oder ein kontrollierender Kontext existiert. Wettbewerb kann Spaß machen, wenn Letzteres nicht der Fall ist. Spaß macht er, weil es meist eine optimale Anforderung mit wertvollem Feedback verbindet und Wirksamkeit gegenüber Leistungen anderer zeigt. Besonders wenn es keine hochklassigen Belohnungen gibt und kein selbst gemachter Druck entsteht, ist Wettbewerb nicht schädlich.[14]

Alles in allem kommen Deci und Ryan zu dem Schluss, dass im Durchschnitt »kontrollierende Belohnungen, Drohungen von Strafen, Bewertungen/Evaluationen, Überwachung, Deadlines und fremdauferlegte Ziele dazu tendieren, intrinsische Motivation zu untergraben. Alle diese allgemein genutzten Motivationstechniken repräsentieren betonte und kraftvolle externe Stimuli, die, wenn sie in eine Situation eingebracht werden, in der die Person mit einer interessanten Sache beschäftigt ist, eine funktionale Wirkung haben und einen Wandel hin zum externen locus of causality haben, die die Person kontrolliert fühlen lässt.«[15]

Intrinsische Motivation wächst, wenn eine Person einen Impuls von volitionalem Engagement verspürt. Das geht nur im Gefühl der Autonomie. *Es geht also um die Wahlfreiheit, was man tut, um die Wahlfreiheit, wie man es tut, um das Empfinden, dass die Aufgabe interessant und sinnvoll ist. Trifft all das zu, wird die intrinsische Motivation gestärkt*, man findet Sinn in der Tätigkeit selbst.[16] Wie die Studierenden, die ihr Hausarbeitsthema wählen durften und später besser in den Tests abschnitten als die Studierenden ohne Wahlmöglichkeit.[17]

Romanze mit dem Kochroboter

Entmündigung! Ich habe eine Beziehungskrise mit meiner Smart-App für das Auto: Diese teilt mir in Australien am Strand mit, dass das linke Vorderfenster meines Autos, untergestellt im Flughafenparkhaus Frankfurt, offen steht. Ah ja. Schließen kann das Ding das Fenster nicht – das Auto ist ja zu weit weg … Und meine smarte Zahnbürste erst! Sie war der Meinung, dass ich einen neuen Bürstenkopf brauche, und bestellt das Ding frank und frei bei Amazon … Daraufhin habe ich wochenlang wieder klassisch mit einer Handzahnbürste geputzt – da motzt mich die App an, dass ich meine Zähne nicht mehr putze … Ich hasse manche der smarten Teile – sie nehmen mir die Ruhe und Freiheit: iPads in jedem Raum an der Wand, um die Beleuchtung zu steuern und die Musik. Und ich will auch keinen Kühlschrank, der Quark nachbestellt, und mit einem Kochroboter, der mir vorschreibt, was ich einkaufen muss, hätte ich vom ersten Tag an eine Romanze der ganz besonderen Art.

Wodurch Freiheit verhindert wird

Wenn Führungskräfte ihren Mitarbeiterinnen und Mitarbeitern nicht den Autonomie-Support geben können, der gut wäre, so Deci, liegt das häufig an drei Faktoren.[18] Vielleicht können wir prüfen, ob diese auch auf unsere Selbstführung zutreffen. Es geht also um Faktoren, die Freiräume einschränken, den Druck aufrechterhalten oder erhöhen:

Autoritärer Charakter

Zunächst ist da eine kontrollierende Persönlichkeitsstruktur. Insbesondere autoritäre Persönlichkeiten neigen dazu, sich selbst und andere kontrollieren zu wollen – jemanden »im Griff« zu haben! Auch wenn wir vielleicht selbst nicht besonders autoritär oder kontrollierend ausgerichtet sind, ist doch die Gefahr hoch, sich im Umkreis solcher Persönlichkeitstypen aufzuhalten und dadurch in Hilflosigkeit zu enden, denn statt an der Freiheit des Selbst und des anderen, orientieren sie sich an Macht und Gehorsam.

In meinem Buch *Das gute Glück*[19] habe ich den autoritären Charakter eingehend beschrieben: Autoritäre Typen beschränken die Freiheit der anderen, sie sind bereit zu herrschen und fordern Gehorsam ein. Sie bewundern Autorität, unterwerfen sich ihr bereitwillig und wollen doch gleichzeitig auch selbst Autorität sein. Sie zeichnen sich durch hohe Zerstörungslust, Selbsterhöhung und Anpassung an ihre Gruppe aus. Der Persönlichkeitspsychologe Jochen Fahrenberg schildert den autoritären Charakter und sein Verhältnis zur Freiheit:

- Er orientiert sich an Macht und Stärke.
- Denkt in Konventionen mit Hang zu abergläubischen und stereotypen Zügen (ist also fixiert auf Regeln, wiederholt sich und ist starr).

- Weist sensible und künstlerische Seiten zurück.
- Lehnt alles Fremde ab, alle fremden Menschen und Sitten.
- Folgt Ideologien, ist an diese angepasst.
- Ist bei extremer Ausprägung »›potenziell faschistisch‹ und destruktiv«.[20]

Die psychologische Erklärung für die Unterordnung unter Autoritäten sah Erich Fromm »in der Unfähigkeit von Menschen, mit ihrer prinzipiellen Freiheit umzugehen – sie fliehen vor dieser selbstverantwortlichen Freiheit in eine konforme Sicherheit und orientieren sich an der Autorität«.[21]

Unfähigkeit, Initiative zu unterstützen

Zweitens könnte der Mangel an Autonomie-Unterstützung daran liegen, dass die Führungskraft zu wenig Fähigkeiten hat, um sensibel, ansprechbar, reaktionsschnell mit Mitarbeitern umzugehen, und nicht weiß, wie man Initiative und Verantwortung unterstützt und Wahlmöglichkeit und Unterstützung gibt.

Vielleicht fehlen auch uns selbst hin und wieder die notwendigen Fähigkeiten, um uns sensibel und reaktionsschnell selbst zu unterstützen und mit Initiativen und Verantwortung angemessen umzugehen. Uns also im richtigen Moment für das richtige Maß an Selbstbestimmung zu entscheiden.

Schwierige Situationen

Schließlich gibt es auch Situationen, die es schwer machen können, Autonomie zu fördern. Viele Lehrpersonen berichten beispielsweise vom Enthusiasmus zu Beginn ihrer Tätigkeit. »Aber mit der Zeit erhöhte sich der Druck und die Anforderungen und die Lehrer sagten, dass sie viel von ihrem Enthusiasmus verloren hätten«,[22] und den von ihnen empfundenen Druck gaben sie an die Schüler und Schülerinnen weiter. »Es wurde uns deutlich, dass diese Art von Druck die Lehrpersonen kontrollierender machte – sie fühlen Druck und so geben sie diesen Druck an die Schüler und Schülerinnen weiter.«[23]

Ein Experiment bestätigte das: Lehrpersonen wurde die Anweisung gegeben, mit ihren Schülerinnen und Schülern Problemlösestrategien einzuüben. Einer Gruppe gab der Testleiter zusätzlich den Hinweis: »Denken Sie daran, es ist Ihre Verantwortung als Lehrperson, dafür zu sorgen, dass Ihre Schüler und Schülerinnen hohe Leistungsstandards erfüllen.« Die Resultate waren verblüffend: Diese Lehrpersonen verwendeten doppelt so viel Zeit darauf, in der Unterrichtsstunde selbst zu reden. »Sie gaben auch dreimal so viele Anweisungen und machten dreimal so viele kontrollierende Aussagen (z. B. mit Wörtern wie ›sollte‹ und ›muss‹).«[24]

Eltern, Politiker, Schulverwaltung – alle wollen hohe Lerneffekte und setzen die Lehrer zunehmend unter Druck. Je stärker sie den Druck auf die Lehrer erhöhen, desto stärker geben diese den Druck weiter. »Das Paradoxe ist, dass die Lehrer umso kontrollierender werden, je mehr sie das tun, was, wie wir schon oft gesehen haben, die intrinsische Motivation, die Kreativität und das konzeptionelle Verständnis bei den Schülern untergräbt. Je härter die Lehrer zu Ergebnissen gedrängt werden, desto unwahrscheinlicher ist es, dass die wichtigen Ergebnisse erzielt werden. Das Gleiche gilt für Manager und andere in Führungspositionen. Je mehr sie sich unter Druck gesetzt fühlen, Ergebnisse von ihren Angestellten (oder Kindern, Sportlern oder Studenten) zu erhalten, desto härter drängen sie. Leider sabotieren sie dabei in der Regel ihre eigenen Bemühungen.«[25] Je mehr Druck, desto stärker nimmt das Kontrollbedürfnis der Führungskräfte zu – das scheint reflexartig zu sein, wenn man Stress fühlt. Mit all seinen negativen Verzweigungen.

Nach dem warmen Sommer kommt der Herbst in diesem Jahr spät. Langsam werden nun aber doch die Blätter unserer Kastanie gelb und bei den Waldspaziergängen fegt es dann und wann schon ordentlich. Die zweite Pandemiewelle ist da und wir tragen bessere Masken, gehen noch seltener raus und wissen, dass der zweite Lockdown wohl kommen wird.

Für meine Vorlesungen und Seminare sitze ich fast täglich vor dem Rechner und nehme Videos auf. Wo früher ein Laptop stand, prangt heute ein Standmikrofon, eine Webcam, ein zweiter Monitor, zwei Ringlichter und eine Softlampe, um mein Gesicht bei den Videovorlesungen für meine Studierenden sichtbar zu machen.

Ich habe so viel gelernt in diesem Semester: Videos aufnehmen, schneiden, Ton und Bildqualität verbessern, andere Videosequenzen, Fotos oder Statistiken reinschneiden, Anmoderationen sprechen, die die Studierenden dazu ermutigen, das Video wirklich ganz anzusehen, zwischendurch zumindest einigermaßen gut drauf wirken, Zoom-Konferenzen einrichten und durchführen, Bildschirme freigeben und, und, und. Und doch: Der wahre Flow, den ich ansonsten in meinen Seminaren und Vorlesungen öfter gemeinsam mit meinen Studierenden erlebe, will sich nicht einstellen. Online-Kontakt ist seelenlos.

Die Videos und Online-Konferenzen ermöglichen keinen echten, keinen menschengerechten Austausch. Wahre, tiefe Begegnungen finden nicht statt. Und im Laufe des Jahres stellt sich bei den Kollegen, Kolleginnen und mir – und inzwischen wohl auch bei der Hochschulleitung – eine deutliche Digital-Ernüchterung ein. Es erweist sich, dass die digitale Lehre niemals den wichtigen menschlichen Kontakt, den zwischenmenschlichen Gedankenaustausch vor Ort ersetzen kann. Der Präsident informiert wöchentlich über den Stand der Uniöffnung (meist Bibliothek und Mensa), er berichtet über seine Befürchtungen und verbreitet Hoffnung, dass der Campus nicht auf ewig leer bleiben wird. Das hilft gegen die inzwischen schon über ein halbes Jahr währende Einsamkeit an den heimischen Rechnern.

Ende Oktober wird es härter: Noch kein zweiter Lockdown, aber die Kontakte werden stark beschränkt. Langsam fällt uns die Sache auf den Kopf. Andrea und ich gucken im Internet Reiseberichte aus aller Welt und fahren nun öfter mal einfach mit dem Auto durch die Gegend. Weil Cafés und Restaurants zu sind, nehmen wir Thermosflaschen mit Kaffee mit, parken mit Seeblick und trinken Kaffee im Auto, gehen dann mit den Hunden spazieren und später essen wir den Gyrosteller bei geöffnetem Kofferraumdeckel auf der Hutablage. Wir verreisen so gerne. Als wir am Abend nach Hause fahren, rangiert Andrea in einer Seitenstraße. Ich starre mit meiner Sehschwäche in mein Handy, gucke kurz auf:

»Vorsicht, LKW!«

Sie schenkt mir einen ungläubigen Seitenblick.

»Also wenn wir uns gegenseitig auf LKWs aufmerksam machen, sollten wir vielleicht doch mal ernsthaft darüber nachdenken, zum Optiker zu gehen.«

»Der hat zu zurzeit.«

Wir brüllen vor Lachen. Das ist unser Ventil in dieser Zeit.

Die Deutschen sind so pflichtbewusst. Immer der Pflicht nach, bis zur Selbstaufgabe. Ein ständiges Müssen. Und Reiseweltmeister. Warum? Vielleicht weil Reisen für uns Entpflichtung ist. Ein Durchatmen im Flieger. In Italien am Strand weiß niemand, wer ich bin und was ich eigentlich zu tun hätte. Und in Peru auf dem Markt erst recht nicht. Frei. Alles egal. Durchatmen. Entpflichtet. Selbstbestimmung statt Fremdbestimmung. Wir müssen uns entpflichten. In diesen wilden Zeiten wächst eine ungeheure Sehnsucht nach Freiheit, nach dem Nachlassen des Drucks, der sich schon viel leichter anfühlt, wenn wir unsere belastenden Gefühle einfach anerkennen. Einfach anerkennen, was ist. Tief und ruhig atmen. Mehrfach. Ganz ruhig werden.

Wie unsere Freiheit wächst: Autonomie-Support-Techniken

Die Verteidigung unserer individuellen Freiheit ist ein psychisches Grundrecht und elementar für unser Wohlbefinden und die Aufrechterhaltung unserer Motivation. Einige Tools helfen uns dabei – die sogenannten »Autonomie-Supporttechniken«. Sie reduzieren den inneren und äußeren Druck, wodurch wir bei ihrem Einsatz eher die Chance haben, dass unsere Entscheidungen widerspiegeln, was wir wirklich wollen, wer wir wirklich sind. Mit ihrer Hilfe eröffnen wir uns Wahlmöglichkeiten und fühlen uns frei in dem, was wir tun.

Für welche Techniken konnte also nach aktuellem Stand der Forschung nachgewiesen werden, dass dank ihrer der Druck nachlässt?

Experimentieren, sich ausprobieren, mutig sein

Wir haben die Freiheit, uns auszuprobieren, zu experimentieren, das Leben zu versuchen. Wir selbst können ein neues Zielverhalten initiieren, »das Spaß machen und Freude machen kann, als positive Herausforderung, Gelegenheit zum Lernen oder als persönlicher Ausdruck erlebt wird«.[1] Dieses neue Verhalten kann mit der Entwicklung von Fähigkeiten verbunden sein. Dadurch dass es selbst gewählt und mit Freude ausgeführt wird, entspringt es der intrinsischen Motivation und stärkt unsere Autonomie.

Oft ist es nicht so leicht, etwas Neues anzugehen. In dem Film *Der Trafikant* rät Sigmund Freud – grandios gespielt von Bruno Ganz – seinem jungen Freund, der über etwas sagt, er habe es nie versucht: »Im Versuch schaffen sich die Welten neu.« Der junge Mann begibt sich auf den Weg, probiert etwas Neues aus und erschafft sich die Welt neu.

Eine, die es auch wagt, lebt in Afghanistan. Sara ist Taxifahrerin. Sie ist die einzige Taxifahrerin in Afghanistan und sie will ihr Land verändern. Im Versuch schaffen wir die Welt neu – in der politisch-gesellschaftlichen Welt oder in unserer persönlichen Welt.

Hanne kenne ich seit Jahren und beobachte ihren Weg, der immer wieder durch innovative Impulse belebt wird. Leider kann ich sie heute nur online interviewen. Wir treffen uns per Zoom.

Hanne: Leben heißt experimentieren

Hanne ist 71 Jahre alt, lebt alleine und hat nach ihrer Berufstätigkeit als Lehrerin, später Schulleiterin, zu ihrer Berufung gefunden. Sie bietet Kurse und Coachings in autobiografischem Schreiben an und hat viele Anfragen.

Was aus mir werden will

»Ich habe das große Glück«, beginnt sie, »dass ich durch eine ganz schwere Lebenskrise ein neues Leben anfangen konnte und dann gemerkt habe, was alles in mir steckt.« Nach ihrer Krise machte sie eine Online-Ausbildung in kreativem Schreiben und zwei jeweils zweijährige Ausbildungen zur Geistlichen Begleiterin und Exerzitienbegleiterin.

»Das kreative Schreiben habe ich zuerst gelernt, ohne weitere Absicht. Ich liebe Sprache sehr, und dann habe ich das Schreiben für mich entdeckt und in der Depression Texte geschrieben. Ich wusste gar nicht, dass ich wirklich so schreiben kann, aber in der Nacht sind dann immer wieder in mir Texte entstanden, die ich aufgeschrieben habe. Und aus dieser Erfahrung wusste ich eben, dass man, wenn man nicht verkopft rangeht, an die Dinge herankommt, die im Inneren liegen und die man dann entfalten will. Es hat mir gezeigt, was aus mir werden will. Da war ich erstaunt.«

Sie beginnt damit, das kreative Schreiben mit der Exerzitienbegleitung zu verbinden, und entwickelt ein Modell für autobiografisches Schreiben. Sie bietet Schreibwochenenden an und später auch Einzelcoachings.

»Aus ersten guten Erfahrungen heraus habe ich dann das Schreiben mit integriert in die geistliche Begleitung. Und habe dann Menschen, ohne dass es mir wirklich am Anfang bewusst war, durch die Schreibimpulse wirklich begleitet auf ihrem Weg. Einige haben dann gemerkt: ›Mensch, da steckt ja wirklich etwas in mir, ich bin ja ganz erstaunt, was ich da zu Papier gebracht habe‹ – ja, wie eine Neugeburt war es für manche.

Ich habe dann nicht mehr nur Kurse für Gruppen angeboten, sondern auch einzelnen Menschen die Möglichkeit gegeben, wenn ein Thema anstand, begleitet zu schreiben. Einige konnten dadurch sehr viel klären. Und dann kam eine Anfrage von einem Mann, dessen Frau in einem meiner Kurse gewesen war. Er wollte ein Buch schreiben und dabei begleitet werden. So bin ich mit ihm fünf Tage in die Eifel in ein Exerzitienhaus gefahren. Und in der Zeit hat er gemerkt, dass sein Thema, über das er beruflich ein Buch schreiben will, sehr eng mit seiner Lebens- und Familiengeschichte zusammenhängt.

Das war eine Initialzündung, und nach diesen Tagen war mir klar, dass ich mich noch mehr auf das Einzelcoaching fokussieren wollte. Die Menschen haben dabei verschiedene Anliegen: Einige wollen sich entwickeln oder ihre Trauer bewältigen, andere wollen ein Buch schreiben, ja, und eine ältere Dame, die über 80 ist, schreibt ihre Autobiografie. Sie war lange bei mir, bis zu diesem ersten Lockdown kam sie regelmäßig alle zwei Wochen, und sie schreibt ihre wirklich heftige Lebensgeschichte auf, die sie für sich selbst noch mal fruchtbar machen konnte. Sodass sie nicht nur ihre Biografie schreibt, sondern auch einzelne Erfahrungen noch mal neu deuten kann für die Zukunft. Das ist mir ein wichtiges Anliegen, dass wir nicht hängen bleiben in dem Früheren und Erlittenen, was vielleicht war, sondern dass wir gucken, wie kann ich das deuten für die Zukunft und meine Zukunft daraus positiv gestalten. Dass wir uns damit aussöhnen wollen. Aussöhnen, entwickeln, ermutigen, unterstützen – ent-falten, ich schreibe das mit Bindestrich. Das hilft auch sehr, macht mir totalen Spaß, weil es wie Geburtshilfe ist. Eigentlich wie eine Hebamme (lacht).«

Ermutigen – Ermöglichen

Welche besonderen Fähigkeiten hast du dabei an dir selbst entdeckt?

»Dass ich sehr gut zuhören kann, dass ich mich gut einfühlen kann und für die Impulse, die mir präsentiert werden, empfänglich bin. Und so kann ich mich gar nicht mehr so intensiv vorbereiten. Also aus der Vielzahl der Materialien wähle ich spontan aus, ich fühle mich ein und spüre, was die Menschen gerade brauchen, ermutige sie zu einem Perspektivwechsel und ermögliche ihnen, etwas Neues auszuprobieren.

Ermutiger und Ermöglicher – das bekomme ich immer wieder rückgespiegelt, dass ich das für jemanden bin oder war und dass das so viel wert ist. Und dass ich eben Neues erfinden kann: Es passiert immer wieder, dass ich in diesen Sitzungen mit den Menschen plötzlich etwas ganz Neues habe, eine neue Methode, die ich nirgendwo herhabe, in dem Moment kommt sie mir dann spontan in den Sinn und ich setze sie ein.«

Finden, indem man anfängt

Auf die Frage hin, wie sie ihre neuen Talente gefunden hat, antwortet Hanne nach einer kurzen Pause: »Ja, ich hab's einfach gefunden, indem ich mich da herangegeben habe! Ich habe es nicht gelernt, das autobiografische Schreibcoaching, nicht wirklich gewusst, was ich da mache, sondern erst mal intuitiv experimentiert, einfach gemacht und es dann immer stärker mit Wissen gefüttert. Es ist einfach unglaublich erfüllend. Also ich spüre, dass es etwas ist, was mich antreibt. Ich brenne dafür einfach: Es macht total zufrieden, es macht mich gelassen, ich muss nichts mehr leisten, sondern ich spüre einfach, dass das etwas ist, was in mir steckt, dass ich das fruchtbar machen kann und es mich einfach glücklich macht – also anders kann ich es nicht sagen.

Das ist traumhaft schön, also das gibt für mich den Sinn – ich habe den Sinn gefunden! Als ich angefangen habe, als ich krank war, als ich meine Krise hatte, habe ich gedacht, ach, was soll ich denn nur anfangen? Ich habe doch nichts wirklich gelernt – außer dem, was ich beruflich gelernt hatte ... Wie soll das werden? Und jetzt merke ich, dass ich so sinnvoll wirken kann – einfach durch das, was mir von innen her kommt, ohne mich wirklich anstrengen zu müssen, und dass ich vielen Menschen damit ganz viel Freude machen kann. Und das macht mir natürlich auch ganz viel Freude. Die Rückmeldungen der Menschen zeigen mir, dass ich ihnen Hilfe zur Entfaltung, zur Entwicklung gebe.«

Zweifel

»Am Anfang war es so, dass ich selbst gezweifelt habe, ob das überhaupt wertvoll ist, was ich da mache. Ich habe immer gestaunt, wenn die Leute mir so Rückmeldungen gegeben haben, wie sehr ich ihnen helfe und wie wertvoll das ist. Aber die Zweifel haben sich schnell gelegt, weil ich da einfach so viel erlebt habe: Oh, du erlebst da Sachen …

Zum Beispiel habe ich vor Jahren eine Gruppe von Hospizhelferinnen begleitet im Schreiben und ein Schreibseminar für sie gehalten. Da habe ich Momente erlebt, in denen wirklich eine heilige Stille eingetreten ist, als die Leute ihre Ergebnisse geteilt haben. Ich habe gemerkt: Oh, da passiert so vieles – das machst nicht du, das wird einfach in den Teilnehmerinnen und Teilnehmern ausgelöst durch einen Impuls, durch ein Bild, ich arbeite ja auch viel mit Bildern und mit Worten. Ich bin eigentlich nur ein Kanal – du kannst das nicht machen, du kannst das nur säen, sage ich immer. Ich säe etwas, und ob das was wird, ist auch die Eigenverantwortung der Leute, wie sie sich darauf einlassen.«

Was meinst du mit heiliger Stille?

»Es ist die heilsame Stille. Staunen ist für mich so ein wichtiger Moment: Wenn alle ins Staunen kommen, alle still und im Staunen etwas in sich wirken lassen – durch das, was sie von den anderen hören. Oder was sie entdecken auf dem Papier, was plötzlich aus ihnen herausgeflossen ist – da kommen die Menschen ins Staunen. Was sie bisher gemacht haben, wird ver-rückt und sie kriegen noch mal einen ganz neuen Blick auf die Dinge, die sie bisher anders gesehen oder bewertet haben.«

In die Stille gehen

»Achtsam zu sein für das, was ausgelöst wird – und immer wieder: Stille. Für mich ist Stille ein ganz wichtiger Punkt. Ich nehme mir jeden Tag meine stillen Zeiten, damit ich selber bei mir bleiben kann, weil, wenn ich bei mir bin, kann ich bei dem anderen sein.«

Was machst du dann in diesen stillen Zeiten?

»Schweigen. Einfach schweigen. Mich auf den Atem konzentrieren, schweigen. Entweder hier zu Hause für mich selber oder auf dem Weg durch die Felder – und einfach wahrnehmen. Ich habe gelernt, immer mehr die Bewertung sein zu lassen. Also, was ich spüre, was ich höre, nicht zu bewerten, sondern es einfach wahrzunehmen und so sein zu lassen.«

Richtung Achtsamkeit?

»Ja, und Richtung Gelassenheit. Das ist das, was den Menschen guttut, was sie mir immer wieder rückmelden: Mein kraftvolles Dasein – hat vor Kurzem jemand geschrieben – und meine Gelassenheit – dass sie bei mir sein kann, wie sie ist. Das war ein Dankesbrief, der hat mir sehr gutgetan.«

Was hat dich dabei unterstützt, diese neue Sache aufzubauen?

»Stille, bei mir selbst zu sein, religiöse Bindung. Ja, und die Momente, in denen ich Genuss habe, in denen ich einfach genießen kann, genießen kann, was da entstanden ist. Oder wenn ich selbst kreativ sein kann. Ich gestalte regelmäßig Bildimpulse, und die Arbeit hat sich im Lauf der Zeit sehr verändert: Früher habe ich Texte von anderen in die Bilder gesetzt, heute setze ich meine eigenen Texte rein! Und wenn der neue Bildimpuls dann fertig ist, staune ich immer wieder, wie schön und stimmig das Ganze geworden ist. Sogar in der Druckerei bekomme ich immer wieder positive Rückmeldungen zu meinen Arbeiten. Die Leute dort waren der Meinung, ich hätte Gestaltung studiert.«

Design? Hast du dich so da reinvertieft?

»Ja, und mich daran zu freuen, was da entsteht, das freut mich und gibt mir selber noch mal einen Input für neue Ideen. Genauso wie das Lesen!«

Sich vom Kleinmachen verabschieden

»Sich zu verabschieden von dem Gedanken: Das geht doch gar nicht! Sich zu verabschieden von dem Gedanken, sich kleinmachen zu müssen. Ich ermutige auch andere immer wieder: Man kann gar nicht groß genug denken! Es gibt keine Grenzen. In mir ist so viel angelegt und das kann ich entfalten und ich darf das auch. Also dieses Verabschieden von all den alten Grenzen, die mich da festhalten wollen und die mich kontrollieren wollen, und einfach damit anfangen. Ohne zu überlegen, geht das jetzt? Einfach anfangen. Scheitern gibt es für mich auch gar nicht. Wenn etwas nicht gelingt, dann weiß ich, okay, so geht's nicht, wie kann ich es denn anders machen? Für mich sind es wunderbare Chancen, mich selber dann noch mal zu erproben. Indem ich eben nicht sage: Oh, das hat nicht geklappt, das lass ich jetzt besser sein. Nein: Probiere einen anderen Weg!

Und dann war da dieses ›Ver-rückte‹. Ich habe als Kind ja sehr viele Grenzen gesetzt bekommen: Ich durfte ja gar nicht raus und ich durfte nichts unternehmen. Ich habe als Schülerin gelernt, dass ich nicht schreiben kann, ich habe gelernt, dass ich eigentlich gar nichts kann, aber ich hab dann für mich, im stillen Kämmerchen, immer gemacht, was ich gedacht habe. Das musste ja niemand wissen. Und das hat sich so weitergezogen. Auch in meinem Beruf habe ich mich nicht von Vorschriften einengen lassen, sondern habe immer geguckt, welche Freiräume eröffnen sich mir? Wie kann ich trotz alldem Freiräume entwickeln?

Und das ist für mich auch so eine Botschaft an die Menschen: Einfach sein! So wie sie sind. Einfach sein! Ohne Leistungsanspruch. Die meisten haben ja gelernt, und so ich auch, ich muss was leisten, um geliebt zu werden, diesen Leistungsanspruch nach hinten werfen – Ablage P wie Papierkorb!«

Ich werfe ein: Ablage KV – kannste vergessen! Wir lachen sehr.

Die eigenen Bedürfnisse kennen

Was findest du wirklich wichtig?

»Spürig zu werden, spürig für die eigenen Bedürfnisse. Es gibt Menschen, die kennen überhaupt nicht ihre eigenen Bedürfnisse. Ich habe gerade in dieser Woche eine Frau zum Schreiben hier gehabt, die ist 60 und sie weiß nicht, was ihre Bedürfnisse sind. Ich freue mich, sie darin unterstützen zu können, der Frage nachzuspüren: Was sind denn meine ureigenen Bedürfnisse? Und wie kann ich selbst dafür sorgen, mir diese Bedürfnisse zu erfüllen? Ich benutze gern das Bild einer Marionette, um Menschen deutlich zu machen, warum es wichtig ist, die eigenen Bedürfnisse wahrzunehmen und zu achten. Als ›Marionette‹ ist man abhängig von anderen – gefällt anderen, was man tut, ›beklatschen‹ sie einen also, geht's einem gut, tun sie das nicht, sackt man quasi in sich zusammen. Man sollte die Fäden irgendwie abschneiden, indem man sich fragt, was will ich denn? Wie kann ich mein Leben selber in die Hand nehmen? *Es sind immer wieder diese Erlaubnisse. Was erlaube ich mir?*«

Auf die Frage hin, was sie meinen Leserinnen und Lesern sagen würde, antwortet sie:

»Bleibt neugierig – auch auf euch selbst! Egal wie alt jemand ist, es gibt immer noch neue Seiten an sich selbst zu entdecken und ungeahntes Potenzial, das auf Entfaltung wartet!«

Am Ende des Interviews sage ich Hanne, sie sei ein ganz toller, tiefer und reflektierter Mensch.

Sie antwortet: »Ich wusste lange nicht, dass ich es überhaupt wert bin, irgendwas zu machen. Je mehr ich aber auf diesem Weg unterwegs bin, wird klarer: Ich bin ja jetzt viel lebendiger als früher. Also diese richtig tiefe Lebendigkeit, die ich auch nicht mehr verstecke.«

Sich vom Druck befreien

Anerkennen, was ist – negative Gefühle

Manchmal ist der erste Schritt der Entlastung, einfach in sich hineinzublicken und schlicht anzuerkennen, wie die Situation ist und was man fühlt: Ja, ich bin zurzeit unter Druck. Ja, ich fühle mich belastet, weil alle an mir zerren und was von mir wollen. Ja, so ist es zurzeit.

Diese Anerkennung kann gegenüber sich selbst erfolgen oder gegenüber engen Vertrauten, manchmal auch gegenüber denjenigen, die außerhalb des engen Kreises an einem ziehen. Wie auch immer, *die Anerkennung der Situation und/oder der eigenen Gefühle führt oft zu einem wohltuenden Spannungsabbau.* Das Aufschreiben hilft auch oft. Ein tiefes Ausatmen.

Anschließend können wir dann der Sache auf den Grund gehen: Was ist es, was genau, was mir den Freiraum nimmt? Wer oder was macht, dass ich mich so verhalte oder fühle?

Es geht also darum, die Selbsterkenntnis bezüglich der druckvollen Momente zu vertiefen, sodass persönliche Entscheidungen getroffen werden können, die das Leben und/oder Arbeiten erleichtern. Und auch um die Identifizierung möglicher Quellen für externen oder inneren Druck und Erwartungen. Spezifische andere Menschen, eigene Erwartungen, Auswirkungen von extrinsischen Belohnungen, Bestrafungen, negativem Feedback und anderes könnten hier eine Rolle spielen. Und vielleicht schauen wir auch einmal, wie sich dieses auf unsere Ziele und Lebensperspektiven auswirkt. Wenn beispielsweise ständig irgendjemand etwas von mir will und ich verinnerlicht habe, dass ich andere unterstützen muss, dann komme ich nie zum Celloüben.

So kommen wir vielleicht zu dem Schluss, dass andere an uns Bitten richten oder Anweisungen geben, die im Konflikt mit unseren eigenen Gefühlen oder unserem Willen stehen. Auch macht es einen Unterschied, ob die Ursachen in uns selbst oder im Umfeld liegen: Perfekt sein oder wirken zu wollen, ist etwas ganz anderes, als einen autoritären Chef zu haben – und doch kann beides zu ähnlichen Gefühlen führen. Die schlichte Anerkennung dieser Konstellationen führt auch hier eventuell schon zum Abbau eines Teils der Spannung: So ist es eben. Mal sehen, wie ich damit umgehen kann.

Und wir können damit umgehen! Es gibt aus wissenschaftlicher Perspektive einige Möglichkeiten der Druckkontrolle.

Seine Sprache ändern im Umgang mit sich selbst

Wir führen eigentlich den ganzen Tag über Selbstgespräche. Wir hatten ja schon gesehen, dass diese mal bestätigend (Prima!), mal kommentierend (Na, das ist ja gut/schlecht gelaufen.), mal motivierend (Komm, du schaffst das!), oft aber auch zwingend sind (Ich muss noch einkaufen gehen! Ich muss den Beitrag noch schreiben, meine Freundin anrufen usw.).

Und hier setzt der weithin bekannte Hinweis an, wie man sich den Druck nehmen kann: *Vermeide möglichst alle Formulierungen mit »muss« oder »sollte«.* Dadurch verringert die Kommunikation schon mal den Druck und gibt das Gefühl von Wahlfreiheit bei den Entscheidungen für oder gegen eine Handlung.

Ängstliche Selbstgespräche bei Kindern, so die US-amerikanischen Psychologen Philip Kendall und Kimberli Treadwell (2007)[2] – zum Beispiel »Ich wünschte, ich könnte alles richtig machen« oder »Warum passieren mir diese Dinge?« –, sagen voraus, dass die Kinder in Angstzustände geraten und dass Kinder, denen es gelingt, ihre ängstlichen Selbstgespräche zu verändern, positive Effekte zeigen.

Auch für uns Erwachsene gilt: Informieren wir uns selbst über etwas (»Ich habe jetzt knapp die Hälfte fertig«), erleichtert das die Bedürfnisbefriedigung, indem wir »wirkungsrelevantes Feedback und die Erfahrung von Wahlmöglichkeiten« erhalten. Kontrollieren wir uns selbst hingegen (»Ich muss schneller arbeiten und heute noch fertig werden«), untergraben wir die Bedürfnisbefriedigung, »indem (wir) Druck erzeugen, auf eine bestimmte Weise zu handeln«. Spannend ist, dass externale Ereignisse, durch andere ausgelöst (Feedback, Belohnungen, Bestrafung u. a.), und internale Ereignisse, durch uns selbst ausgelöst (Selbstüberwachung, Selbstverstärkung, Selbstkontrolle), die gleiche motivierende oder demotivierende Funktion haben können.[3]

Es geht darum, so Silva und Marques, Kontrolle im Selbstgespräch zu vermeiden, »indem keine erzwungene, autoritäre oder schuldverursachende Sprache oder Methode verwendet wird«.[4] Für therapeutische Gespräche schlagen Teixeira et al. daher vor: »Verwenden Sie eine informative, nicht wertende Sprache, die Wahlfreiheit, Zusammenarbeit und Möglichkeiten bei der Kommunikation vermittelt (Vermeidung von Einschränkungen, Druck oder Schuldgefühlen). Verwenden Sie beispielsweise ›möglich sein‹ oder ›könnte‹ anstelle von ›sollte‹ und ›muss‹.«[5]

Für unsere Selbstgespräche wäre das wahrscheinlich auch ein

sinnvolles Vorgehen. Verwende eine nicht kontrollierende, eher informierende Sprache dir selbst gegenüber. Eine informierende Sprache sich selbst gegenüber wird als frei von Druck erlebt. Erlaube dir zu »wollen«, statt zu »müssen«: »Ich muss jetzt die Mails beantworten« wird so zu »Ich will jetzt die Mails beantworten«. Schon allein dieser sprachliche Trick entlastet.

Und im Grunde ist es ja gar kein Trick, sondern eine andere Art zu denken. Der Informatiker Ralf Senftleben weist beispielsweise in seinem philosophisch-psychologischen Blog darauf hin, dass wir in Wirklichkeit gar nichts müssen:

»Du hast vielleicht das Gefühl, du musst ganz viel. Aber du musst in Wirklichkeit gar nichts. Du musst nicht zur Arbeit. Du musst kein Geld verdienen. Du musst kein guter Vater oder keine gute Mutter sein. Du musst kein guter Nachbar sein. Du musst auch nicht nett, freundlich oder tolerant sein. (…) Hand aufs Herz: Musst du diese Dinge wirklich? Zwingt dich denn jemand mit vorgehaltener Waffe dazu, zum Beispiel Geld zu verdienen?«[6]

Im Grunde könnten wir dem zustimmen, denn das Einzige, was wir wirklich müssen, liegt in unseren körperlichen Bedürfnissen, in allem, was unser Überleben sichert und bei der Maslowschen Bedürfnispyramide auf der untersten Stufe der »physiologischen Bedürfnisse« liegt: diejenigen nach Nahrung, Wasser, Sauerstoff, Schlaf, Sexualität und körperlichem Wohlbefinden als Antwort auf die Defizite Hunger, Durst, Müdigkeit oder Unbefriedigtheit.

Darüber liegen andere Bedürfnisstufen, und das sind wohl diejenigen, die nicht mehr überlebenswichtig, aber für uns als erstrebenswert gelten – vielleicht haben wir daher das Gefühl, auch diesbezüglich etwas zu »müssen«.

Wir haben ja schon gesehen, dass in der zweiten Stufe das Bedürfnis nach Sicherheit liegt: Wir »müssen« noch die Versicherung abschließen, die Rollläden runterlassen, das Gartentor schließen, noch mal kontrollieren, ob das Auto abgeschlossen ist, die Steuererklärung heute machen, damit wir keine Angst vor dem Finanzamt haben brauchen, und wir müssen arbeiten gehen, damit wir keine Angst vor Verarmung haben müssen und uns das alles hier leisten können.

»Zugehörigkeit und Liebe« liegen auf der dritten Stufe: Wir müssen noch Pizza kaufen, weil die Kinder ansonsten sauer sind, pünktlich zu Hause sein, weil der Partner ansonsten enttäuscht ist, ein Geburtstagsgeschenk für die Freundin besorgen, weil sie uns auch so ein schönes Geschenk gemacht hat und das nun erwartet oder sich ansonsten ernüchtert zurückzieht.

Die vierte Stufe heißt »Achtung/Wertschätzung für die eigene Person«: Ich muss noch die Präsentation fertigstellen, damit mein Chef mich lobt. Ich muss noch die Hecke schneiden, damit meine Nachbarn mich als gute Nachbarin schätzen. Ich muss noch meiner Nichte bei der Hausarbeit helfen, damit sie zufrieden ist und mich wertschätzt.

»Selbstverwirklichung« schließlich meint das Bedürfnis, das eigene Potenzial auszuschöpfen. Wir müssen gar nichts und gehen joggen, machen Musik, reden oder arbeiten, um uns gut zu fühlen.

Wir arbeiten, so Maslow, also auf den ersten vier Stufen permanent gegen unsere Ängste an: gegen die Angst, hungrig, durstig, unbefriedigt zu sein, gegen die Angst, schutzlos zu sein, gegen die Angst, einsam, geächtet, zurückgewiesen, isoliert oder entwurzelt zu sein, und schließlich gegen die Angst, minderwertig, schwach und hilflos zu sein. Was, wenn wir einfach mal ganz deutlich sehen könnten, dass nur die Ängste der ersten Stufe unsere Existenz ernsthaft bedrohen? Im Grunde müssen wir nichts außer essen, trinken, atmen.

Wenn wir andere Handlungen tun, dann freiwillig, weil wir es wollen: Wir wollen uns sicher fühlen, wir wollen uns zugehörig, geliebt, geachtet und selbstentfaltet fühlen. Wir schneiden die Hecke, weil wir es wollen. Wir kaufen die Pizza für die Kinder, weil wir es so wollen. Wir helfen der Nichte, weil wir es wollen. Wir gehen zur Arbeit, weil wir in einer warmen Wohnung leben wollen und Freunde zum Essen einladen möchten. Wir müssen nichts von alledem.

Und wenn wir nicht zur Arbeit gehen wollen, müssen wir selbst das nicht, denn die sozialen Sicherungssysteme westlicher Sozialstaaten fangen Menschen auf und lassen (zumindest theoretisch) niemanden verhungern. Wir müssen also nichts von alledem. Der Gedanke, dass wir etwas tun, weil wir uns dafür entschieden haben, nimmt den Zwang und gibt uns die Entscheidungsfreiheit zurück.

- Ich will arbeiten gehen, weil ich mit meiner Familie ein gutes Leben führen will, in einer hellen Wohnung, mit einem Garten und Urlaub im Sommer am Meer.
- Ich will die Nachbarin besuchen, weil ich weiß, dass sie sehr allein ist, und ich davon überzeugt bin, dass Menschen sich gegenseitig Wärme geben sollten.
- Ich will das Auto aussaugen, weil Mutter morgen mit ihrem Wollmantel einsteigt und ich nicht will, dass dieser mit Hundehaaren verschmutzt wird und wir deswegen Krach kriegen.
- Ich will Cello üben, weil ich irgendwann in einem Celloquartett spielen möchte.

Zwei Fragen könnten wir uns in diesem Zusammenhang stellen:

- Was geschieht, wenn ich etwas jetzt wirklich nicht will und einfach nicht tue? Es ist eine simple Wenn-dann-Beziehung. Was geschieht dann?
- Könnte ich mit diesen Konsequenzen leben?

Wenn ich heute nicht im Zoom-Meeting erscheine, ist mein Kollege vielleicht sauer. Ja, damit könnte ich leben, weil ich ja ansonsten ziemlich zuverlässig bin und mir diese Auszeit heute wirklich wichtig ist.

Wenn ich heute nicht einkaufen gehe, müssen wir heute Abend Pizza bestellen. Dann essen wir schon wieder etwas Ungesundes, aber das ist mir meine Freiheit heute wert. Damit kann ich gut leben und meine Kinder auch.

Wenn ich heute den Impftermin verpasse, ist meine Gesundheit bedroht und ich könnte ernsthaft krank werden und meiner Familie großes Leid zufügen. Nein, damit kann ich nicht leben. Ich gehe da jetzt hin.

Wenn ich heute nicht die Hecke schneide, denken meine Nachbarn bestimmt, dass wir das Haus vergammeln lassen. Tja, das fühlt sich nicht so gut an, aber was vergammelt ist und was nicht, bestimmen wir für unser Leben selbst.

Meine Mutter hatte an ihrem Küchenschrank einen kleinen, versteckten Zettel angebracht, den man sehen konnte, wenn man Geschirr aus dem Schrank geholt hat: »Du bist nicht auf der Welt, um so zu sein, wie andere dich haben wollen!« In der Tat: Keine Frau, kein Mann, kein Kind ist auf der Welt, um so zu sein, wie andere sie, ihn, es haben wollen. Menschen werden nicht aus Ton geboren und alle kneten daran etwas herum, bis »es« passt, bis man »funktioniert«. Nein, jeder von uns, jede von uns ist sein eigener Mensch.

Wir gehören nur uns selbst und tragen vielleicht noch die Verantwortung für die uns anvertrauten Kinder oder kranken Partner und Partnerinnen oder Eltern. Aber auch das hat seine Grenzen: Kinder werden selbstverantwortliche junge Erwachsene und kranke Partnerinnen, Partner oder Eltern können wir sicher eine Zeit lang betreuen und ihnen helfen, die idealen Pflegekräfte aber sind Familienangehörige nicht, wenn sie mit der Pflege allein dastehen. Wenn es zu viel wird, brauchen wir Unterstützung bei der Betreuung. Und wenn es existenziell zu viel wird, müssen wir vielleicht auch die Entscheidung treffen, uns selbst zu schützen und die Eltern, den Partner oder die Partnerin in ein Pflegeheim zu geben – auch gegen deren Willen. Auf jeden Fall ist das besser, als selbst mit einem Schlaganfall auf der Intensivstation zu liegen, während der an Alzheimer erkrankte Partner vorübergehend ein Stockwerk höher auf der Internistischen untergebracht wird – wie ich es im Verwandtenkreis erlebt habe.

Wie dem auch sei: Selbstbestimmung heißt in diesem Zusammenhang oft auch einfach Selbstschutz und hat in solchen schwierigen Fällen mit Lieblosigkeit sicherlich nichts zu tun.

Noch ein kurzer Nachtrag bezüglich des Müssens und Wollens: »Manchmal«, so Ralf Senftleben, »übertreiben wir es aber auch mit dem ›Wollen‹. Zum Beispiel wenn wir uns zu sehr in etwas verbeißen oder wenn wir zu viele Dinge auf einmal wollen. Dann wächst die Unzufriedenheit über ein gesundes und nützliches Maß hinaus und wird zum Störfaktor, der uns nicht mehr unterstützt, sondern sogar in unserem Vorankommen behindert.«[7] Und er schlägt hier einen anderen Trick vor, um sich selbst zu entlasten. Statt sich selbst zu sagen »Ich will abnehmen« oder »Ich will endlich einen Partner finden« könne man zu sich selbst sagen: »Ich würde es bevorzugen, abzunehmen, aber ich kann auch gut damit zurechtkommen, wenn ich so bleibe, wie ich bin.« Oder: »Ja, ich würde es bevorzugen, einen neuen Partner zu finden, aber ich kann auch alleine glücklich sein.« Denn etwas zu bevorzugen, »gibt einem doch ein deutlich entspannteres Gefühl, als etwas zu stark zu wollen. Etwas zu bevorzugen, drückt aus, dass man etwas möchte, aber eben auf eine entspannte Art.«[8] Wem »bevorzugen« zu geschraubt klingt, kommt vielleicht besser mit »es wäre schön, wenn« zurecht. Einen Versuch ist es sicher wert.

Und letztendlich bleiben ja jenseits von alldem immer noch zwei Möglichkeiten: Wenn wir mit den Konsequenzen einer nicht getanen Aufgabe leben können, können wir die Aufgabe ganz einfach aufschieben oder abschlagen. Ein »Nein« wirkt ja oft viel befreiender als ein halbherziges »Vielleicht«. Oder, um es deutlich zu sagen: Besser ein »Nein« mit Schrecken als ein Schrecken ohne Ende.

Sich entspannen

Wenn wir die Art und Weise ändern, in der wir mit uns selber sprechen, ändern wir unsere Gefühle und Einstellungen. Eine andere Art, den inneren Druck zu mildern und innere Freiheit zu gewinnen, ist, sich bewusst zu entspannen.

Dazu gibt es kleine und große Interventionen:

- Wohltuende Pause: Oft hilft es, aus der druckvollen Situation auszusteigen und etwas ganz anderes zu tun. Einmal bin ich in einem saublöde geführten Konfliktgespräch mit meinem damaligen Chef einfach aufgestanden und aus dem Zimmer gegangen mit der Bemerkung: »Wir könnten ja vielleicht zu einem späteren Zeitpunkt in Ruhe noch einmal darüber sprechen.« Er war total verdutzt, kam mir auf dem Flur nachgelaufen und hat sich entschuldigt. Das war Größe. Von uns beiden, denke ich.
  Oder wenn zu viel »müssen« da ist, einfach einmal raus an die Luft gehen und Abstand gewinnen, etwas anderes tun, was Freude macht, um den Kopf frei zu bekommen.

- Arbeiten priorisieren: Eine für mich sehr hilfreiche Entlastungsstrategie ist es, eine neue Datei auf dem Laptop zu öffnen und alles untereinander aufzuschreiben, was mich belastet und noch getan werden muss. Nach dem »Eisenhower-Prinzip« gliedert man anschließend die anstehenden Tätigkeiten in vier Quadrate:

1. wichtig und dringlich
2. wichtig, aber nicht dringlich
3. dringlich, aber nicht wichtig
4. weder wichtig noch dringlich

Nur Nummer eins wird erledigt, Nummer zwei auf später verschoben (terminiert), Nummer drei falls möglich delegiert und Nummer vier in den Papierkorb verschoben. Es gibt inzwischen für ein paar Euro eine ganze Reihe von To-do-Apps, die wirklich prima bei der Planung helfen und entlasten.

- Entscheidungen treffen: Dauerkrisen an immer wieder gleichen Stellen verweisen deutlich auf grundlegenden Änderungsbedarf im Leben: Vielleicht können wir eine Auszeit nehmen, die Partnerin/den Partner verlassen, einen Putzmann oder eine Putzfrau suchen, Hobbys beginnen, einen neuen Job ansteuern.

- Entspannungsübungen: Hilfreich ist das Erlernen von Entspannungstechniken wie Progressive Muskelentspannung, Yoga, Meditation, Traumreisen oder Achtsamkeitsübungen, Atemübungen (langsam ein- und ausatmen in den Bauchraum) u. a.

Edith, 38 Jahre alt, geschieden, mit zwei Söhnen, schildert, wie sie sich neu orientierte: »Als sich mein altes Leben praktisch auflöste und der Alltag um mich herum immer anstrengender wurde, war ich auf der Suche nach etwas, das mir Stabilität und Freude zurückgeben sollte. So stieß ich auf Artikel und Bücher zu Achtsamkeit und buddhistischer Lebenseinstellung. Als ich schließlich anfing, kleine geführte Meditationen, die ich auf mein Handy geladen hatte, regelmäßig in den Alltag zu integrieren, wusste ich bald, dass meine Suche erfolgreich verlaufen war. Dabei habe ich für mich charakteristische Fähigkeiten und Eigenschaften wiederentdeckt. Die Hektik des Alltags mit seinen To-do-Listen und dem ständigen Zeitdruck als arbeitende Mutter hatte vieles unter sich begraben. Eigentlich war ich immer schon ein Mensch, der gut im Moment leben und Langeweile aushalten konnte, um sich dann wieder mit ganzer Aufmerksamkeit einer kreativen Tätigkeit wie der Musik oder dem Schreiben zu widmen. Seitdem ich meditiere und einige zentrale buddhistische Sichtweisen auf das Leben verinnerlicht habe, gelingt mir dies wieder viel besser – und das, obwohl der Alltag gerade noch viel anstrengender ist als sonst.«

Auf die Frage nach dem Weg dorthin sagt sie: »Gefunden habe ich das, indem ich viel in Büchern und Zeitungen zum Thema ›Chronischer Stress‹ und zum Umgang damit gelesen habe. Dabei stieß ich immer wieder auf die positiven Einflüsse von Meditation und Achtsamkeit auf den Alltag. Erfahrungsberichte, wissenschaftliche Studien, psychologische Lehrbücher – je mehr ich dazu fand, desto sicherer war ich mir, dass dies auch für mich gelten wird.«

Und was bedeutet es ihr, dieses entdeckt zu haben?

»Es hat mein Leben grundlegend verändert und lässt mich positiver auf die Gegenwart und Zukunft schauen. Obwohl es Disziplin erfordert, das Meditieren in meinen vollgepackten Tagesablauf einzubauen, bleibt mir jetzt wieder mehr Zeit für andere Dinge, in denen ich aufgehe. Ich spiele wieder mehr Klavier, schreibe Songs. Ein absolutes Paradox! Das Meditieren ist mein Anker, der mich unabhängig von äußeren Umständen und den Beziehungen zu anderen Menschen im Gleichgewicht hält. Ich bin sicher, dass ich ohne das Training nicht so glücklich wäre.«

Sie schildert, dass es zunächst schwierig gewesen sei, die Übungen in ihren dicht getakteten Alltag zu integrieren, und dass sie schon vorher gefühlt zu wenig Zeit gehabt habe, um alles zu erledigen, aber »am Ende wusste ich: Alle werden davon profitieren, auch mein Umfeld«. Das Wichtigste, was man tun könne, um so etwas zu schaffen, sei »die feste Überzeugung, dass es sich lohnt, Mühe und Zeit zu investieren, um das selbst gesetzte Ziel zu erreichen – egal, was andere sagen oder denken. Dabei aber nicht zu hart mit sich selbst umgehen: Es ist nicht schlimm, mal einen Tag oder auch eine Woche keine Zeit zu finden oder nicht so schnell voranzukommen, wie man es sich vorgestellt hat oder von außen suggeriert bekommt. Dann nicht den Fehler machen, sich selbst und das Ziel zu schnell zu hinterfragen, sondern ruhig und beharrlich weiter daran arbeiten. Und stolz auf kleine wie große Fortschritte sein!«

Auf Informationen und Unterstützung bauen

Und letztendlich muss man auch nicht alles autonom schaffen. Später werde ich noch über die sozialen Unterstützungssysteme erzählen, die für das psychische Wohlbefinden so wichtig sind und auch die eigene Autonomie fördern können.

Über seine handwerklichen Tätigkeiten schreibt Julian, der junge Mann, der sein Haus renoviert, es habe keinen Druck gegen die Aktivitäten gegeben, »eher für die Aktivität: Neben der Selbstbestimmung spielt zurzeit der finanzielle Faktor bestimmt auch eine Rolle. Selbstmachen ist in vielen Fällen günstiger als Machenlassen. Druck entsteht höchstens aus Mangel an Zeit. Wir haben noch viele Ideen und Projekte für die nächsten Jahre. In Bezug auf den inneren Druck würde ich eher ›Respekt‹ vor großen Projekten bzw. unbekannten Tätigkeiten sagen. Beispielsweise hatten wir kurz überlegt, im Nebengebäude ein Bad einzubauen, jedoch wäre mir dieses Projekt alleine zu groß gewesen. Ohne Hilfe würde ich dies an professionelle Handwerker abgeben.«

Auf die Frage, wie er mit der knappen Zeit und dem Respekt vor schwierigen Aufgaben umgehe, antwortet er: »Zeit: Einfach später machen bzw. auf die Urlaubszeit verschieben. Respekt: Gute Vorbereitung, Unterstützung holen, Informationen sammeln; ggf. einfach mal ausprobieren und schauen, was passiert.« Unterstützend sei »grundlegendes Vorwissen, welches ich vor allem durch meinen Vater erhalten habe. Wichtig sind auch Fehlertoleranz – irgendwas ist immer anders, als man es sich vorgestellt hat, Selbstvertrauen – irgendwie bekommt man das schon hin, Optimismus – Zitat mein Vater :›Machbar ist alles‹, und auch eine realistische Selbsteinschätzung und kein falscher Stolz – man sollte wissen, wo die eigenen Grenzen liegen, und sich gegebenenfalls Hilfe holen können.«

HiGrow: Lebenswünsche und Werte leben

Wer sich selbst kennt, wer weiß, was er will, steuert sich selbst. Bei der Verteidigung der eigenen Freiräume hilft es ungeheuer, zu wissen, was einem wertvoll ist, also seine Werte zu kennen, zu wissen, wer man ist und wohin man will. Aus der Vielzahl der Möglichkeiten, die das Leben uns bietet, auszuwählen und sich dieser Wahlfreiheit bewusst zu sein, ist ein wichtiger Schritt zum selbstbestimmten Leben.

Niemand, der eine große Sache beginnt, hat nicht schon das Ende im Kopf. Über Jørn Utzon, den finnischen Architekten des spektakulären Opernhauses in Sydney, wird behauptet, er hätte keinen Plan davon gehabt, wie die Sache später aussehen würde. Das ist letztendlich genauso unvorstellbar, als hätten große Seefahrer einfach nur verreisen wollen: Vasco da Gama, James Cook, Magellan, Christoph Kolumbus, Marco Polo – sie alle wollten nicht einfach irgendwo hinfahren. Vielmehr waren sie berauscht davon, neue Kontinente oder Seewege zu entdecken, Welten zu finden und Weltkarten neu zu schreiben. Und Jørn Utzon stimulierte das innere Bild der großen, weißen Muschel am Meer, die in den sonnigen Himmel von Sydney ragt. Niemand, der eine große Sache beginnt, hat nicht schon das Ende im Kopf.

Ähnlich verhält es sich mit der Reise zum Ich. Im tiefsten Innersten liegt unsere Vorstellung von dem, was wir tun möchten, von dem, was unser bestmögliches Selbst sein könnte. Und wie wichtig ist es, dieses Ich und seine anvisierten Wege zu kennen, Entwicklungsmöglichkeiten zu sehen und auch wirklich zu leben, den stimmigen Weg unserer Selbstentfaltung zu gehen. Denn auf der Reise zur Verwirklichung eigener Lebenspläne findet sich die Selbsterfüllung im Menschsein. Es ist *die tiefe Sehnsucht nach Stimmigkeit mit uns selbst, die sich in dem zeigt, was wir denken, fühlen und wollen.*

Eines der wichtigsten Elemente der Autonomie-Unterstützung ist es, eigene Möglichkeiten wahrzunehmen, inneren Vorstellungen zu folgen und sich entscheiden zu können, was man tun oder eben nicht tun will. Und die Ziele passen optimalerweise zur eigenen Person und Lebenssituation. Sie berücksichtigen dann uns selbst, wie wir wirklich sind, und alle Umstände, die uns als Person umgeben. Wir sollten die freie Wahl haben, uns selbst angemessene Ziele zu wählen.

Den Zusammenhang zwischen Zielen und Autonomie bringt Julian auf den Punkt. Er berichtet über seine handwerklichen Tätigkeiten: »Ich habe eine Vorstellung oder ein Bild im Kopf, wie etwas am Ende aussehen soll. Da ich selbst die Fähigkeit besitze, die Arbeit auszuführen, kann ich etwas nach meinen Vorstellungen formen – und gegebenenfalls zwischendurch noch mal umplanen. Außerdem habe ich selbst in der Hand, wann die Arbeiten ausgeführt werden. Beispielsweise wusste ich nicht, wie man einen alten, funktionsuntüchtigen Regensammler austauscht, weshalb uns hierbei ein Bekannter geholfen hat. Bis alles funktioniert hat, hat es etwa zwei Monate gedauert – so lange stand der Punkt auf unserer To-do-Liste und konnte nicht bearbeitet werden. Die Arbeit selbst ausführen zu können ist wesentlich befriedigender als die Abhängigkeit.«

»Ich habe eine Vorstellung oder ein Bild im Kopf«, sagt er und beschreibt damit das, was so viele große Geister in Kultur, Wirtschaft, Politik und Literatur immer wieder als wichtigen Baustein im Prozess der Selbstverwirklichung nennen: das Träumen, Visionieren – sich ein Bild von der Zukunft zu machen. »Träume sind die Prüfsteine für unseren Charakter«, schreibt Henry David Thoreau. »Wenn du es träumen kannst, kannst du es auch tun. Denke immer daran, dass alles mit einem Traum und einer Maus begonnen hat« bekräftigt Walt Disney. Und Steven Spielberg sagt gar: »Ich träume nicht nachts, ich träume den ganzen Tag; ich träume für mein Leben.«

HiGrow

Zur Entscheidungsunterstützung bei der Traumfindung und Zielformulierung habe ich das HiGrow-System erarbeitet, denn »die Zukunft gehört denjenigen, die an die Schönheit ihrer Träume glauben« (Eleanor Roosevelt). HiGrow ist ein optimaler Entwicklungszyklus, der von uns selbst ausgeht, als Person, und eine allmähliche Annäherung an unser bestmögliches Selbst in den Blick nimmt.

HiGrow ist als aufschwingende Entwicklungsspirale gedacht, da die Wahlfreiheit auf der Grundlage unserer Persönlichkeit und die Umsetzung dessen, was wir gewählt haben, nach und nach unser Selbstbild und unsere Annahmen über uns selbst (Selbstwirksamkeitserwartungen) positiv beeinflussen und somit Offenheit und Wohlbefinden in unserem Leben steigern.

HiGrow ist als Zyklus gedacht und steht als Akronym für:

1. Human Potential Development, eine internationale Forschungsbewegung der Potenzialentwicklung, die aus der Humanistischen Psychologie stammt und der ich mich zugehörig fühle.

HiGrow-Motivationsstrategie

2. Identity: Wer bin ich? Sich selbst, seine Werte, Wünsche und Ziele kennen.
3. Go for it! Wo will ich hin? Dieser Schritt verbindet die Identität mit den Wünschen hin zur Übereinstimmung mit Emotionen, Geist und Motivation. Passt das Ziel zu mir oder muss ich mich zu sehr ändern, um das Ziel zu erreichen? Niedrigschwellige, kleine Schritte oder Änderung des Ziels, Wünsche zu Zielen formulieren, Alltag danach ausrichten – kleine Schritte Richtung Ziel.
4. Reward: Belohnung, sich selbst belohnen und feiern.
5. Open Mindedness: Gesteigerte Selbstwirksamkeit durch Schritte 1–3 führt zu erhöhter Offenheit für neue Erfahrungen.
6. Wellbeing: Wohlbefinden als Ergebnis der oben genannten Elemente.

Es entsteht demnach folgender Zyklus:

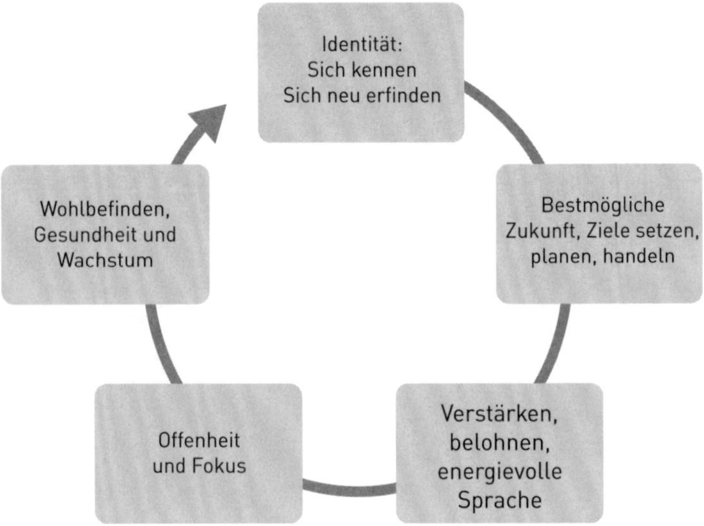

HiGrow-Zyklus

Falls du möchtest, kannst du nun die Schritte hier für dein eigenes Leben finden:

Identity: Sich kennen, sich neu erfinden

Im ersten Schritt können wir uns selbst genauer betrachten: Was motiviert uns? Welche Stärken und Werte haben wir? Dazu kannst du nun die folgenden Selbstbefragungen durchführen.

Was Menschen motiviert

Falls du möchtest, schätze dich in den folgenden drei Bereichen jeweils selbst ein. 0 steht für »trifft überhaupt nicht zu«, 10 für »trifft sehr zu«. Schreibe einfach hinter jede Aussage deine Einschätzung:

Gruppe A:

Anreiz:

1. Ich versuche ständig, meine eigenen Leistungen zu erhöhen.
2. Herausforderungen spornen mich an.
3. Ich versuche ständig, eine Herausforderung um ihrer selbst willen zu meistern.
4. Ich habe Spaß an der Leistung und den damit verbundenen Gefühlen bei Erfolg.
5. Hoffnung auf Erfolg motiviert mich stark.
6. Ich will mich selbst als kompetent und wirksam erleben.

Angst:

1. Bei Misserfolg fühle ich mich sehr schlecht.
2. Niedergeschlagenheit, Scham und/oder Unzufriedenheit machen sich breit, wenn ich merke, dass ich einer Herausforderung nicht gewachsen bin.
3. Ich tue alles dafür, mich selbst nicht als inkompetent erleben zu müssen.

Gruppe B:

Anreiz:

1. Ich versuche oft, zu anderen Menschen freundschaftliche Beziehungen aufzubauen.
2. Ich tue vieles dafür, mich selbst als sozial eingebunden, akzeptiert und wertgeschätzt zu fühlen.
3. Ich baue oft Nähe und Bezogenheit zu anderen Menschen auf.
4. Meine freundschaftlichen und partnerschaftlichen Beziehungen halte ich über lange Zeit aufrecht.
5. Ich mag Beziehungen um ihrer selbst willen und nicht, um sie für andere Zwecke zu instrumentalisieren.
6. Die engen Bindungen an den/die Partner/-in, die Familie, Freunde und Kollegen vermitteln mir ein Gefühl der Sicherheit und Geborgenheit.

Angst:

1. Es macht mir Angst, von anderen zurückgewiesen zu werden.
2. Ich tue vieles dafür, von anderen nicht zurückgewiesen zu werden.
3. Ich fühle mich schlecht, wenn eine Gruppe mich ausschließt.

Gruppe C:

Anreiz:

1. Es macht mir Freude, andere zu beeinflussen (körperlich, kognitiv oder emotional).
2. Ich mag es, die Möglichkeit zu haben, andere zu belohnen oder zu bestrafen.
3. Ich will besser sein, als andere – ich will gewinnen!
4. Ich bin meist bestrebt, die Kontrolle über Menschen und Situationen zu behalten.
5. Die Vorstellung, in der Hierarchie aufzusteigen, motiviert mich.
6. Ich behalte Informationen öfter für mich, um sie ggfs. später einsetzen zu können.

Angst:

1. Wenn ich den Eindruck habe, in einer Situation die Kontrolle zu verlieren, macht mir das Angst.
2. Ich tue vieles dafür, um Kontrollverlust zu vermeiden.
3. Machtlosigkeit ist mir ein Gräuel.

Die drei Gruppen weisen auf drei Motive hin. Addiere nun jeweils deine Punkte pro Gruppe. Bei den meisten Menschen sind alle drei Motive aktiv, oft mit einer Priorität. Deine Punktzahlen zeichnen ein Bild deiner derzeitigen Selbsteinschätzung deiner Motivlage.

Motive sind relativ stabil in der Persönlichkeit verankert. Um die eigenen Motive klar bestimmen zu können, sind sehr umfangreiche Testverfahren notwendig, die hier nicht durchgeführt werden können.

Aber einen ersten Anhaltspunkt zu deinen Motiven findest du wahrscheinlich. Also: die Gruppe A steht für das Leistungsmotiv, Gruppe B für das Bindungsmotiv und Gruppe C für das Machtmotiv.

Wenn Leistung uns anfeuert

Das Leistungsmotiv (A) ist aktiv, wenn wir die eigenen Leistungen erhöhen wollen; eine Herausforderung also meistern wollen – und zwar *um der Herausforderung selbst willen* – dem *Spaß an der Leistung* und den damit verbundenen Gefühlen bei Erfolg (»Diese Sache habe ich gut geschafft!« – Stolz, Zufriedenheit, Glück).

Andererseits führt Misserfolg zu Niedergeschlagenheit, Scham und Unzufriedenheit. Also sind Leistungsmotivierte durch *Hoffnung auf Erfolg und Furcht vor Misserfolg* zu motivieren.

Der Anreiz liegt darin, *sich selbst als kompetent und wirksam zu erleben*, oder im umgekehrten Fall, *sich selbst nicht als inkompetent erleben zu müssen.*[9]

Wenn uns Bindung motiviert

Bindungsmotivierte (B) – also sozial anschlussmotivierte Menschen – geht es primär darum, sich selbst als sozial eingebunden, akzeptiert und wertgeschätzt zu fühlen. Der Aufbau und die Aufrechterhaltung von Nähe und Bezogenheit zu anderen Menschen ist hier zentral.

Beziehungen werden *um ihrer selbst willen* hergestellt und aufrechterhalten und nicht, um sie für andere Zwecke zu instrumentalisieren. Die engen Bindungen an den/die Partner/-in, die Familie, Freunde und Kollegen vermitteln ein Gefühl der Sicherheit und Geborgenheit.

Anschlussmotivierte hoffen und *handeln in der Hoffnung auf ein gutes Gefühl sozialer Eingebundenheit* oder aus *Furcht, von anderen ggfs. zurückgewiesen zu werden, und in der Hoffnung, diese Zurückweisung zu vermeiden* (»Ich muss da jetzt mithelfen, weil …).[10]

Wenn Macht wichtig ist

Das Machtmotiv (C) schließlich zielt darauf ab, *andere zu beeinflussen, die Kontrolle zu behalten und in sozialen Hierarchien aufzusteigen*. Es geht um körperliche, kognitive oder emotionale Beeinflussung. Machtmotivierte versuchen, die Quellen der Macht zu besetzen (Informationen, Belohnungs- und Bestrafungsmacht, Funktionsmacht, Vorbildmacht u. a.), und handeln durch die *Hoffnung auf Kontrolle* (»Toll, dass ich gewonnen habe!«) oder durch die zu *vermeidende Furcht vor Kontrollverlust und Machtlosigkeit.* Wettbewerb ist hier wichtig. Einflussreich sein. Führen wollen, gewinnen wollen.

Agieren Machtmotivierte in gesitteten Bahnen, ist alles okay und es kann auch wohltuend für das Umfeld sein, da sich der- oder diejenige nachhaltig und selbstvergessen auch für Belange anderer nachdrücklich einsetzen kann, wehe aber, wenn nicht …

Das Machtmotiv wirkt also in zwei Formen: sozialisiert und nicht sozialisiert.[11]

Menschen können demnach durch »Hoffnung auf …« oder »Furcht vor …« motiviert werden.

Im Alltag treffen wir leider oft auf Appelle an die angstvolle Seite: »Wie, Sie schaffen das nicht im Zeitplan? Sind Sie dazu nicht in der Lage?« (Leistungsmotiv Angst); »Wenn Sie das machen, sind Sie vollkommen isoliert in der Abteilung …« (Bindungsmotiv Angst); »Ja, jetzt zeigen Sie doch mal Führungsstärke/Jetzt musst du einfach mal auf den Tisch hauen …« (Machtmotiv Angst). Die Angstapelle sollen den Druck erhöhen.

Um uns selbst zu motivieren, können wir

- zum einen die anziehenden Motive nutzen, indem wir uns deren Anreiz möglichst genau vorstellen und die Handlung zur Erreichung des Anreizes möglichst gerne tun,
- zum anderen aber auch gelegentlich das Angstmoment einsetzen, weil Angst eben auch motiviert. Wenn ich das jetzt nicht tue, ist meine Chefin ziemlich sauer – also los!

Aber oben haben wir ja schon gesehen, dass die Motivation über die Angst die Autonomie behindert, weil sie die Wahlfreiheit einschränkt – oder wir zumindest das Gefühl haben, die Wahlfreiheit sei eingeschränkt. Wer mit der Konsequenz leben kann, dass die Chefin sauer ist, lebt leichter.

Charakterstärken

Als zweiten Selbsttest kannst du den Charakterstärkentest auf der Website der Universität Zürich durchführen (charakterstaerken.org). Zu Forschungszwecken wird er kostenlos angeboten und man erhält sein Ergebnis sofort nach Testende per Mail zugesandt.

Die Charakterstärken umfassen unsere Fähigkeiten, Fertigkeiten, Werte, Haltungen und Gefühle und fassen diese in den 24 in der Forschung bekannten Charakterstärken zusammen. Zur ersten Orientierung hilft aber vielleicht auch schon die freie Selbsteinschätzung. Vielleicht kreuzt du einfach mal hier an, welche Stärken[12] du an dir selbst wahrnimmst:

Weisheit und Wissen

- Neugier/Interesse an der Welt
- Liebe zum Lernen
- Urteilsvermögen
- Kreativität

- Soziale Intelligenz/Persönliche Intelligenz/Emotionale Intelligenz
- Perspektive

Mut
- Tapferkeit
- Ausdauer
- Integrität

Menschlichkeit und Liebe
- Freundlichkeit
- Liebe/Bindungsfähigkeit

Gerechtigkeit
- Gemeinschaftssinn/Teamarbeit
- Fairness
- Führungsvermögen

Mäßigung
- Selbstkontrolle
- Besonnenheit
- Demut

Transzendenz
- Wertschätzung von Schönheit
- Dankbarkeit
- Hoffnung
- Spiritualität
- Vergebung
- Humor
- Begeisterung/Enthusiasmus/Tatendrang

Unser Wohlbefinden hängt wesentlich davon ab, wie sehr wir unsere eigene Stärke ausleben können. Ist jemand beispielsweise besonders bindungsfähig, muss aber beruflich den ganzen Tag allein in seinem Büro Rechnungen kontrollieren, so sind Charakterstärke und berufliche Anforderung nicht besonders stimmig miteinander und es kommt zu einer ungenügenden Ausschöpfung dieser Stärke (underuse).

Macht er oder sie hingegen kaum etwas anderes, als sich mit Menschen zu verbinden, und setzt bei jeder Gelegenheit auf seine Bindungsfähigkeit, so fällt er in »Übernutzung« (overuse) – auch keine besonders gute Idee, um glücklich zu sein. Das Geheimnis des Glücks liegt in der optimalen Nutzung der Charakterstärke – das heißt im verstärkten Einsatz, ohne in die Extreme zu geraten. Also in einem »optimal functioning«.

Unter den 24 Charakterstärken fördern einige das menschliche Aufblühen stärker als alle anderen. Welche genau das sind, werden wir später noch herausfinden.

Anna, 52 Jahre alt und Mutter von drei mittlerweile erwachsenen Töchtern, hat in dem Test ihre Charakterstärke »Kreativität« gefunden und lebt sie. »Ich arbeite in der tiergestützten Pädagogik im Behindertenbereich. Ich lebe mit meiner jüngsten Tochter auf dem Land – liebe das Leben in der Natur mit Hund und Pferd. Und genauso brauche ich die Stadt, den Austausch die Kultur, die Inspiration. Im Grunde sind es zwei Dinge, die ich neu für mich entdeckt habe. Das Erste ist das Tangotanzen. Hier lebe ich meine weibliche Seite, genieße das leichte Leben. Ich kam dazu, weil ein Freund mich gefragt hat, ob ich seine Tanzpartnerin werden möchte. Es war eine neue Idee, die mir eine andere Perspektive ermöglicht hat. Es ist schön, eine neue Seite an mir zu entdecken, mich führen zu lassen, statt immer vorweggehen zu müssen. Es bereichert mein Leben. Das Zweite ist die Kreativität. Die kam nicht neu in mein Leben. Ich war immer schon kreativ, aber mein Blick auf mein Handeln und meine Fähigkeiten hat sich geändert. Ich habe den Charakterstärkentest der Uni Zürich gemacht und dabei fiel es mir wie Schuppen von den Augen: Nicht nur gute Organisation ist eine meiner Stärken, auch Improvisation, Kreativität gehören dazu! Das schafft mir ein anderes, positives Selbstbild.«

Faktoren der Persönlichkeit: Big Five

Neben Motiv- und Charakterstärkentest verstärkt eine dritte Perspektive unsere Selbstklärung. Im Alltag beschreiben wir Menschen mit vielen Persönlichkeitsmerkmalen: Der eine ist aufbrausend oder ruhig, selbstdiszipliniert oder faul, intelligent, interessiert, kreativ, einfühlsam oder sozialkompetent, der andere motiviert, gestresst, egozentrisch, dominant, sensibel oder glücklich. Das alles lässt sich nach den Erkenntnissen der Persönlichkeitspsychologie in fünf große Faktoren der Persönlichkeit einordnen: die »Big Five«.

Das Big-Five- oder Fünf-Faktoren-Modell (FFM) der Persönlichkeit benennt fünf Dimensionen der Persönlichkeit, die auch als das »Wesen« des Menschen oder als »Charakterzüge« beschrieben werden.

Jeder Mensch verfügt über alle fünf Dimensionen, diese sind aber von Mensch zu Mensch unterschiedlich stark ausgeprägt. Das Big-Five-Modell ist das derzeit am weitesten verbreitete und wissenschaftlich bestgetestete Modell zur Beschreibung der Gesamtpersönlichkeit. In den vergangenen Jahren konnte in zahlreichen Studien gezeigt werden, dass diese Faktoren unserer derzeitigen Kenntnis nach über die verschiedenen Kulturen hinweg weltweit Gültigkeit haben.

Die Big Five zeigen eine gute Vorhersagekraft für das alltägliche Leben – es ist ein guter Prädiktor. Eine kurze kostenlose Version des Big-Five-Tests findest du online unter bigfive-test.com. Vielleicht hast du Lust und Zeit, diesen Test durchzuführen, bevor du weiterliest. Der eigentliche Test umfasst 240 Fragen, diese Online-version ist wesentlich kürzer, aber einen guten tendenziellen Eindruck bekommt man sicherlich. Schau doch mal, ob du diesen Test jetzt durchführen kannst, bevor du weiterliest.

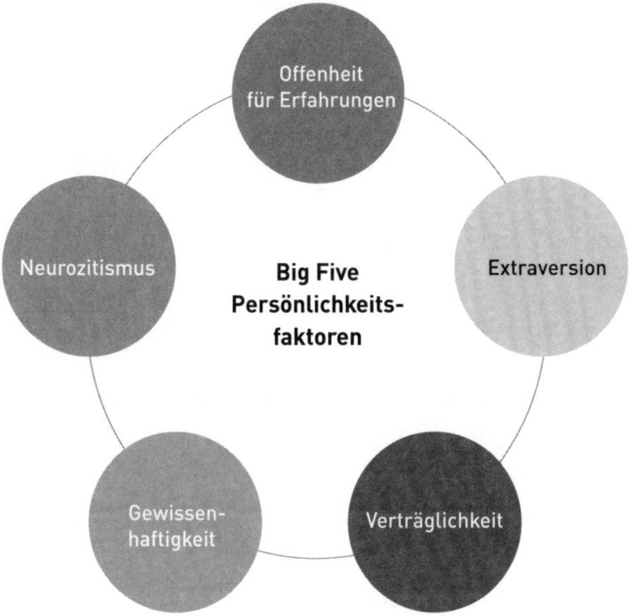

Das Big-Five-Modell

- Extraversion beschreibt, wie stark wir mit der Außenwelt interagieren. Die Tendenz zu Geselligkeit, Durchsetzungsfähigkeit, Aktivität, Erlebnishunger und Frohsinn spielen hier eine Rolle. Extraversion korreliert positiv mit Lebenszufriedenheit und Einkommen und negativ mit Alter und gesundheitlichen Beeinträchtigungen. Das bedeutet, dass extravertierte Menschen eine höhere Lebenszufriedenheit haben und ältere Menschen weniger oft angeben, extravertiert zu sein.

- Verträglichkeit zeigt die Bereitschaft zur Kooperation, Freundlichkeit und zur sozialen Verständigung. Hier spielen Vertrauen, Ehrlichkeit, Altruismus, Entgegenkommen und Gutherzigkeit eine Rolle. Verträglichkeit korreliert positiv mit Lebenszufriedenheit und zwischenmenschlichem Vertrauen und negativ mit Devianz (Fahren ohne Fahrkarte, Diebstahl).

- Gewissenhaftigkeit beschäftigt sich mit der Art von Impulskontrolle und -regulation. Diese Dimension beschreibt die Tendenz zu planen; Selbstdisziplin, Ordnungsliebe, Pflichtbewusstsein und Fleiß sind hier zentral. Gewissenhaftigkeit korreliert positiv mit Alter, Geschlecht und Lebenszufriedenheit und negativ mit psychischen Beeinträchtigungen und Diebstahl.

- Neurotizismus beschreibt die Neigung zu Nervosität und Ängstlichkeit bzw. wie emotional stabil jemand ist und wie er mit negativen Erlebnissen umgeht. Reizbarkeit, Depression, Befangenheit, Impulsivität und Verletzlichkeit spielen hier eine Rolle. Neurotizismus korreliert positiv mit Geschlecht (Frauen höhere Werte als Männer) und Empfinden gesundheitlicher Beeinträchtigungen und negativ mit Zufriedenheit und politischer Partizipation. Durch die eigenen Erfahrungen sind Menschen mit höheren Werten in diesem Bereich oft gute Psychotherapeuten und Berater.

- Offenheit für Erfahrungen meint eine geistige Dimension, die einfallsreiche, kreative Menschen beschreibt. Die Tendenz zu Beschäftigung mit schöngeistigen Themen, Fantasie, Ästhetik, Gefühle und Ideen sind hier wesentlich. Offenheit korreliert positiv mit Lebenszufriedenheit und großem sozialem Netz und negativ mit Alter und mit gesundheitlichen Beeinträchtigungen.

Go for it!

Du hast nun den Motivtest (Leistung, sozialer Anschluss, Macht), den Charaktertest (24 Dimensionen) und den Big-Five-Test durchgeführt. Schau dir alle drei Ergebnisse noch einmal im Zusammenhang an. Wir können zur Selbstexploration eine Technik nutzen, die auf den ersten Lehr-Lern-Forscher der deutschen Psychologiegeschichte zurückgeht: auf Wilhelm Wundt. In seinem Leipziger Lernlabor erfand er die Introspektion: das tiefe In-sich-Gehen und Nachvollziehen innerer Verfasstheiten. Auf der obigen Grundlage kannst du dich nun ganz in Ruhe zurückziehen und darüber nachdenken, was all die oben gemachten Erfahrungen mit den Selbsttests über dich sagen und wie du bisher dein Leben gestaltet hast.

Dazu könntest du die Methode des Freewritings einsetzen. Freewriting meint, sich in Ruhe Zeit zu nehmen, ohne Störungen, vielleicht mit Lieblingsmusik und -getränk, mit Schreibwerkzeug oder Laptop zu einem bestimmten Thema einfach loszuschreiben: zum Beispiel über Gefühle, Ideen, Einfälle und Assoziationen.

»Schreib einfach drauflos. Schreib alles auf, das dir in den Sinn kommt. Sei neugierig, was dir alles dazu einfällt. Es ist völlig egal, ob es logisch, richtig, klug ist. Schreib, ohne zu lesen oder gar durchzustreichen, was du geschrieben hast. Wichtig ist nur, zu schreiben. Denn ein Text ist besser als kein Text. Schreib einfach immer weiter – deine Hand ist ständig in Bewegung.«[13]

Wenn du magst, schreibe nun einfach in Freewriting und aller Ruhe ein Paper über dich selbst: »Wenn ich jetzt meine Motive, meinen Persönlichkeitsschwerpunkt und meine Charakterstärken zusammen betrachte, dann bin ich ein Mensch, der …« Stelle dir Fragen wie: »Welche Aktivität möchte ich verwirklichen, welche Fähigkeit möchte ich ausleben, welche Fertigkeit entwickeln? Zu welchem Vorhaben möchte ich in meinem Leben gerne aufbrechen? Wer bin ich wirklich, wirklich?«
Hilfreich sind vielleicht Impulse wie:

»In den letzten Jahren habe ich … Nun ernte ich in Zukunft endlich, was ich gesät habe. Meine Zukunft ist wunderbar. Ich bin jetzt xy Jahre alt und wenn alles gut läuft, habe ich noch xy Jahre vor mir. Ich habe mich in der Zeit von jetzt zur Zukunft bestmöglich entwickelt. Was tue ich wie mit wem, wann, wo? Wer bin ich jetzt? …«

Schreibe so lange, bis alles gesagt ist. Schaue dir deinen Text mit Wertschätzung an und freue dich daran – denn zu wissen, wer man ist, ist die Grundlage, um zu tun, was man tun will.

Passung Charakterstärken, Big Five, Motivpräferenz

In der folgenden Tabelle findest du eine Übersicht über die drei oben genannten Tests. Die vierte Spalte ist dazu da, dein eigenes Ziel oder Vorhaben auf Passung mit deiner Persönlichkeit zu prüfen. Das ist bedeutsam, um ein möglichst kongruentes, mit unserer Persönlichkeit stimmiges Vorhaben zu finden.

Motiv	Big Five	Charakterstärken	Ziel/Vorhaben und Passung
Leistung	Extraversion: Herzlichkeit Geselligkeit Durchsetzungsfähigkeit Aktivität Erlebnishunger Frohsinn	Weisheit und Wissen: Neugier Liebe zum Lernen Urteilsvermögen Kreativität Perspektive	
Verbundenheit	Verträglichkeit: Vertrauen Freimütigkeit Altruismus Entgegenkommen Bescheidenheit Gutherzigkeit	Mut: Tapferkeit Ausdauer Authentizität Enthusiasmus	

Macht	Gewissenhaftigkeit: Kompetenz Ordnungsliebe Pflichtbewusstsein Leistungsstreben Selbstdisziplin Besonnenheit	Menschlichkeit: Freundlichkeit Liebe; Bindungsfähigkeit Soziale Intelligenz	
	Neurotizismus: Ängstlichkeit Reizbarkeit Depression Befangenheit Impulsivität Verletzlichkeit	Gerechtigkeit: Gemeinschaftssinn; Teamarbeit Fairness Führungsvermögen	
	Offenheit: Fantasie Ästhetik Gefühle Handlungen Ideen Werte	Mäßigung: Vergebungsbereitschaft Bescheidenheit Vorsicht Selbstregulation	
		Transzendenz: Sinn für das Schöne Dankbarkeit Hoffnung Spiritualität Humor	

HiGrow Kongruenzmatrix: Persönlichkeit und Ziel

Bei einer Kombination aus

- Leistungsmotiv, Extraversion und Mut empfiehlt sich beispielsweise eher das Klettern in einer Gruppe als ein Fitnesstraining im Sportcenter.
- Verbundenheitsmotiv, Gewissenhaftigkeit, Weisheit und Wissen passt es gut, etwas mit anderen zu tun, das Präzision erfordert und bei dem man etwas lernen kann, wie zum Beispiel Tennis, Golf oder Schach spielen.
- Machtmotiv, Offenheit und Transzendenz spricht viel für Akrobatik, Tanzen und religiöse, kultur- oder naturbezogene Gruppenleitung.
- Verbundenheit, Neurotizismus und Menschlichkeit liegen gemeinsame Aktivitäten wie Volleyball, Yoga, Meditation, Beratungs- oder Laufgruppen nahe.

Markiere deine Motive, deine präferierten Persönlichkeitsfaktoren sowie deine drei wichtigsten Charakterstärken. Trage bitte in der rechten Spalte dein Ziel oder Vorhaben ein und überprüfe, ob es zu den markierten Elementen passt. Falls nicht, ändere das Ziel so, bis Passung besteht.

Zum Beispiel ist mein wichtigstes Motiv das Leistungsmotiv kombiniert mit Offenheit für Erfahrungen (Big Five) sowie Sinn für das Schöne, Liebe zum Lernen, Neugier und Kreativität (Charakterstärken). Ich versuche, mit meinen Stärken stimmig zu leben. Meine Professur für Lehr-Lern-Forschung passt da ziemlich gut,[14] für die Leistungsmotivation habe ich ein Institut gegründet[15] und die Kreativität lebe ich in meinem Cellospielen und Schreiben. Meist beziehen sich meine Ziele auf diese Bereiche.

Der Sache Relevanz geben: Klare Begründungen

Klare und aussagekräftige Begründungen für unser Vorhaben, unsere Aktivitäten erleichtern die Selbstbestätigung und unterstützen unsere Autonomie. Starke Begründungen helfen uns, ein Verhalten zu ändern oder ein Verhalten aufrecht zu halten. Wir können uns aus der Vielzahl möglicher Ziele unsere eigenen autonomen Ziele auswählen. Es kann auch die Entscheidung sein, nichts zu ändern, Änderungen später anzugehen, den Fokus der Änderung zu verschieben oder die Intensität der Handlung zu ändern, Tempo, Dynamik der Zielansteuerung nach dem eigenen Willen zu gestalten, beizubehalten, zu reduzieren oder zu steigern. Einfach das zu tun, was wir tun wollen, in einer Art und Weise, die wir wollen. Der Sache Bedeutung zu geben und Zeitpunkt und Tempo zu bestimmen. Und wenn wir diese Ziele setzen, sind sie für uns herausfordernd und erreichbar.

Welche Gründe sprechen also dafür, dass du diese Dinge in dein Leben nehmen möchtest, dieses Vorhaben verwirklichen willst? Welche für dich wichtigen, zu dir passenden, für dich also wirklich wertvollen und bedeutsamen Gründe sprechen dafür, etwas an deinem Leben zu ändern, einer neuen Leidenschaft nachzugehen? Alte Interessen oder Wünsche wieder zum Leben zu erwecken und wirklich auszuleben? Aussagekräftige Begründungen klären die Motivation und stärken unser Standing, falls sich Widerstände auftun.

Leidenschaft als Grund

Julia, 54 Jahre alt, mit zwei erwachsenen Töchtern und einem Enkelkind, geschieden, allein in ihrer Wohnung, aber in einer Partnerschaft lebend, hat sich einen Lebenstraum erfüllt:

»Mein Leben lang wollte ich gern segeln. Das Schlüsselerlebnis war ein Segeltörn mit Freunden, als ich 28 Jahre alt war. 2017 endlich, nachdem mein Ex-Mann und ich uns getrennt haben und ich alleine in die Altstadt gezogen bin, habe ich mir das Ziel gesetzt, den Segelschein zu erwerben. Zunächst nur für Binnengewässer und später auch für die Hochsee. Dabei habe ich meinen Mut entdeckt, mich in ein ganz neues Gebiet einzuarbeiten und daran zu glauben, dass ich das schaffe. Insbesondere der Hochseeschein war eine große Herausforderung für mich und im Kurs und in der Prüfung war ich allein in einer reinen Männerrunde, als einzige Frau. Ich musste Dinge begreifen und lernen, die überhaupt nicht zu meinen Stärken oder zu meiner eigentlichen Fachrichtung gehören.«

Auf die Frage, wie sie dieses Talent gefunden hat, antwortet sie: »Ich würde sagen, es ist viel mehr Leidenschaft als Talent. Ich habe mich sogar als gar nicht unbedingt talentiert dafür erlebt. Aber mit Leidenschaft für die Sache und für das Ziel habe ich es geschafft, neue Fähigkeiten zu entwickeln. Ich habe mich einfach durchgebissen. Bei der ersten Segelprüfung für Binnengewässer bin ich sogar beim ersten Mal durchgefallen. Ich war völlig verunsichert und habe geglaubt, das schaffe ich nie. Der Prüfer war ganz schlimm und hat mich herablassend behandelt. Ich hätte fast aufgegeben. Aber dann wollte ich es mir unbedingt beweisen und habe alles darangesetzt, mich nochmals vorzubereiten und es zu schaffen.«

Das Segeln gefunden zu haben, bedeutet ihr sehr viel. Was bedeutet es ihr?

»Meine Ferien verbringe ich am allerliebsten auf dem Meer. Mit einer tollen Crew unterwegs zu sein, begrenzt auf minimalen Platz und Material, erfordert viel Toleranz und Anpassungsvermögen, Teamgeist. Man verfolgt gemeinsam ein einziges Ziel: Crew und Schiff wieder sicher in den Hafen zurückzubringen und eine unvergessliche Zeit miteinander zu verbringen, draußen auf dem weiten Meer, unter freiem Sternenhimmel.«

Äußeren Druck gab es gegen diese Aktivität nicht?

»Nein, überhaupt nicht. Es war ein Entscheid aus einem inneren Bedürfnis heraus, ein vollkommen freier Entscheid. Und ich musste dafür sparen und auf andere Dinge verzichten. Äußeren Druck gab es ja nicht wirklich, weil ich mir diese Herausforderung selber ausgesucht habe. Der einzige äußere Druck war vielleicht, dass ich bei anderen nicht gerne zugegeben hätte, es nicht geschafft zu haben. Und auch wäre ich selber nicht gut damit klargekommen, etwas nicht geschafft zu haben.« Und auf die Frage hin, wie sie mit diesem inneren und äußeren Druck umgegangen ist, sagt sie: »Ich habe mir immer wieder mein Ziel vorgestellt und welche Möglichkeiten sich damit für mein Leben eröffnen. Ich wollte diese Bereicherung für mein Leben. Also habe ich gelernt; geübt, geübt, geübt, bis ich mich ganz sicher gefühlt habe.«

Unterstützt hat sie das Wissen, dass sie gerne neue Dinge erlernt und auch das entsprechende Durchhaltevermögen hat, wenn sie ein Ziel erreichen möchte. »Und zum anderen hat mich auch meine Familie dabei unterstützt. Als ich durch die erste Prüfung durchgefallen war, haben meine Schwestern mich motiviert, dranzubleiben, und mir sogar eine ›Nachhilfe-Segelstunde‹ finanziert.«

Was, würdest du sagen, ist das Wichtigste, um so etwas zu schaffen?

»Es wirklich zu wollen und sich durch nichts davon abbringen zu lassen.«

Da fällt mir der Ausspruch von Mark Twain ein:

»In 20 Jahren wirst du mehr enttäuscht sein über die Dinge, die du nicht getan hast, als von denen, die du getan hast. Also wirf die Bugleinen ab. Segele weg aus dem sicheren Hafen. Fang die Passatwinde in deinen Segeln ein. Erforsche. Träume. Entdecke.«

Es ist das Lieblingszitat des visionären Gründers von Virgin Records und Virgin Airlines, des Unternehmers Richard Branson.

Der Sache Respekt zollen, Kontrollen vermeiden

Wenn wir uns ganz klarmachen, warum wir etwas tun wollen, geben wir der Aktivität hohe Bedeutung. Wir respektieren dadurch unser eigenes Wollen. Es ist wichtig, was ich tun möchte. Ich respektiere meine eigenen Wünsche und kann diesen Respekt auch von meinem Umfeld erwarten.

Kein Mensch, außer uns selbst, hat das Recht, uns zu kontrollieren oder unsere Fort- oder Rückschritte zu überwachen. Wir brauchen das alles nicht. Wir steuern uns selbst, und keine Onlinecommunity oder kein soziales Netzwerk hat das Recht oder den Auftrag, uns dermaßen zu entmündigen. Wir halten unsere Fortschritte höchstens selbst im Auge (Self-Monitoring), indem wir zum Beispiel einen Aktionsplan entwickeln und unsere jeweiligen Schritte in die richtige Richtung abhaken. Dazu gibt es zum Beispiel Apps, die nur auf dem eigenen Smartphone bleiben und die Ergebnisse nicht in Communitys teilen. Wir sind unsere eigenen Menschen.

Reward: Selbstbelohnungen

Wir nutzen zur Selbstmotivation jede Gelegenheit, um uns selbst zu zeigen, dass wir auf dem Weg sind, der Mensch zu werden, der seine Vorhaben verwirklicht (z. B. Ich bin ein aktiver Mensch und nutze jede Gelegenheit, um …). Und was unser Vorhaben betrifft, sind kleine Handlungen in die richtige Richtung sowieso die bestmögliche Handlungsoption.

Um Gewohnheiten aufzubauen, starte mit einer kleinen Aktivität. Starte mit dem ersten Schritt. Starte zum Beispiel mit einer kleinen Runde, einem Angebot, einer Meditationsübung, einem Apfel, starte mit einem Glas Wasser. Starte mit etwas Kleinem und wiederhole es möglichst täglich.

Denn das menschliche Gehirn wird durch Belohnungen konditioniert. Uns selbst zu belohnen, meint nicht, uns etwas zu kaufen, zu gönnen. Uns selbst zu belohnen, meint in erster Linie, *wahrzunehmen, dass wir gerade gut gehandelt haben: Das habe ich gut gemacht! So provoziert jede erfolgreich abgeschlossene Handlung selbstbelohnende Gedanken.* Wir sind demnach nicht allein auf das Lob von anderen als Belohnung angewiesen, sondern haben das körpereigene Belohnungssystem in uns: Während einer Handlung wird der motivierende Neurotransmitter Dopamin ausgeschüttet, bei erfolgreichem Abschluss sind es die »Glückshormone« Serotonin und Oxytocin.

Um deren Produktion zu stimulieren, können wir uns selbst auf günstiges Verhalten hin reflektieren. *Immer wenn es uns gelingt oder gelungen ist, uns einen kleinen Schritt in die richtige Richtung zu bewegen, können wir uns diesen Schritt bewusst machen und im Selbstgespräch oder Gespräch mit dem Partner/der Partnerin aussprechen* (»Ich habe heute viel gelernt. Ich bin ein wissbegieriger Mensch!«, »Ich laufe! Ich bin ein Läufer!«, »Ich übe! Ich bin Musiker!«). Schon diese bewusste Wahrnehmung wird unbewusst als Belohnung registriert und stimuliert die nächste Handlung in diese Richtung: Ich bin auf dem richtigen Weg! Außerdem festigen die »Ich-bin-Formulierungen« unsere Identität. Und das ist mit der wichtigste Punkt: Es geht darum, mit welcher Identität wir uns selbst wahrnehmen. Wie wir uns definieren und wer wir dadurch sind. Wer zehn Minuten gelaufen ist, ist ein Läufer. Punkt.

Open Mindedness: Offen sein für Impulse

Tendenziell unterscheiden wir zwei Bewusstseinszustände, die auch für das Lernen hoch relevant sind: die Open Mindedness, also Offenheit für neue Erfahrungen, Neugierdeverhalten, Offenheit für neue Inhalte, Natur, Musik, Architektur, Geschichte, neue Menschen, Kulturen, Bauwerke, Politik, Literatur usw., oder die Verschlossenheit, einen Zustand der »Closed Mindedness« oder des »Fixed Mindset«, des »Das war schon immer so«, »Das geht nicht«, »Kann ich nicht«.

Open Mindedness korreliert hochgradig mit psychischer Gesundheit, Lernfreude und Wohlbefinden, das »Zu-Sein« eher mit psychischen Belastungen wie Burn-out, Depression und Angst. Wer erfolgreich sein Potenzial entfalten will, stärkt seine Offenheit, sein Open Mindset also, und damit sein Wohlbefinden, seine Lern- und Lebensfreude. Möglichst offen zu sein und zu bleiben ist ein wichtiger Schritt in der Verwirklichung von Lebenszielen und zur Stärkung der Motivation.

Wellbeing: Wohlbefinden leben

Falls du den obigen HiGrow-Zyklus durchlaufen hast, hast du Vorhaben bzw. Ziele gefunden, die deiner Persönlichkeit entsprechen und nicht fremd-, sondern selbstgesteuert sind. Wenn wir uns auf den Weg machen, diese zu verwirklichen, wächst unser Wohlbefinden. Neben dem höheren Niveau an Glücksempfinden korreliert hohes Wohlbefinden mit niedrigeren Werten bei kardiovaskulären Erkrankungen (Herz-Kreislauf, Blutdruck), geringerer Anfälligkeit für Burn-out, Ängste und Depressionen.[16]

Norbert: Lebenstraum erfüllen

Norbert, den 65-Jährigen mit grauen Haaren aus dem Eifeldorf, hatten wir ja schon früher kurz getroffen. Er hat seinen Lebenstraum verwirklicht und seine Freiheit gefunden.

Wir treffen uns am frühen Abend in seinem Haus und trinken einen kühlen Moselriesling.

Er ist in dem kleinen Ort in der Eifel geboren und hat sein ganzes bisheriges Leben dort verbracht. Der Ort hat 72 Einwohner, jeder kennt jeden. Norbert ist seit 40 Jahren mit derselben Frau verheiratet, hat zwei erwachsene Kinder und ein kleines Enkelkind.

Das Vorhaben

Er hat etwas Besonderes getan: »Ja, also schon so zwei, drei Jahre lang beziehungsweise eigentlich schon seit viel längerer Zeit hatte ich geplant, etwas zu machen, was man nicht jeden Tag macht – was man nur einmal in seinem Leben macht: Ich wollte hier von der Haustür bis nach Santiago de Compostela wandern. 2437 Kilometer. Und das habe ich dann umgesetzt. Ende März bin ich hier gestartet mit dem Ziel, da auch anzukommen, und das hat dann funktioniert.« Er hat die lange Strecke in Etappen eingeteilt, ist sie aber in einem Stück gelaufen, ohne zwischendurch nach Hause zu kommen. Quer durch Deutschland, Frankreich und Spanien. »Insgesamt in 89 Etappen in drei Monaten, dann war ich am 29. Juni in Santiago de Compostela.«

Sich Herausforderungen stellen

Warum geht man so eine weite Strecke?

»Ja, das war immer schon so eine Idee von mir. Dass es dann speziell der Jakobsweg geworden ist, das kam daher, dass der ja genau vor unserem Haus vorbeigeht und man hier oben öfter Pilgern begegnet. Da dachte ich: Ja, das ist eine Herausforderung, der kannst du dich stellen! Das willst du machen – einmal im Leben. Ich hatte ja keinen religiösen Grund, um das zu machen, es war eher die Herausforderung. Zu sehen: Schafft man so was? Wie weit kann man an seine Grenzen gehen? Mich also zu fragen: Kann ich das schaffen? Kann ich so was durchhalten über so eine lange Zeit? Und ich meine da auch den Körper, die Beine, Füße, alles muss ja mitmachen. Es war meine freie Entscheidung, zu gehen, ohne Druck.

Und ich habe das dann durchgehalten. Es waren natürlich auch die günstigen Umstände, es hat von der Witterung und allem super zusammengepasst, und dann macht es doppelt so viel Laune, das dann durchzuhalten. Beim Start hier war ja Frühjahr. In Spanien wird es bis zu 38 Grad im Sommer. Da schaut man natürlich schon nach den klimatischen Bedingungen: Wo bist du wann zu welcher Zeit? Entweder geht man im Frühjahr oder man geht im Herbst, sodass man in den heißen Zeiten, Juli, August, nicht gerade unterwegs ist. Eigentlich wollte ich am 14. März gehen, aber zum 60. Geburtstag meiner Frau, am 21. März, da wollte ich zumindest noch zu Hause sein. Also habe ich gesagt: Okay, dann gehe ich 14 Tage später.

Ich bin darauf gekommen, weil ich immer für Herausforderungen offen bin, immer gerne etwas ausprobiere, etwas Neues mache. Und habe mir dann gesagt: Wenn du irgendwann mal die Zeit bekommst in deinem Leben, um so was Außergewöhnliches zu machen, dann erfüllst du dir diesen Wunsch. Da kam mir von Berufs wegen zugute, dass ich Altersteilzeit machen konnte. Dann war ich ab 60 zu Hause und dann ist die Zeit gekommen.«

Unterstützer

»Meine Familie hat das mitgetragen, sie stand dahinter. Ich habe alles im Vorfeld organisiert, habe die anstehenden Aufgaben entsprechend verteilt, und die sind dann wirklich auch so angenommen worden. Jeder hat seinen Teil übernommen und mir dadurch den Weg frei gehalten, sodass ich das tun konnte.

Es gab aber auch Menschen, die gefragt haben: Wie kann man so was machen? Die Skepsis geäußert haben, die es mir nicht zugetraut haben, das zu schaffen. Aber die sind alle eines Besseren belehrt worden ... Und durch das Online-Tagebuch konnte ja auch jeder verfolgen, wo ich gerade unterwegs war. Im Online-Tagebuch habe ich jeden Tag dokumentiert mit kleinen Berichten und Fotos, sodass jeder das dann im Internet nachlesen konnte.«

Vorbereitung

Zur Vorbereitung erzählt er: »Ich habe ein Jahr für die Planung und entsprechendes Training gebraucht. Auch Muskelaufbautraining, damit man das mit dem Rucksack auch packt. Und dann halt Konditionstraining, Ausdauertraining, so zwei-, dreimal die Woche. Und hatte im Vorfeld schon rund 800 Kilometer trainiert dafür in dem Jahr. Von daher war ich gut gerüstet. Und hatte auch die Schuhe entsprechend eingelaufen, damit man da keine Überraschungen erlebt ... Mit neuen Schuhen so eine Strecke anzugehen wäre keine gute Idee!

Gut war, dass ich durch Zufall einen Pilger hier aus der Region kennenlernte, der den Weg als 65-Jähriger komplett gegangen war. Er gab mir Informationen – was man so braucht, worauf man achten muss. Wie packt man den Rucksack, was braucht man an Utensilien unterwegs, worauf muss man achten, was braucht man auch an Kleinigkeiten? Sei es nur das Pflaster ... Und natürlich habe ich mir auch entsprechende Literatur und Reiseführer besorgt, in denen der Weg mit all seinen Sehenswürdigkeiten und Übernachtungsmöglichkeiten beschrieben ist.

Der Pilger wollte zuerst einen Teil des Weges mitgehen, das hat dann aus gesundheitlichen Gründen nicht geklappt. Ich habe gesagt: Schade, aber ich mache das trotzdem! Dann gehe ich eben alleine. Und es war dann auch gut, alleine zu gehen: Wenn man den Weg alleine macht, muss man nicht so viel Rücksicht nehmen, man kann den Tag einteilen, wie man selbst will, und muss sich nicht absprechen: Was machen wir heute, wie gehen wir heute?

Man trifft ja unterwegs auch Leute und kann sich dann aussuchen, mit wem man zusammen gehen will: stunden- oder auch mal tageweise. Und dann trennt man sich wieder und trifft neue. Im Nachhinein hat sich herausgestellt, dass es vielleicht noch besser war, denn man öffnet sich mehr in der Kommunikation, ansonsten spricht man ja meist nur mit einem und öffnet sich Fremden nicht so.«

Bereicherung, Stolz und Glück

Was hast du, bei der Vorbereitung oder bei dem eigentlichen Weg, Neues an dir entdeckt?

»Ja, ich fand spannend: Wem begegnet man? Wie kommt man mit anderen Menschen, denen man auf dem Weg begegnet, und auch mit der Region, mit dem ganzen Umfeld klar? Wie kann man sich da arrangieren und inwieweit muss man sich arrangieren? Ich bin da offen und habe immer die Kommunikation gesucht mit denen, die ich da getroffen habe. So habe ich viele Bekanntschaften geknüpft und bis jetzt auch noch einige aufrechterhalten.

Man begibt sich auf einen Weg, wo man Menschen trifft, die die gleiche Einstellung haben wie man selbst. Ja, es ist eine super Herausforderung und ein super Erlebnis!

Von den 89 Etappen waren ja 86 in Frankreich und Spanien und ich kann ja kein Französisch, kein Spanisch und mein Schulenglisch habe ich lange nicht intensiv eingesetzt. Aber: Man wächst an der Aufgabe! Mein Englisch hat sich durch diese Reise dann wieder verbessert, weil das die Sprache ist, die unterwegs alle sprechen.

Und irgendwie ging es auch ohne Französisch und Spanisch, denn es hat immer funktioniert, dass ich abends ein

Quartier hatte. Selbst wenn auch der andere nicht so sattelfest in Englisch war, war aber doch abends die Reservierung für das Quartier gelungen.«

Ich gebe zu, dass ich große Angst hätte, nachts irgendwo zu stehen …

»Gut, in den ersten Wochen, als ich durch Lothringen gegangen bin, was nicht so dicht besiedelt ist und wo Unterkünfte auch nicht so üppig vorhanden sind, da war schon manchmal die Sorge: Oh, findest du etwas für heute Abend? Aber ich hatte mir für die erste Etappe einen Schlafsack mitgenommen, um dann, wenn es eng geworden wäre, irgendwo übernachten zu können – im Freien, in einer Scheune, einer Kirche oder wo auch immer, einfach im Schlafsack. Aber den habe ich gar nicht gebraucht, weil die Menschen auf dem Weg sehr hilfsbereit waren und manche gesagt haben, wenn du sonst nichts findest, bleibst du halt bei mir, dann kannst du bei uns übernachten.«

Auf die Frage, was es ihm bedeutet, diesen Weg gegangen zu sein, sagt Norbert: »Also, dieses Aufeinandertreffen der verschiedenen Kulturen – Menschen aus allen Nationen, man hat Menschen aus allen Nationen getroffen: ob das jetzt Europäer waren oder Afrikaner oder Südamerikaner – selbst Asiaten, Japaner und aus China, Korea, aus allen Kontinenten haben Menschen sich da kennengelernt oder getroffen und miteinander gesprochen, auch über Ängste, Sorgen, Nöte, und man hat versucht, sich gegenseitig Mut und Zuspruch zu geben. Also dieser Zusammenhalt der Menschen, die auf diesem Weg unterwegs sind, das ist schon einzigartig, würde ich sagen (schluckt). Das Ziel für alle war ja gleich, da gab es keinen Streit, da gab es keine Disharmonie, das hat funktioniert. Und das war für mich auch so prägend (schluckt), zu wissen, man kann auch mit Menschen anderer Kulturen und Herkünfte prima zurechtkommen. Und auch gemeinsam gehen. Gemeinsam einen Weg gehen. Es ist eine großartige Bereicherung, und das bleibt. Auch die Bekanntschaften. Ich habe noch eine Bekanntschaft aus Toronto, aus Kanada, und auch Deutsche aus dem Schwarzwald, oder aus der Schweiz habe ich noch Menschen, mit denen ich regelmäßig kommuniziere. Per Internet.

Ja, und es bleibt auch etwas anderes: Zurzeit kommen jährlich 300 000 Pilger in Santiago de Compostela an, aber diejenigen, die das über eine längere Strecke gelaufen sind, das sind maximal ein Prozent, und man gehört zu diesem einen Prozent dazu, die die Strecke an einem Stück gegangen sind. Also, da kann man stolz drauf sein.«

Norbert hat über seine Online-Plattform bekannt gegeben, dass er mit seinem Gang nach Santiago de Compostela auch Menschen mitnehmen wolle, die das nicht machen könnten, und hat zu einer Spendenaktion für den Verein für krebskranke Kinder aufgerufen. Im Laufe der Monate kam eine ansehnliche Summe zusammen, die er dem Verein nach seiner Rückkehr übergab. Auch das kann ihn mit Stolz erfüllen.

Zutrauen zu sich selbst

»Und dann das Glücksgefühl natürlich. Wenn man dann in Santiago de Compostela ankommt, nach Tausenden von gelaufenen Kilometern. Ja, schon allein, wenn man dann vor der Kirche steht, das ist dann schon ... Das sind ja viele, die da ankommen, und man fällt sich dann um den Hals und beglückwünscht den anderen, dass er das geschafft hat. Und umgekehrt haben die mich beglückwünscht, dass ich das geschafft habe (schluckt). Dann geht man in die Messe und in der Kirche sind ein paar Tausend Pilger – also das ist schon überwältigend, wenn man da steht. Da fällt eine Last ab: Jetzt hast du es geschafft!«

Ich frage ihn, ob er während des Laufens auch mal innere Widerstände gehabt hat. Ob er mal dachte: Oh, jetzt ist es aber gut!

»Nein! Ich hatte kein einziges Mal den Gedanken: Jetzt musst du aufgeben. Oder: Warum machst du das? Der Gedanke, die Flinte ins Korn zu werfen, wie man das salopp sagt, kam zu keiner Zeit. Vielleicht war es auch dem Umstand geschuldet, dass die äußeren Bedingungen so günstig waren. Das Wetter war gut, ich habe viele nette Leute kennengelernt und hatte auch gesundheitlich keine Probleme. Weder mit den Füßen noch mit den Gelenken noch mit dem Rucksacktragen, keinerlei Rückenschmerzen. Von daher war das Ganze eine runde Sache und ich hatte auch nie den Gedanken, aufzugeben.«

Wenn du das alles jetzt betrachtest, was würdest du vielleicht auch den Leserinnen und Lesern sagen, die etwas Wichtiges machen wollen: Was ist das Wichtigste, um so eine Sache zu schaffen?

»Man muss sich das zutrauen. Man muss an sich selbst glauben, dass man das schafft, und muss den inneren Schweinehund dann überwinden. Wenn man dann eine größere Herausforderung hat, muss man zu sich sagen: Und du schaffst das! Und du hältst das durch!«

Warum ist Herausforderung für dich so wichtig?

»Ja, das war ja schon beruflich so, dass man immer was Neues gesucht hat. Ich wollte immer neue Aufgaben, Herausforderungen ... ich wollte immer was Neues probieren, damit man nicht in so eine Monotonie fällt. Ich wollte was Neues angehen.«

Warum? Für wen?

(Pause) »Ja, für mich selbst! Um zu sehen: Ja, ich kann das schaffen, wenn ich das will. Man muss nur sagen, ja, jetzt fängst du an damit, und dann eben kontinuierlich daran festhalten. Dann kommt der Erfolg.«

Was ist wichtig? Einfach sich trauen, etwas Neues anzufangen und dann auch daran arbeiten, dass es zu einem Erfolg oder einem guten Abschluss kommt.

Norberts Familie veranstaltete bei seiner Rückkehr ein Wiedersehensfest mit Verwandten, Freunden und Dorfbewohnern. »Eine schöne Überraschung war das, als ich nachmittags hier ankam und die Leute auf der Straße standen.«

Motivationsressourcen stärken

Unglaublich, wie stark wir sind, wie viele Ressourcen wir haben, wie viele Möglichkeiten, motiviert und froh zu leben! Immer wieder erzählten mir meine Interviewpartner, dass sie eine innere oder äußere Stärke gefunden hatten, die ihnen bei der Verwirklichung ihrer Ziele geholfen hat. Wir haben Motivationsressourcen als personale Ressourcen in uns selbst und als soziale Ressourcen in uns selbst und unserem Umfeld.

Personale Ressourcen

Die personalen Ressourcen umfassen die Merkmale unserer Person, die wir von Geburt an erworben haben (z. B. Geschwisterreihenfolge), und solche, die wir genetisch oder durch Persönlichkeitsentwicklung erworben haben wie etwa Optimismus oder Selbstwirksamkeitserwartungen.

Tatsächlich gibt es eine Reihe von Ressourcen, die uns oft gar nicht bewusst sind, uns aber dabei unterstützen, unser gutes Leben zu leben und unseren Wünschen, Träumen und Zielen zu folgen. Dieses Kapitel zeigt, welche es sind.

Geburtsglück

Manche Menschen haben eine günstige Art, die andere fröhlich, mutig, motiviert, unterstützt oder beschwingt fühlen lässt. Es sind eher offene, aktive Menschen, die durch diesen Wesenszug schon als kleines Kind höhere Aufmerksamkeit erhalten haben. Eltern, Geschwister, Freunde, Tanten, Onkels machen eben eher »dutzidutzi« mit dem lustigen Kind als mit dem grimmigen. Das bringt frohen Kindern mehr Zuwendung und Unterstützung schon in frühen Jahren.

Auch allein die/der Erstgeborene zu sein, das ist an sich schon prima, denn Erstgeborene bekommen ebenfalls mehr Aufmerksamkeit – es war ja sonst noch niemand da, der offener, fröhlicher oder aufmerksamkeitsergatternder ist als sie/er. Und falls du eine Frau bist, hast du auch diesen Wettbewerbsvorteil: Mädchen erhalten in der Kindheit mehr Zuwendung und Unterstützung.

An alledem können wir wenig ändern. Höchstens bei Zwillingen hätte sich der/die andere etwas vordrängeln können. Na ja. Ich selbst bin drittes Kind von vieren, war eher schreiend als nett, aber eben zumindest ein Mädchen …

Aber – und hier kommt die frohe Botschaft – es gibt auch beeinflussbare Persönlichkeitseigenschaften, Fähigkeiten und Fertigkeiten, die besonders hilfreich sind, ja, eigene Ressourcen für die Lebenskraft darstellen!

Ganz besonders hilfreich für unser gesamtes Leben sind:

Selbstwirksamkeit

Hohe Selbstwirksamkeitserwartungen (SWE) sind das wertvolle Geheimnis wirksamer Menschen. Sie zeigten sich darin, wie viel Vertrauen wir in die eigenen Fähigkeiten haben und wie sehr wir davon ausgehen, auch in schwierigen Situationen handlungsfähig zu bleiben (»für jedes Problem kann ich eine Lösung finden«).

Wirksam wollen wir sein, wirkungsvoll. Neue Aufgaben gerne angehen und dranbleiben, auch wenn es heikel wird. Nicht aufgeben. Sich auch von hohen Hürden nicht schrecken lassen. Dinge voranbringen. Und wie das?

So weiß der eine, dass er den Klettersteig zum Dorf auf der Anhöhe schaffen wird, und der andere, dass er besser das Auto dorthin nimmt. So weiß die eine mit traumwandlerischer Sicherheit, dass sie die Hausarbeit noch bis zum Abgabetermin schafft, und arbeitet beherzt vor sich hin, während die andere stundenlang im Internet über »Schreibblockaden« recherchiert.

Dennoch kann es sein, dass die Studierende mit Schreibblockade morgen einen Halbmarathon rennen wird und weiß, dass sie es schaffen wird, denn das Maß der Selbstwirksamkeitserwartung hängt von den spezifischen Kontexten (Domänen) ab. So glaubt beispielsweise eine Frau, ihr liege mathematisches Denken (hohe SWE für Mathematik), während sie davon ausgeht, im USA-Urlaub nicht gut Englisch sprechen zu können (niedrige SWE für Fremdsprachen). Gleichzeitig weiß sie aber, dass es ihr leichtfällt, neue Freunde zu gewinnen und diese auch zu halten (hohe soziale SWE).

Und dieser Wirksamkeitsglaube hat Konsequenzen: Je höher die Selbstwirksamkeitserwartungen, desto höher ist die Bereitschaft, sich auch in schwierigen Situationen einer Aufgabe zu stellen. Mangelnder Glaube an die eigene Selbstwirksamkeit führt hingegen dazu, dass wir eine Aufgabe erst gar nicht in Angriff nehmen oder diese abbrechen, wenn erste Hindernisse auftreten.

Wie wir also unsere Fähigkeiten einschätzen, hat ganz entscheidende Auswirkungen auf das, was wir wirklich tun, und auch auf das, was wir wirklich erreichen. Denn wer glaubt, er könne rechnen, Englisch sprechen, Freunde gewinnen, einen Partner finden, fängt an, bleibt dran und hat auch eher wirklich Erfolg. Wer das nicht annimmt, hat eher Hemmungen, damit anzufangen, oder Probleme, es durchzuhalten – wodurch sich die »Nicht-können-Annahme« bestätigt.

Also ist es wichtig, die Quellen eigener Selbstwirksamkeitserwartungen zu nähren. Albert Bandura, der oft zitierte kanadische Psychologe, nennt vier Quellen der Selbstwirksamkeit (1994)[1]:

1. Bisherige Erfahrungen: Die erfolgreiche Bewältigung von Herausforderungen ist der effektivste Weg zur Steigerung der Selbstwirksamkeit.
2. Beobachtete Modelle/Vorbilder: Zeigt ein Mensch, welcher dem Betrachter ähnlich ist, ein erfolgreiches Verhalten, nimmt der Betrachter eher an, er könne sich auch so verhalten.
3. Bestätigung durch andere: Bestärkt das Umfeld die Fähigkeiten des Menschen, nimmt dieser eher an, die Aufgabe bewältigen zu können.
4. Und schließlich die körperlichen Signale: Herzrasen, Schweißausbrüche, Zittern usw. werden in Stresssituationen als Angstsignale wahrgenommen und als mangelnde eigene Kompetenz gedeutet. Nimmt ein Mensch hingegen wahr, gelassen zu sein, wird dieses als Kompetenzerleben gedeutet.

Also auf den Punkt: Prima sind

- Herausforderungen, die wir schaffen und abschließen,
- Menschen, die geschafft haben, was wir vorhaben,
- Menschen, die uns bestätigen, und
- Entspannungsübungen, die helfen, gelassen zu bleiben.

Das zentrale Geheimnis, um das zu machen, was wir uns wünschen, ist also wirklich schlicht: »Ich schaffe das!« Neue Untersuchungen haben übrigens gezeigt, dass Selbstgespräche in »Du-Form« besser wirken! – »*Du schaffst das! Und wenn du es nicht kannst, kannst du es lernen!*« Wir sollten uns selbst nicht ›ich-zen‹, wir sollten uns duzen. In diesem Sinne: Du schaffst das!

So wie Stella, sie ist 50 Jahre alt, ist verheiratet und hat zwei Kinder.

Du hast etwas sehr Besonderes für dich gefunden: Bitte erzähle doch mal.

»Vor dreieinhalb Jahren, also mit bereits 46 Jahren, habe ich mit dem Bachelorstudium der Psychologie begonnen. In einem Alter, in dem andere Menschen beruflich gesettelt sind und sich in guten Positionen befinden, gutes Geld verdienen, habe ich beschlossen, noch einmal ganz von vorne anzufangen.«

Welche besondere Fähigkeit/Eigenschaft hast du dabei an dir entdeckt?

»Während meines Studiums habe ich gemerkt, dass ich ein wahnsinniges Feingespür habe, bei Menschen, die Probleme haben, zu entdecken, was der tiefere Grund für diese Probleme ist. Ich merkte bei Übungen zur Gesprächsführung, dass sich die Menschen mir gegenüber öffneten, loslassen konnten, was mir wiederum half, ihnen eine andere Sicht auf ihre Probleme zu geben, und ihnen somit ermöglichte, eigenständig Lösungswege für ihre Probleme zu finden.«

Was bedeutet es dir?

»Ich hatte in den Neunzigerjahren schon einmal studiert (technische Physik). Bei diesem Studium ist zum Ende hin sehr viel schiefgelaufen, weswegen ich damals nach der bestandenen Diplomprüfung mein Studium abgebrochen habe (…). Aber der bittere Nachgeschmack des seelischen Drucks, den das hinterlassen hat (du hast das Studium nicht fertig gemacht, du bist ein Versager), hat mich jetzt sehr motiviert, das durchzuziehen.«

Stella möchte Menschen Mut machen, die sich in einer ähnlichen Situation befinden. »Ich kann sagen, dass man/frau sich unglaublich gut fühlt, wenn man so ein Studium im fortgeschrittenen Alter anfängt und dann auch zu Ende bringt. So eine Entscheidung verändert das ganze Leben. Der Selbstwert wird erhöht, das Selbstbewusstsein und die Selbstüberzeugung. Man weiß, dass man noch nicht ›zum alten Eisen‹ gehört. Man kann genauso viel kognitiv leisten wie die jungen Mitstudierenden. Okay, vielleicht schreibt man nicht mehr so gute Noten in den Klausuren, aber das Gesamtwissen und die Lebenserfahrung, die schon vorhanden sind, helfen einem, schneller und effektiver Zusammenhänge zu erkennen. Lernen hält jung und aktiv. Sowohl im Geist als auch im Körper. Man fühlt sich wertgeschätzt, wenn die jüngeren Studierenden einen um Hilfe bitten, wenn es um Zusammenhänge geht, die sie nicht verstehen, weil sie gewisse Zeiten einfach noch nicht miterlebt haben. Auch die Familie ist stolz auf einen, wenn man so ein Studium so spät beginnt und das durchzieht. Die eigenen Kinder profitieren von der Vorbildfunktion, was das Lernen und das Zeitmanagement angeht.

Man ist nie zu alt, um etwas Neues zu beginnen. Besonders wenn man merkt, dass das Alte für einen selbst nicht mehr funktioniert. Jeder Mensch ist im Laufe seines Lebens Veränderungen unterworfen. Und dazu gehört natürlich auch, dass man erkennt, dass manchmal ein Job, eine Familienkonstellation, ein Lebensweg nicht mehr das Richtige für einen ist. Um dann wirklich glücklich und zufrieden zu sein bzw. zu werden, wenn man es nicht mehr ist, muss man solche Entscheidungen zu grundlegenden Veränderungen fällen – das gehört dazu. Man darf sich trauen, sich selbst einzugestehen, dass es nicht mehr passt und dass etwas anderes besser passt. Und der Zugewinn an Selbsterkenntnis ist für den Rest des Lebens einfach unbezahlbar.«

Optimismus und Lebensfreude

Optimismus meint die tendenzielle Zuversicht, dass sich Dinge positiv entwickeln, unabhängig von vorausgegangenen Erfahrungen. Es ist die positive Einstellung gegenüber Ereignissen und das Gefühl, im Leben sinnvoll aufgehoben zu sein.

»Meine Zukunft sieht gut aus.«

»Mein Leben verläuft in guten Bahnen.«

»Ich habe mehr Freude als die meisten anderen Menschen.«

Diese Aussagen sind typische Items aus Optimismus-Fragebögen. Oder eben auch:

»Was auch passiert, ich kann meist die gute Seite daran sehen.«

Die intensive Wertschätzung gegenüber dem Leben und positive Gefühle im Zusammenhang mit eigenem Sein, Fähigkeiten, Eigenschaften und Umwelteinflüssen prägen das zweite Moment in diesem Zusammenhang, die Lebensfreude:

»Ich freue mich über das, was mir gelingt.«

»Ich freue mich, dass andere mich mögen.«

»Ich freue mich, lebendig zu sein.«

Eine optimistische, lebensfrohe Einstellung ist eine großartige Ressource für das eigene Leben. Darin können wir uns täglich weiterentwickeln, indem wir unsere Wahrnehmung darauf ausrichten.

Kohärenzgefühl

Kohärenz (vom lateinischen »cohaerere« = zusammenhängen) meint das Gefühl, in der Welt aufgehoben zu sein. Das Gefühl, stimmig mit der Welt verbunden zu sein. Die Beziehungen zwischen Einzelheiten des Lebens werden dabei als zusammengehörig empfunden. Ja, in stimmigen Momenten erleben wir einen Sinn in dem, was uns geschieht und was wir erleben; es ist das Gefühl, dass es einen Zusammenhang und Sinn im Leben gibt und man der Willkür des Schicksals nicht ausgeliefert ist.

Der Soziologe und Mediziner Aaron Antonovsky entwickelte das Kohärenzkonzept (1987)[2] und beschrieb damit eine Lebensorientierung, mit der Menschen ein beständiges Gefühl der Zuversicht haben, es ist die Haltung zum Leben.

Kohärenz beschreibt den harmonischen Zusammenhang zwischen den einzelnen Teilen unseres Lebens. *Was wir tun und sagen, stimmt überein, was wir als wichtig erachten und wie wir leben, stimmt überein. Was wir fühlen und tun, stimmt überein, wir sind uns selbst vertraut; wir sind uns selbst nah und in uns selbst zu Hause.* Was wir tun, hat Sinn, weil es weiterträgt, was wir im tiefsten Inneren wirklich sind – wirklich, wirklich sind.

Und diese Einheit von Sein, Wollen und Tun führt zu tiefem Vertrauen in uns selbst: Die Herausforderungen des Lebens lassen sich bewältigen. In stimmigen Momenten trotzen wir der Unsicherheit des Lebens durch das Urvertrauen in uns selbst und unser Leben. Egal, was ist und wird, ich werde es bewältigen und es wird sinnvoll sein, was ich tue. Und es wird gut sein.

Verstehbarkeit, Handhabbarkeit und Sinnhaftigkeit sind die zentralen Elemente der Stimmigkeit und führen letztendlich in die Aufforderung der griechischen Mythologie: Werde, der du bist!

Verstehbarkeit beschreibt die Haltung, die eigene Welt als stimmig und geordnet wahrzunehmen, Zusammenhänge zu erkennen, die eigene Welt zu verstehen. Und sie zeigt sich in der Beantwortung von Fragen wie: Wenn du mit anderen Leuten sprichst, hast du das Gefühl, dass diese dich nicht richtig verstehen? Wie oft sind deine Gefühle und Ideen ganz durcheinander?

Handhabbarkeit zeigt sich in dem Gefühl, Aufgaben lösen zu können, über Ressourcen zu verfügen, um das eigene Leben gut meistern zu können. Sie wird erfragt mit: Hast du manchmal das Gefühl, dass du in einer ungewohnten Situation bist und nicht weißt, was du tun sollst? Hast du das Gefühl, dass du ungerecht behandelt wirst? Wenn in der Vergangenheit etwas Unangenehmes geschah, neigtest du dazu, dich deswegen aufzureiben, dich innerlich zu verzehren? Oder sagtest du dir eher: Nun gut, so ist es eben, damit muss ich leben und weitermachen!?

Sinnerleben schließlich zeigt sich in einer Haltung, dass Anstrengungen sinnvoll sind, um Ziele und Ideen zu verwirklichen. Entscheidend sind Antworten auf Fragen und Ergänzungen von Sätzen wie: »Kommt es vor, dass es dir ziemlich gleichgültig ist, was um dich herum passiert?«, »Das meiste, was du in Zukunft tun wirst, wird wahrscheinlich … sein«. Zu füllen mit einer Antwort auf einer Skala von »todlangweilig« bis »völlig faszinierend«.

Ja, nun ist der Winter da und der zweite Lockdown auch – Massenquarantäne kurz vor Weihnachten. Keine Freunde zu Besuch, meine Friseurin hat erst vor einem halben Jahr hoch motiviert ihr Geschäft übernommen und renoviert, und jetzt darf niemand zu ihr kommen, der Chef unseres Lieblingsrestaurants fährt spätabends selbst durch die Gegend und bringt uns das Essen, an dem er kaum was verdienen kann, die Videoproduziererei für die Vorlesungen langweilt mich bis zum Anschlag, Konferenzen – ansonsten ein inniger Austausch mit Kolleginnen und Kollegen – finden nur noch online statt, werden auf unbestimmte Zeit verschoben oder fallen angesichts der wachsenden »Zoom-Fatigue« ganz aus.

Ich habe, wie Constanze aus dem Streichquartett, auch erst vor einigen Jahren mit dem Cellospielen angefangen. Es war immer mein tiefer Wunsch gewesen, dieses wunderbare Instrument spielen zu lernen, und irgendwann habe ich dann endlich Unterricht genommen.

Barbara, meine Cellolehrerin, unterrichtet während der Pandemie online. Am Anfang fand ich es noch ganz interessant, inzwischen aber nervt mich mein virtuelles Gekratze. Gemeinsam können wir nicht spielen, weil es online nie richtig synchron wird, die Töne per Zoom nur von jeweils einer Person übertragen werden und das andere Mikro dann abgeschaltet ist. All die Online-Videos von Orchestern und Chören, die derzeit in den sozialen Netzwerken auftauchen, sind nach und nach mit einzelnen Stimmen aufgezeichnet und zusammengeschnitten worden. Also spielt Barbara etwas vor und ich versuche es gescheit zu hören, auf dem Bildschirm zu sehen und nachzufiedeln.

Mal ist die Kamera zu hoch, zu tief, mal das Mikro zu laut oder zu leise oder krächzend ausgefallen, mal steht das Notenpult vorm Bild oder Notenblatt und Bild sind zu dunkel. Ab und an bricht die Leitung ganz zusammen. Für ihren Langmut und Humor, mit dem sie seit fast einem Dreivierteljahr Stunde für Stunde, Tag für Tag ihre Schülerinnen und Schüler so geduldig online bei der Stange hält, bewundere ich sie. Mich würde es wahnsinnig machen. Ich möchte wieder gemeinsam Musik machen, wieder in das von ihr gegründete Celloorchester gehen und gemeinschaftliche Klänge hören. Über sechzig Cellisten spielen dort zusammen. Ich war Teil davon – ein wunderbar dröhnender Klang, der durch Mark und Bein geht und das Herz bewegt. Nicht so in diesem Jahr.

Anfang Dezember rast ein Amokfahrer durch die Trierer Innenstadt und tötet fünf Menschen: Frauen, Männer, eine Studierende von uns, ein Baby. Viele werden verletzt. Andrea sah die Verhaftung des Fahrers von ihrem Auto aus.

Als die Rettungskräfte eintrafen, fanden sie keinen Verletzten, der nicht schon von anderen Menschen versorgt worden war. Niemand lag allein am Boden. Unser Oberbürgermeister verliert vor laufenden Kameras die Fassung: »Ich bin gerade durch die Innenstadt gelaufen – es ist einfach nur schrecklich. Da steht ein Turnschuh – das Mädchen dazu – ist tot.« Dann bricht er ab. Durch seine tief menschliche Reaktion weckt er eine Welle des Mitgefühls. Einige Tage später gehen wir abends in die Stadt. Alles voll Kerzen, Rosen. Da, wo Menschen starben, sind Lichtkreise auf dem Kopfsteinpflaster. Wo das Baby starb, liegen Teddybären. Gespenstisch, als von Ferne eine Weihnachtsglocke ertönt: »Süßer die Glocken nie klingen als zu der Weihnachtszeit …« Alle sind still, keiner spricht. Alle ruhig, versunken. Trier hält unter den Masken den Atem an und steht zusammen. Das menschliche Leid hat verbindende Kraft.

Meine Mutter war Weihnachten immer bei uns. Wir holten sie aus dem Münsterland ab, dorthin, wo ich oder inzwischen wir gerade lebten, und verbrachten schöne Zeiten mit ihr in all den Jahren. Zuerst in Essen, dann in Speyer, später in Karlsruhe und Münster und schließlich in der Nähe von Trier in unserer Wassermühle und jetzt hier im Bergdorf in der Eifel. Nach einer Thrombose im Bein ist sie im letzten Jahr dann mit 90 Jahren gestorben. Wer sie kannte, weiß, was wir vermissen.

Als 14-Jährige ist sie allein mit dem Koffer quer durch die Frontlinien zu ihrer Mutter in Süddeutschland gelaufen, als 17-Jährige hat sie für die Soldaten am Westwall gekocht, mit 24 war sie Krankenschwester und hat meinen studierenden Vater mit organisiertem Krankenhausessen durchgefüttert, welches sie auf sein Signalpfeifen hin (Beethovens Fünfte) aus dem oberen Stockwerk im hohen Bogen in den Hof warf. Dann hat sie vierzig Jahre lang uns vier Kinder großgezogen und schließlich über zehn Jahre lang meinen an Alzheimer erkrankten Vater betreut und gepflegt. Sie war warmherzig, hat jedem Bettler auf der Straße etwas zugesteckt, jedem Traurigen beigestanden.

Und unkonventionell war sie. Ich erinnere mich an ihre großen Hüte in unserer Kindheit, an ihre unorthodoxe Art, unsere vom Dreirad, Roller oder der Katze verursachten Macken in den Wänden zu »reparieren« (Zahncreme), Katzenpinkelgeruch zu überdecken (4711) oder Bilder an die Wand zu hängen (Kleiderbügelhaken oder Nähnadel). Aber auch ihre Vorschläge zur Entsorgung von Nikes Hundekot (»Schmeiß doch einfach über den Zaun« – ich sag jetzt nicht, welches Nachbargrundstück sie vorgeschlagen hat) oder andere humorige Vorschläge hatten es in sich. Dass sie gelegentlich ihre Haare mit PRIL gewaschen hat oder sich beim Spaziergang auf ein Starkstromaggregat setzte (»Vorsicht! Lebensgefahr!«) und ihre Füße gleichzeitig im aufgespannten Regenschirm positionierte (»Nicht, dass die Zecken mich fressen«), hatte auch etwas ganz Spezielles.

Bis heute weiß ich nicht, ob sie so etwas ernst meinte oder ob sie Späße machte – das blieb ihr süffisant lächelndes Geheimnis.

Was ich von meiner Mutter gelernt habe, ist die begeisterte Offenheit für schräg wirkende Ideen. Zum Beispiel am Heiligabend eine inzwischen 90-jährige Jugendliebe nach 65 Jahren mal eben so anzurufen (um dann mindestens eine halbe Stunde mit ihm zu telefonieren und den Mann völlig aus seiner eingerichteten Pensionärslangeweile zu erwecken), mit einem Planwagen, der ganzen Großfamilie und zwei abgehalfterten Ackergäulen wochenlang durch die Wildnis zu kutschieren oder sich erfolgreich gegen unsere diversen Handys zu wehren, die wir ihr im Laufe der Jahre inklusive Verträgen geschenkt hatten. Für uns wäre es ein Segen, wenn wir sie ständig hätten erreichen könnten (»Mama, so und so, was meinst du dazu?«, »Wo bist du gerade?«, »Geht es dir gut?«, »Was soll ich machen?«). Aber sie weigerte sich erfolgreich gegen unsere permanente fürsorgliche Belagerung. Vielleicht brauchte sie einfach ihre Freiheit – ihre kleinen Fluchten. Wenn sie irgendetwas nicht wollte, konnte sie ungeheuer starrsinnig sein. Sie fand spannend, was das Leben ihr zu bieten hatte und was sie im Leben machte. Sie hatte Wünsche, Träume und klare Ziele und griff aktiv ins Leben ein, weil sie es gestalten wollte. Sie lebte stimmig.

Annette von Droste-Hülshoff schrieb mal über ihre Mutter: »Wo man am meisten fühlt, weiß man nicht viel zu sagen.« Sie muss wirklich eine langweilige Mutter gehabt haben.

Wie dem auch sei, weil meine Mutter Weihnachten immer bei uns gewesen war, hatten Andrea und ich im letzten Jahr beschlossen, Weihnachten nun ganz anders zu feiern und zu verreisen. Wir blieben über die Feiertage auf Gran Canaria, und die Sonne im Winter hatte uns so gutgetan, dass wir uns entschieden haben, nun öfter Weihnachten in der Sonne zu verbringen – jenseits des Trubels, der Weihnachtsbäume und *Last Christmas*. Doch an diesem Weihnachten wird das wegen des Reiseverbots nichts. Eine allgemeine Ermüdung hat um sich gegriffen im Winter 2020, eine Erschöpfung, die sich auch bei uns zeigt.

»Oh, mein Schatz, ich laber dich zu …«

»Nein, ich bin nur so müde, ich kann nichts mehr antworten.«

»Du brauchst nichts mehr antworten – ich möchte einfach nur reden.«

»Okay.«

Kurz vor Heiligabend fahren wir im Regen zum Baumarkt, der zwar geschlossen ist, aber noch seine Weihnachtsbäume verkaufen darf.

Vor uns wird ein Mann bedient. Der Verkäufer geht mit ihm durch die Baumreihen und der Mann bleibt vor einem Baum stehen. Da sagt der Verkäufer: »Der ist nicht so ganz gerade.« Der Mann schaut ihn an und antwortet: »Ach, es war ein Scheiß-Jahr. Es kann ruhig ein Scheiß-Baum sein.« So ungefähr ist die Stimmung in deutschen Herzen Weihnachten 2020. Dass der Mann dann sein Cabriodach im Regen öffnet, seinen Baum auf die Beifahrerseite stellt und mit wackelndem Baum im Regen davonfährt, lässt Andrea und mich sprachlos werden – bis wir dann in einer Lachsalve enden.

Unser Baum ist in diesem Jahr 60 Zentimeter groß, steht im Topf und hat Wurzeln. Wir haben Sehnsucht nach Lebendigkeit und wollen ein todgeweihtes Teil zurzeit wirklich nicht im Wohnzimmer. Lieber mit Wurzeln. Im Frühling wollen wir ihn auspflanzen.

An anderer Stelle habe ich einmal geschrieben: In stimmigen Momenten nehmen wir an, die Welt um uns herum zu verstehen, wir halten uns für handlungsfähig und gehen davon aus, externale und internale Lebenskontexte lösen zu können. Wir sind uns unserer Selbststeuerungsfähigkeit gewiss. *My way.*[3] Und der Kohärenzsinn ›ist durch das Bestreben charakterisiert, den Lebensbedingungen einen subjektiven Sinn zu geben und sie mit den eigenen Wünschen und Bedürfnissen in Einklang bringen zu können‹.[4] Letztendlich zielt unsere persönliche Entwicklung darauf ab, Stimmigkeit mit dem Leben zu schaffen.[5]

Talente, Interessen und Hobbys

Und da sind wir auch schon bei dem selbstentwickelnden Thema schlechthin: Talente, Interessen und Hobbys können ein ungeheurer Fundus an innerer Ressource sein. Singen, Klavier oder Gitarre spielen, den Garten bepflanzen oder laufen gehen – all das wird immer wieder als zentrale Ressource des Lebensglücks beschrieben (siehe unsere Umfrage, Exkurs Seite 96 f.).

Daneben sind Selbstwirksamkeit, Optimismus, Lebensfreude und Kohärenzgefühle also die persönlichen Ressourcen, die wirklich Kraft geben und Selbstbestimmung fördern. Wir sollten sie also wie unseren Augapfel hüten und uns diesbezüglich voranbringen.

Und doch soll an dieser Stelle angemerkt werden, dass die Chancen auf personale Ressourcen ziemlich ungleich in unserer Gesellschaft verteilt sind. In der breit angelegten Studie des Robert Koch-Instituts von 2007 (KiGGS-Studie) wurden Kinder und Jugendliche in Deutschland hinsichtlich der Einschätzung ihrer personalen Ressourcen befragt.

Im Durchschnitt geben 79,8 Prozent der Befragten an, über ausreichende personale Ressourcen zu verfügen, 8,9 Prozent weisen geringe eigene Defizite aus und 11,2 Prozent stufen ihre personalen Ressourcen als »defizitär« ein. Mädchen (13,0 Prozent defizitär) gaben an, über geringere personale Ressourcen zu verfügen als Jungen (9,5 Prozent defizitär), Kinder und Jugendliche mit Migrationsstatus (13,0 Prozent defizitär) über geringere als Nicht-Migrant/-innen (10,9 Prozent defizitär). Die größten Varianzen finden sich jedoch zwischen den Kindern und Jugendlichen aus Familien mit niedrigem sozioökonomischem Status (13,8 Prozent) und Jugendlichen mit hohem sozioökonomischem Status (8,2 Prozent).[6]

Mädchen und/oder Migrantinnen und Migranten und/oder Kinder und Jugendliche mit niedrigem sozioökonomischem Status sind also klar benachteiligt. Oder anders formuliert: Mädchen, Migrantinnen/Migranten oder arme Kinder/Jugendliche haben hinsichtlich ihrer personalen Ressourcen ein erhöhtes Vulnerabilitätsrisiko (Verwundbarkeitsrisiko). Auf sie sollten wir ein besonderes edukatives und bildungspolitisches Augenmerk haben.

Zum Jahreswechsel zeigt Arte den bewegenden Film *Welt auf Abstand*. Der Dokumentarfilm zeichnet eine weltweite Reise durch dieses außergewöhnliche Jahr nach und zeigt eine Welt im Ausnahmezustand, mit Masken, Sterbenden, Massengräbern, stummen Metropolen und ruhigen Ozeanen. Klaus Kleber versucht nach den ergreifenden Ausschnitten im heute journal Hoffnung zu säen und beschließt die letzte Sendung des Jahres mit: »Wir fliegen gemeinsam auf dem sicherlich schönsten Planeten des Universums in ein neues Jahr – daraus sollte sich was machen lassen.« Andrea und ich tun unser Bestes. Jeder tut zurzeit sein Bestes. Man möchte die Menschen umarmen, sich nahe sein. Und doch gehen wir in diesem Jahr um Mitternacht nicht mal auf die Straße, um mit unseren Nachbarn einen Sekt zu trinken. Keiner geht heute Nacht auf die Straße. Unser Dorf ist still. *Another one bites the dust.*

Soziale Ressourcen

Ein Netzwerk von Menschen zu finden, die uns helfen, unsere Bedürfnisse nach Autonomie, Kompetenz und Verbundenheit zu befriedigen, hält Deci für einen der wichtigsten Aspekte der Förderung von Autonomie. Wir sollten Menschen suchen, die unsere Freiheit respektieren und uns verbunden und kompetent fühlen lassen: Ich spüre, dass ich den Menschen, die mir etwas bedeuten, auch wichtig bin.

Verbundenheit: »Das psychologische Bedürfnis, enge emotionale Bindungen und Verbindungen zu anderen Menschen herzustellen, spiegelt den Wunsch wider, emotional verbunden und zwischenmenschlich an warmherzigen Beziehungen beteiligt zu sein. Die Kennzeichen von Zugehörigkeits-Bedürfnisbefriedigung sind das Gefühl, sozial verbunden zu sein und sich aktiv für das Geben und Empfangen von Fürsorge und Wohlwollen für die bedeutsamen Menschen in ihrem Leben einzusetzen.«[7]

In Befragungen stimmen verbundene Menschen Aussagen zu wie: »Ich fühle mich mit Menschen verbunden, die sich um mich kümmern und um die ich mich kümmere.« »Personen, die mir wichtig sind, fühle ich mich nah und verbunden.« »Ich empfinde ein warmes Gefühl für die Menschen, mit denen ich Zeit verbringe.«

Sozialer Rückhalt durch das Selbst

Zunächst ist es natürlich günstig, Charaktereigenschaften zu haben, die schon in der Kindheit wohlwollende Aufmerksamkeit von Eltern, Geschwistern, Verwandten und dem weiteren sozialen Umfeld auf sich gezogen haben: freundlich sein, offen und aktiv der Welt begegnen, lächeln, fragen u.a. Wer so als Kind agierte, erhielt neben der erhöhten Aufmerksamkeit auch ein gerütteltes Maß an Unterstützung.

Und natürlich geht es um soziale Kompetenz, also um die Fähigkeit, sich situationsspezifisch angemessen und in der Balance von Anpassung und Durchsetzung zu verhalten. Der Sozialkompetenzforscher Uwe Peter Kanning unterscheidet vier Dimensionen sozialkompetenten Verhaltens: soziale Orientierung, der Umgang mit der eigenen Offensivität, die Selbststeuerungs- und die Reflexionsfähigkeit.[8]

Soziale Orientierung

Sie zeigt sich in Prosozialität, Unterstützung gewähren, Perspektivenübernahme, Wertepluralismus, Berücksichtigung gegnerischer Interessen, Zuhören, Unterstützung einfordern.

Prosoziales Handeln meint ein Handeln zum Wohlergehen eines anderen Menschen. Um ergründen zu können, was der andere Mensch zu seinem Wohlbefinden braucht, ist die Grundlage prosozialen Handelns ein ausgeprägtes Maß an Empathie – das Vermögen, sich in die Situation und Gefühle eines anderen Menschen »einzuempfinden«.

Der Zusammenhang zwischen prosozialem Verhalten und dem eigenen Wohlbefinden wurde in zahlreichen Studien nachgewiesen: »Random acts of kindness« heißen kleine, spontane Interaktionen mit einem anderen Menschen, bei denen man diesem etwas Gutes tut: Für den Nachbarn die Straße mitfegen, ein Glas der selbst gemachten Marmelade bringen, der Busfahrerin am heißen Tag eine kalte Cola hinstellen, dem Briefträger ab und an etwas zustecken u. a. Diese Akte wirken direkt auf unser eigenes Wohlbefinden zurück.

Selbstlosigkeit und Mitgefühl, Zusammenarbeit und vertrauensvolle Bindungen steigern unsere Ressourcen und unser Wohlbefinden. Und Höflichkeit und Wissen um Umgangsformen kann ja auch nicht schaden.

Umgang mit der eigenen Offensivität

Prosozial zu sein bedeutet nicht, seine eigenen Wünsche und Vorstellungen ständig denen eines anderen unterzuordnen. Sozial kompetentes Verhalten heißt vielmehr, eine funktionierende Balance zwischen fürsorglichem, selbstlosem Verhalten und der eigenen Durchsetzungsfähigkeit für eigene Interessen zu finden. Unterstützung zu gewähren und auch zu fordern, Einflussnahmen unter Berücksichtigung der Interessen anderer zu drosseln, Kommunikationsstil und Kooperationsfähigkeit scheinen hier Schlüsselelemente zu sein. Das meint auch, zwischen Konfliktvermeidung und Konfliktbereitschaft zu wählen, zwischen Dominanz und Entscheidungsfähigkeit unterscheiden zu können, anderen eigene Interessen mitteilen zu können, ohne den anderen Menschen abzuwerten. Womit wir beim dritten wichtigen Bereich sind: der Selbststeuerung. Das alles führt zu sicheren und beständigen Bindungen, die in ein positives Bindungsverhalten eingebettet sind.

Selbststeuerung

Es gibt kein prosoziales Aufgehobensein, keine sozialen Ressourcen ohne die Fähigkeit, sich selbst unter Kontrolle zu halten. Selbstkontrolle ist ein entscheidendes Element des sozial kompetenten Verhaltens, so Uwe Peter Kanning.

Sie geht insbesondere mit emotionaler Stabilität einher, mit der Fähigkeit, flexibel zu handeln, sowie internalen Kontrollüberzeugungen (Internalität), also der Fähigkeit, positive oder negative Ereignisse als Konsequenzen eigener Handlungen, eigenen Verhaltens wahrzunehmen.

Wer oft »ausflippt« oder permanent siegen will, sein Leben also als Durchsetzungskampf interpretiert, muss sich nicht wundern, wenn er nur wenige Menschen hat, die ihn oder sie unterstützen. Verhaltenskontrolle im sozialen Kontext ist hier der Punkt – erleichtert durch flexibles Handeln: keine Fixierung auf die eine, die einzige, die selbstnützende Lösung. Unser soziales Zusammenleben ist ein Aushandlungsprozess.

Leichter fällt diese Selbstregulation, wenn wir ein hohes Maß an Toleranz und Wertepluralismus aufbringen können. Toleranz scheint übrigens laut Selbstauskunft von langjährig zusammenlebenden Paaren eine der wichtigsten Eigenschaften, um die Beziehung zu erhalten. Eine hohe Frustrationstoleranz hilft bestimmt … Eine optimistische, zuversichtliche Lebenseinstellung überträgt sich oft auf die Gesprächspartner.

Reflexibilität

Diese Wahrnehmung fußt auf der Auseinandersetzung mit der eigenen Person: sich selbst aufmerksam wahrzunehmen (Selbstaufmerksamkeit), sich angemessen, nicht überzogen, darzustellen (Selbstdarstellung), verantwortungsbewusst und verantwortungsbereit zu sein für sich und die, die man sich vertraut gemacht hat. *»Du bist für das verantwortlich, was du dir vertraut gemacht hast. Du bist für deine Rose verantwortlich«*[9] – das hilft.

Und wer darüber hinaus nun auch noch ein positives Selbstkonzept hat (ich bin schon in Ordnung), sich wirksam fühlt (ich kann das schaffen), zuverlässig ist und sich nicht vor Entscheidungen drückt (Entscheidungsfreudigkeit), hat wohl ein gutes Los gezogen. Die Fähigkeit, sich immer mal wieder aus dem Trubel zurückzuziehen und zu entspannen (Entspannungsfähigkeit), hält uns in Balance im Leben.

Sozialer Rückhalt durch die Familie und weitere Netzwerke

Soziale Unterstützung zeigt sich aus Perspektive der Sozialforschung darin, wie oft wir Unterstützung in Form von Zuhören erleben, wie oft wir Zuneigung erfahren, ob und wie oft uns Menschen helfen, unsere Probleme zu lösen, und wie häufig wir die Möglichkeit erhalten, gemeinsam etwas zu unternehmen.

Ob in der Familie oder im weiteren Umfeld: Das alles verstärkt den Zusammenhalt (Kohäsion) und die Stabilität der beteiligten Personen. Zusammengehörigkeitssinn eben.

Julian, der wissenschaftliche Mitarbeiter, der handwerkliche Tätigkeiten liebt, erzählt: »Häufig kommen Herausforderungen, die ich selbst nicht auf Anhieb lösen kann, oder Arbeiten, an die ich mich (noch) nicht herantraue. Ich kann dann entweder meinen Vater um Rat/Hilfe bitten oder im Internet nach der Lösung suchen. Beispielsweise war ein Balken (am Boden) des Wintergartens morsch und musste ausgewechselt werden. Hier hätte ich mich nicht herangetraut, aber für meinen Vater war das kein Problem. Nun habe ich gelernt, wie die Fensterscheibe gehalten wird

(erstaunlich simpel) und wie diese entfernt werden kann, um den darunterliegenden Balken auszutauschen. Jetzt würde ich mir zutrauen, den nächsten Balken auch alleine auszutauschen.«
Schauen wir zunächst auf die Familie: unsere eigenen Eltern, unsere Geschwister, unsere Partnerin/unseren Partner, unsere Kinder oder vielleicht auch schon Kindeskinder. Inwieweit kannst du beispielsweise den folgenden Aussagen zustimmen?

- »In unserer Familie geht jeder auf die Sorgen und Nöte des anderen ein.«
- »Wir kommen wirklich alle gut miteinander aus.«
- »Wir gehen oft ins Kino, besuchen Sportveranstaltungen oder machen Ausflüge.«

Das sind Items aus einem Fragebogen zum Familienklima (Familienklima-Skala).

Eltern, Geschwister, Partner, Partnerin, Kinder und Kindeskinder: Sie alle sind unsere Familie. Sie alle bilden einen Schutzraum, in dem wir Kraft, Liebe, Nähe geben und tanken können, durch körperliche Nähe, Umarmungen, Küsse, Streicheln, Kraulen, durch ein wertschätzendes Klima und aufbauende Kommunikation, die Vertrauen braucht. Da können wir uns fallen lassen, *I'm still standing*, und im Angesicht von echten Krisen soziale Unterstützung erhalten. Wärme und Respekt bilden ein Klima, in dem Krisen bewältigt werden können und Leben gelingt. Vertraute Menschen können wie der frische Wind nach der Flaute sein. Nach all der schweren Zeit gilt somit nach wie vor: *I'm still standing.*[10]

Wer enge Beziehungen zu seinen Geschwistern pflegt, ist lebenslang im Vorteil – auch wenn die eigenen Eltern schon lange gegangen sind, bleiben die Geschwisterbindungen, die auch als Erinnerungsverbindungen in die eigene Kindheits- und Familiengeschichte wesentlich sind. Geschwister sind damit auch Teil des historischen Gedächtnisses der Familiengeschichte. Allerdings könnten wir hier auch einen durchaus kritischen Blick auf »Blut ist dicker als Wasser« werfen – oft entfernen sich Geschwister durch unterschiedliche soziale Umfelder doch auch weiter voneinander als beste Freundinnen – also Wahlverwandtschaften.

Und so sind statistisch nachweisbar positive Freundschaftsbeziehungen von tiefem Wert für die Personen. Auch lockerere Kontakte wie Nachbarn, Gemeindemitarbeiter/-innen, Arbeitskolleginnen und -kollegen, Chefs und Chefinnen oder Bekannte können für das eigene Wohlbefinden von unschätzbarem Wert sein. Ein gelegentlicher warmherziger Kontakt tut eben auch gut.

Eine der größten Studien zur Selbsteinschätzung sozialer Ressourcen von Kindern und Jugendlichen ist der schon genannte Kinder- und Jugendgesundheitssurvey, die KiGGS-Studie des Robert Koch-Instituts.[11] Sie zeigt, dass leider nicht allen Kindern und Jugendlichen soziale Ressourcen zur Verfügung stehen.

Danach schätzen 9,7 Prozent der Kinder und Jugendlichen ihre sozialen Ressourcen als defizitär ein, 12,0 Prozent sind »grenzwertig« und 78,2 Prozent verfügen über ausreichende soziale Ressourcen. Und Jungen trifft es härter als Mädchen, Kinder mit Migrationshintergrund härter als ohne Migrationshintergrund, arme Kinder härter als nicht arme: Defizitäre soziale Ressourcen gaben 7,1 Prozent der Mädchen, aber 12,3 Prozent der Jungen an. 13,8 Prozent der Migrantinnen und Migranten, aber nur 8,6 Prozent der Nicht-Migrantinnen und Nicht-Migranten zeigen defizitäre soziale Ressourcen; 12,7 Prozent der Kinder und Jugendlichen aus Familien mit niedrigem sozioökonomischem Status, aber nur 7,6 Prozent aus Familien mit hohem Status. Jungen, Migranten/Migrantinnen und sozioökonomisch schwache Kinder und Jugendliche haben geringere Chancen, auf soziale Ressourcen zuzugreifen als deren jeweilige Vergleichsgruppe. Sie besitzen demnach diesbezüglich weniger protektive Ressourcen.

Betrachten wir die in diesem Kapitel angeführten Erfolgsfaktoren personaler und sozialer Ressourcen, so fällt auf, dass sie einem anderen Forschungszweig sehr nahestehen: den Befunden der Resilienzforschung. Die Gegenüberstellung zeigt deutlich, dass die soziale Kompetenz ein wesentlicher personenbezogener Kern der Resilienz ist.

So stellte Wustmann (2005)[12] erstmals im deutschsprachigen Raum die protektiven Faktoren der Resilienzforschung zusammen. Werfen wir einen Blick auf diese erstaunlichen Kinder, die trotz starker familiärer Belastungen (Drogen, Alkoholkrankheit, Depressionen, Aggressionen von Eltern und Geschwistern u. a.) unbeschadet aus diesen familiären Situationen hervorgehen: die resilienten Kinder. Wustmann schildert: Als Kleinkinder seien die resilienten Kinder »selbständiger, selbstbewusster und unabhängiger« als nichtresiliente Kleinkinder gewesen. Zudem hätten diese Kinder die ausgeprägtere Fähigkeit, Hilfe zu erbitten, und ein sichereres Bindungsverhalten, das in Relation dazu zu stehen scheint, wie aktiv sie ihre Umwelt explorieren. In Problemlösesituationen war das Verhalten resilienter zehnjähriger Kinder eher proaktiv als reaktiv. Sie nutzten ihre eigenen Ressourcen und Fähigkeiten effektiver aus als nichtresiliente Kinder und sie zeigten ausdauernderes und konzentrierteres Arbeitsverhalten. Aus guten Schulleistungen zogen sie Selbstbestätigung, was anscheinend half, negative familiäre Erfahrungen zu kompensieren. Darüber hinaus hatten diese Kinder eine hohe Selbstwirksamkeitsüberzeugung, die sie ermutigte, Aufgaben und Probleme aktiv anzugehen, demnach eine hohe Motivation, weil sie ja annehmen, etwas bewirken zu können. Mit 18 Jahren zeichneten sich die Jugendlichen der Kauai-Studie (die erste Resilienzstudie unter Leitung von Emmi Werner) durch »stärker ausgeprägte internale Kontrollüberzeugung, eine höhere Sozialkompetenz und ein positives Selbstkonzept«[13] aus.

»Sie waren verantwortungsbewusster, selbständiger, leistungsorientierter und sozial reifer als vergleichbare nichtresiliente Jugendliche. Sie verfügten über mehr effektive Konfliktlösestrategien, besaßen Selbstvertrauen in ihre eigenen Fähigkeiten und die Zuversicht, dass die Dinge sich erwartungsgemäß zum Guten wenden werden.«[14]

Viele der Kinder aus gefährdeten Familien mussten Aufgaben im Rahmen der Familienarbeit übernehmen (auf jüngere Geschwister aufpassen, Arbeiten zum Familienunterhalt usw.). Die resilienten Kinder empfinden diese Tätigkeiten als sinnvoll. Auch hinsichtlich der Umfeldfaktoren gelingt es diesen Kindern besser als nichtresilienten Kindern, soziale Unterstützung zu erhalten (z. B. durch Lehrer/-innen) und soziale Ressourcen (Netzwerke) zu aktivieren.

Es ist plausibel, dass die Faktoren, die Kinder stark gegen die Anfeindungen ungünstiger Umstände machen, denen entsprechen, die auch uns Erwachsenen Kraft geben. Ein zentraler Befund der Resilienzforschung gilt wohl auch in unserem Kontext: Die resilienten Kinder hatten immer mindestens eine vertrauensvolle Bezugsperson, die ihnen Halt gab. Zu ähnlichen Schlüssen kommen die Forschungen der Positiven Psychologie: *Wir brauchen zumindest eine vertraute Bezugsperson, die wir nachts um drei anrufen können*, wenn wir Hilfe oder Rat brauchen. Zumindest eine. Wer darüber hinaus noch einige mehr hat und seine Beziehungen, Bekanntschaften, Freundschaften wertschätzend, vertrauensvoll und bindungssicher gestaltet, ist wohl im Plus.

Im Februar ist das zweite Online-Semester geschafft. Ich war seit einem Jahr in keinem Hörsaal, in keinem Seminarraum, habe stattdessen Hunderte, wahrscheinlich Tausende von Stunden mit Videoproduktion und Zoom-Konferenzen verbracht. Seit einem Jahr habe ich kaum jemanden gesehen außer Andrea. Auch weil ich ein erhöhtes Gesundheitsrisiko habe.

Alle sehnen sich nach positiven Impulsen, nach Hoffnung, Warmherzigkeit, dem allgemein Menschlichen. Der Präsident schickt zum Semesterende einen Danke-Slam an alle Mitarbeiterinnen, Mitarbeiter und Studierenden. Mit Dutzenden von Info- oder Durchhalte-Mails, Videos, Geschichten, Rätseln und Gedichten hat er das Jahr über den Laden so gut wie möglich zusammengehalten.

Die Musikschule öffnet demnächst wieder und ich freue mich nach den vielen Online-Cello-Stunden auf das echte Zusammenspiel und analoge Klänge. Noah hat ein neues Medikament bekommen und es scheint ihm besser zu gehen. Er kann kleine Spaziergänge noch mitmachen, spielt aber nicht mehr mit unserem Husky Vinci. Wir hoffen, dass Vinci keine handfeste Depression entwickelt, er wird immer ruhiger.

Sich gegen Freiheitsverlust wehren

Das zu tun, was man wirklich tun will, feit einen vor dem Verlust der eigenen Freiheit.

So wie Petra, die schon am Anfang des Buches erzählt hat, wie sie an ihre beiden Kinder gekommen ist. Aber sie ist auch ein anderes Projekt angegangen. Hören wir auf den folgenden Seiten ihre außergewöhnliche Geschichte.

Petra: Tun, was man will

Für Petra könnte gelten, was Marie Curie (1867–1934) über sich feststellte: »Ich beschäftige mich nicht mit dem, was getan worden ist. Mich interessiert, was getan werden muss.«

Wir haben ja schon gehört, wie Petra voller Tatkraft ihr Leben in die Hand nahm, als sie Sehnsucht nach einem Kind hatte, wie sie sich von ihrem Mann trennte, der keine Kinder wollte, und nach einem Kindsvater Ausschau hielt. Und das hat ja geklappt: Sie bekam Zwillinge.

Petra ist 68 Jahre alt, als sie mir ihre Geschichte erzählt, wir sitzen im ersten Stock ihres gemütlichen Hauses in einem kleinen Dorf in der Nähe von Trier.

»Als ich die Zwillinge bekam, da war ich vierzig, und es war ein Geschenk – wirklich, es war ein Wahnsinnsgeschenk! Alles war in Ordnung: Sie kamen pünktlich und waren beide gesund und ich auch. Und dann begann die große Aufzucht.

Hier im Dorf haben wir gewohnt, zur Miete, aber drei Leute – zwei Babys und ich – auf knapp 50 Quadratmetern, das war zu eng. Und das Haus hier hatte ich schon, da wollte ich eigentlich einen Pferdestall draus machen – das war so meine Vision: Da mache ich mir ein schönes Haus draus.

Und mein Vater hat gesagt, er hilft mir. Er besuchte mich dann regelmäßig, kam von Hanau, brachte immer etwas Geld mit und sagte: ›Machen wir erst mal ein neues Dach drauf!‹ Das Haus hatte dreißig Jahre leer gestanden und er hat mir das ganze Dach ausgegeben. Danach ging es weiter und wir zogen erst mal in den obersten Stock, weil kein Geld mehr da war.

Und ich hab dann, bis die Kinder kamen, im Krankenhaus auf der Krebsstation gearbeitet – das wollte ich auch danach weitermachen, aber das war dann viel zu stressig.«

Sanierung des Hauses

»Ja, ich habe hier viel gemacht an dem Haus. Ganz viel. Also, mein Opa war Schreiner, das macht viel aus: Ich habe Handwerker in der Familie, mein Vater war Malermeister und das prägt unheimlich. Ich hab wohl die Gene und möchte gerne körperlich arbeiten. Ich hab mir alles abgeguckt von anderen Leuten: Wie man Verputz macht, wie man Fliesen legt. Die Fliesen hier habe ich selber verlegt – sieht man auch, aber das ist mir egal: schief und krumm, aber das hat was, finde ich. Das Legen ist gar nicht schwer. Das Wollen ist es. Man muss es wollen und den Verputz habe ich allein gemacht – hier an den Wänden, in den ganzen Räumen. Ein Pole hat mir gezeigt, wie man das macht – es ist wirklich nicht schwer, wenn man es will. Und dann habe ich einen Schreiner gehabt, der hat mir gezeigt, wie man den Fußboden legt, das hat zwei Wochen gedauert, weil wir das zu zweit gemacht haben mit Unterboden. Und alles andere, Elektro und Wasser, das war natürlich nicht drin, da hab ich eine Firma geholt.

Aber draußen an der Fassade habe ich den Putz selbst runtergeklopft – jedes Jahr eine Seite. Ich habe mit der Nordseite angefangen, da waren die Kinder fünf Jahre alt, und habe dazu zwei Jahre gebraucht und dann hatte ich die Nordseite frei. Ich habe erst mit Hammer und Meißel gearbeitet und dann hat mir einer einen Presslufthammer geliehen mit einem Kompressor, aber der hat sieben Kilo gewogen und das macht man nicht lange auf der Leiter, weil der zurückschlägt, und zweimal bin ich beinahe runtergefallen. Dann habe ich mich fixiert: An der Außenseite sind noch die alten Trafos für die Elektroleitungen im Keller, nur im Keller gab es Strom, an den Porzellanknöpfen dieser Trafos habe ich mich fixiert, habe einen Reiterhelm aufgesetzt – und so stand ich dann auf der Leiter.«

Ich bin unglaublich beeindruckt von so viel Lebensmut, Schaffenskraft und dem gerüttelt Maß an Verrücktheit.

»Es hat Spaß gemacht! Und die Leute im Dorf haben rumgestanden und zugeguckt und haben sich gefreut, dass ich so seltsam bin, das alles selber zu machen – aber geholfen ... Na ja (lacht).«

Freude

»Es hat mir unheimlich Spaß gemacht! Weil du gesehen hast, was sich verändert. Es stand ja dreißig Jahre leer, das Haus. Dreißig Jahre! Sonst hätte ich's auch nicht so billig gekriegt – ich habe das für ganz wenig Geld gekauft.

Mit dem neuen Dach begann der Spaß am Arbeiten. Nun war es trocken im Haus und ich habe erst mal einen Ofen oben aufgestellt, weil ich kein Geld für die Heizung hatte. Die hat mein Vater mir dann später bezahlt, nach zehn Jahren Gasheizung ... Und dann habe ich nach und nach weiter renoviert und ausgebaut – ich würde so gerne weitermachen, aber dazu braucht man auch Perspektiven – ich bin zu alt, um weiterzumachen. Ich würde so gerne nebenan ein Tiny House hinstellen auf mein Grundstück.«

Ich frage sie nach dem, was sie über sich selbst beim Tun herausgefunden hat.

»Ja, ich habe gemerkt, dass ich durch meine Hände Veränderungen herbeiführen kann – durch meine Hände etwas verändern kann – ganz wichtig – das bezieht sich nicht nur aufs Arbeiten. Das bezieht sich auch aufs Streicheln von Kindern, von Tieren und aufs Dasein und dem Ganzen eine Wärme geben – alles wird dann lebendig. Das habe ich auch gemerkt bei Menschen, die einsam sind – auch wenn man einfach nur bei ihnen sitzt, da verändern sie sich dann. Und dann sagen sie: Wieso gehst du denn schon?«

Dankbarkeit

Ich frage sie, was es ihr bedeutet, das alles hier aufgebaut zu haben.

»Das bedeutet mir viel, ich empfinde dafür tiefe Dankbarkeit. Wenn man dankbar sein kann, macht das glücklich. Das ist so ein tolles Gefühl. Ich freue mich immer so über alles. Und denke gar nicht dran, ob's gelungen ist. Für mich ist es immer alles gelungen, auch wenn's schief und krumm ist (lacht). Hauptsache, es wird fertig. Ich bin kein Perfektionist – ich lass es dann schief und krumm – einfach lassen! Das habe ich mir angewöhnt dadurch, dass ich am Anfang alles richtig haben wollte – es musste in eine bestimmte Form gepresst werden – und das mach ich nicht mehr. Schon lange nicht mehr. Weil, es nimmt dir Kraft – diese Zwänge. Ja, ich habe dann angefangen loszulassen, weil ich gemerkt habe, durch das Zwingen werde ich krank. Ich bin krank geworden davon. Körperlich krank. Und ich hatte Depressionen zwei Jahre lang. Und Unfälle, viele Unfälle.«

Druck

Auf die Frage nach innerem Druck sagt Petra: »Inneren Druck, ja, den gab es, den habe ich mir selber gemacht, den inneren Druck. Keiner hat mich dazu gezwungen – im Gegenteil. Meine Mutter hat immer gesagt: ›Du kannst das nicht, du taugst dazu nicht. Lass es! Lass es!‹ Abitur machen usw. Dann hab ich erst recht Gas gegeben, dann verkrampft man sich, ist nicht mehr locker, dann geht die Ehe kaputt, weil man nämlich alles manipuliert und nicht lassen kann.

Und äußeren Druck gab es auch. Ja, man hat mich ausgelacht erst mal. Im Nachhinein muss ich sagen, dass das Menschen waren, die bequem sind. Und ich bin ein ganz unbequemer Mensch. Ich liebe Unbequemlichkeiten und Herausforderungen, gehe gerne den Weg der Anstrengung. Und die Menschen, die zu mir gesagt haben, ich bin verrückt und soll das Haus hier abreißen, sind das glatte Gegenteil von mir. Die sind nicht schlechter, die sind nur anders. Und inzwischen lache ich drüber – die könnten nie in diesem Haus glücklich sein. Das ist es.«

Wie man es trotzdem schafft

»Tipps helfen beim Umgang mit innerem Leid nicht viel. Nur durch eigenen Schmerz schafft man Veränderung. Irgendwie ziehe ich Menschen an, die unglücklich sind, und stehe ihnen mit Rat und Tat zur Seite. Aber sie müssen selbst wahrnehmen, spüren, was sie brauchen, damit es ihnen besser geht. Indem sie sich selbst beobachten, wenn sie leiden. Dann kommt die Erkenntnis normalerweise: Ich muss mich ändern. Ich muss irgendwas ändern.

Ich habe sehr lange und oft im Krankenhaus gelegen. Einmal ein Jahr lang – sonst hätte ich mein Bein verloren. Das war mit vielen Operationen verbunden. In den Ruhephasen in der Klinik hatte ich viel Zeit zum Nachdenken. Und das hat mich geläutert, das Nachdenken nach einer Krankheit – das geht uns allen ja so, glaube ich. Und da kam dann so eine Erkenntnis auf: Seit ich 16 bin, schreibe ich Tagebuch und blättere dann zurück. Ich schreib jeden Tag, wie ich mich fühle, und sehe, was ich ändern muss, möchte. Zwei Herzoperationen – dann bin ich entspannter geworden. Das ist so eine Reinigung der Seele, wenn man krank war.

Bei dem äußeren Druck habe ich mich geärgert. Die haben hinter der Mauer gestanden, und wenn ich mich umgedreht habe, sind sie schnell zurückgegangen (lacht). Ich weiß es gar nicht mehr, was ich gemacht habe. Gäste aus dem Gasthaus hier, die haben mir Tipps gegeben, was ich machen muss.

Betonplatten abtragen zum Beispiel: Die Betondecke musste weg. Dann habe ich wie verrückt mit dem Vorschlaghammer – der hat zwölf Kilo – immer draufgedonnert. Da kommt ein Gast vorbei und sagt: So macht man das nicht. Der hat mir dann erklärt, man holt erst die Erde unter dem Beton raus – und dann ist da ein Hohlraum – dann lässt man, wupp, nur den Hammer draufsausen – und wupps bricht der Beton. Ich habe Wochen gebraucht. Da waren die Kinder fünf. Und dann hat mir ein lieber Nachbar immer seinen Einachser geliehen und dann habe ich ihn beladen und er hat ihn weggefahren. Der hat mir sehr geholfen.«

Was unterstützt hat

Und was hat dich bei all deinem Tun unterstützt? »Meine Kinder! Und meine vielen Tiere. Das Haus war voll, ich hatte zwar keinen Mann, aber es war die schönste Zeit meines Lebens. Ist die schönste Zeit meines Lebens. Wir hatten die ganzen Jahre über Tiere: Katzen, Hunde und meine Pferde. Nur mit den Pferden – irgendwann hört etwas auf, es geht nicht mehr. Ich will es auch nicht mehr. Ich will reisen. Besuche meine Kinder; besuche meine Freunde.«

Petras Kinder sind sehr erfolgreich geworden. Ich frage sie, wie sie das bewerkstelligt hat.

»Also, das ist wieder meine Verbohrtheit. Ich habe noch nicht lange die Schwangerschaft in mir gehabt, da habe ich zu meiner Freundin gesagt, meine Kinder gehen in die Schule nach Luxemburg, in die kleine Dorfschule von Rouspert. Ganz wichtig war das für mich, das schon mal zu planen, damit ich weiß, wenn sie mal größer sind, gehen sie in diese Schule – und da waren sie noch gar nicht da.

Ich wusste von der Schule nur, dass es eine Luxemburger Schule war und der Bürgermeister der Chef der Schule ist.

Da spielen die Zeugnisse keine Rolle, die Lehrer sind anerkannt, die Eltern halten sich zurück, die Klassen sind winzig. Maximal 15 Kinder. Und sie lernen von der ersten Klasse an Französisch und Luxemburgisch.

Ich habe meine Jungs von der ersten Schulklasse an hingefahren – später zum Bus. Sie haben ganz viele Lehrer, nicht nur Lehrerinnen – ich brauchte Ersatz für einen Vater, der sich ja hier nie gemeldet hat. Und von der ersten Klasse an ging es in den Fußballverein, damit sie männliche Vorbilder haben.

Nach der siebten Klasse dann habe ich einen Antrag gestellt auf Einschulung für die weiterführende Schule in Echternach (auch in Luxemburg) – das Lycée –, in Französisch waren sie gut. Ich habe sie bis zur Sauer gefahren, dann sind sie über die Grenzbrücke gelaufen und hatten bis vier Uhr Schule. Unheimlich viele Lehrer gab es für die Betreuung und Nachhilfe in allen Fächern, ohne dass man etwas bezahlen muss. Kleine Klassen. Keiner ist sitzen geblieben. Beide Jungs stehen beruflich auf den Füßen – leider keine Handwerker.« (Ein Sohn von Petra ist Betriebswirt in Zürich, der andere hat sein Lehramtsstudium abgeschlossen und ist im Referendariat.)

Unterstützt, das alles hier aufzubauen, haben deine Kinder, deine Tiere, deine Liebe zum Leben – kann man das sagen?

»Ja, ja, ja. Ich hatte – das muss ich noch dazu sagen – keine gute Kindheit, aber ich habe meine Eltern beide versorgt. Das ist auch so was, das liegt nicht jedem, aber um es zu verarbeiten, dass es mir nicht gut ging als Kind, habe ich meine Eltern versorgt, als sie krank waren. Und dabei habe ich so viel abgearbeitet. Das kann auch nicht jeder. Und das ist auch nicht normal, dass man sagt, wenn du das machst, geht es dir besser. Das ist nicht immer so, aber mir ging es danach besser.

Ich habe meine Mutter hier drei Jahre als Pflegefall gehabt, im Koma, die wohnte hier unten, hier war eine Trennwand, und ich habe sie auch gefüttert, gewindelt und so weiter. Die wusste nicht mehr, wer ich bin, aber ich habe das ganz gut hingekriegt, und danach war ich nicht mehr böse mit ihr. Ich habe immer gedacht, sie macht so viel falsch, war früher wütend auf sie – aber sie konnte auch nicht anders.«

Was, würdest du sagen, ist das Wichtigste, um so etwas doch zu schaffen?

»Positive Lebenseinstellung, Freude am Leben, nur das Schöne sehen, das andere ist eh da, sich über den Tag freuen und nicht an die Zukunft denken!«

Die Freiheit, aufzubrechen: Das Geheimnis, 2. Teil

Du bist jetzt den ganzen Weg durch dieses Jahr mit mir gegangen. Wir haben geforscht und gesucht und gefunden. Wenn ich nun alles betrachte, was wir angeschaut, untersucht und gehört haben, was ist es dann, was Menschen dazu bewegt, sich die Freiheit zu nehmen, aufzubrechen und inneren Impulsen zu folgen?

Wir haben im ersten Teil des Geheimnisses der Lebenskraft schon gefunden, dass wir dafür sorgen sollten, *uns*

- *möglichst frei handelnd,*
- *möglichst kompetent und*
- *möglichst verbunden mit anderen Menschen zu fühlen.*

Dann sind wir motiviert und haben die Energie, unseren Ideen zu folgen.

Meine Interviewpartner haben mir noch die folgenden wichtigen Impulse und ein zweites großes Geheimnis mit auf den Weg gegeben.

Ruhig einmal eine Zumutung sein

Norbert war klar, dass das Vierteljahr ohne ihn für seine Familie nicht so leicht sein würde. Er besprach alles mit seiner Frau und seinen Kindern und die anstehenden Aufgaben wurden aufgeteilt.

Erwin eckte mit seinen innovativen Ideen, die dem Zeitgeist der Walderfahrungen weit voraus waren, bei Bekannten und in der Tourismusbranche an. Ihm war klar, dass er diesen Menschen eine Menge zumutet. Einige hielten ihn für »verrückt«.

Letzteres berichtet Petra ebenso. Als vierzigjährige Frau mit dem Presslufthammer auf einer Leiter zu stehen und sich an den Keramikelektrokappen zu sichern, kam einigen Dorfbewohnern sehr suspekt vor.

Sich die Freiheit zur Selbstentfaltung zu nehmen, das heißt wohl häufig auch, in Kauf zu nehmen, den anderen Menschen mal etwas zuzumuten – mal eine Zumutung sein zu dürfen.

Sich Informationen und Unterstützung holen

Alle Interviewpartner berichten davon, dass sie sich für ihr Vorhaben intensiv informiert und dabei viel gelernt haben. Wenn sie nicht weiterwissen, holen sie sich Rat von Bekannten, Freunden, Nachbarn etc., schauen YouTube-Videos, lesen Berichte und Bücher. Sie alle streben nach Selbstvervollkommnung, nach Wachstum.

Yvonne holte sich Unterstützung durch ihre Ärzte, Petra durch ihren Vater und Gäste im Dorf, Erwin erzählt von Freunden, mit denen er damals die Wanderschule gemeinsam aufgebaut hat und die inzwischen im Wald begraben sind, Norbert bekommt Unterstützung durch einen Ex-Pilger und seine Familie, Hanne durch ihre Ausbilder und ihre Coachees. Soziale Unterstützer sind anscheinend wichtig, um große Dinge im Leben zu bewegen. *Wir sollten uns auf den Weg machen und soziale Unterstützer suchen und auch für andere ein solch unterstützender Mensch sein.*

Reflexion und Planung

Alle fünf Interviewpartner erzählen von der *allmählichen Reifung der Idee über die oft ausführliche Planung oder die Ausbildungen bis hin zu den Handlungen selbst.* Große Ereignisse werfen tatsächlich ihre Schatten voraus. Keiner meiner Interviewpartner agierte kopflos vor sich hin und gebar Großartiges. So was gibt es wohl nur im Märchen.

Und auch das Maß der Stimmigkeit mit der eigenen Person ist hoch. Wahrscheinlich geht den Impulsen eine Zeit der Selbstreflexion voran: Was würde ich wirklich gerne tun? Was passt zu mir?

Verstärkung eines Verhaltens

Verhalten verstärkt sich immer dann, wenn wir intrinsisch belohnt werden – das heißt, Genuss in der Sache selbst finden. Alle meine Interviewpartner schwärmten von ihren Aktivitäten: Erwin vom Eintauchen in den Wald, Yvonne von der Liebe zur Bewegung, Hanne vom Einfühlen in den anderen Menschen und Ermöglichung neuer Erfahrungen durch das Schreiben, Norbert von der Verbindung zu anderen Menschen und der Herausforderung des Weges selbst, Petra von der Begeisterung im handwerklichen Tun. Sie alle sind ganz klar intrinsisch motiviert und erzählen von selbstbelohnenden Gedanken (»Und dann habe ich gedacht: Mensch, das hast du geschafft!« oder »Ich habe gemerkt, dass ich es kann!«).

Schauen wir nach der Belohnung in der Aktivität selbst, nach allem, was wir daran genießen. Wir können während der Aktivität alle Sinne öffnen und auf das Schöne achten – was sehe ich, was höre ich, was fühle, schmecke, rieche ich und das dann speichern. Schöne Momente während des Tuns ganz fest verankern, das ist intrinsisch und selbstbelohnend.

Auch habe ich bei unseren Gesprächen festgestellt, dass die Interviewpartner und Interviewpartnerinnen *über sich selbst meist freundlich, einfühlsam und rücksichtsvoll sprachen.* Vielleicht ist auch das ein guter Ansatz.

Die Sozialpsychologinnen Joëlle Carpentier und Geneviève Mageau haben 2013 einige Hinweise für Autonomie förderndes Coaching gegeben:[1] Es läuft darauf hinaus, wandlungsorientiertes Feedback zu geben. Vielleicht können wir davon ausgehen, dass unser Selbstcoaching hin zur Wandlung ähnlich sein könnte und wir auch Selbstgespräche genauso führen sollten:

- Empathisch mit sich sein.
- Sich eine Auswahl an (Lösungs-)Möglichkeiten überlegen.
- Klare und erreichbare Ziele setzen.
- Tipps für die Umsetzung suchen.
- *Rücksichtsvoller Umgangston mit sich selbst: Sich nicht abwerten oder anschreien, stattdessen im respektvollen Tonfall mit sich selbst sprechen, informierend statt kontrollierend.*

Sich nicht abhalten lassen

Was ich bei allen Interviewpartner/-innen gefunden habe, ist eine hohe Entschlusskraft, das, für das sie sich entschieden haben, auch wirklich zu tun und sich nicht abhalten zu lassen.

»Es ist die Luft, die Natur«, sagt Yvonne, nachdem sie 60 Kilo abgenommen hat, um sich wieder bewegen zu können, »ich gehe bei jedem Wetter – macht mir auch nichts – im Gegenteil, ich fühle mich dann herausgefordert. Ich denke jetzt: Ich will das! Und da lass ich mir auch von keinem Regen den Spaß verderben!«

Als ich mit Norbert über den Gedanken spreche, dass er vielleicht unterwegs keine Übernachtungsmöglichkeit gefunden hätte, hatte er ja davon erzählt, dass es in Lothringen wirklich etwas schwierig gewesen sei, weil es ja nicht so dicht besiedelt wäre.

Und solche Gedanken haben dich im Vorfeld nicht abgehalten?

»Nein, diese Zweifel habe ich nie gehabt: Dass ich da irgendwo hängen bleibe oder stehen bleibe und nicht mehr weiterkomme – also die Ängste hatte ich nicht. Wer mich kennt, der weiß das: Wenn ich mir etwas vornehme, dann ziehe ich das auch durch. Also das ist auch meine Einstellung zu anderen Dingen: Wenn ich sage, ich fang das an, dann mache ich das auch bis zum Ende.«

Hanne, die Schreibcoachings durchführt, sagt auf die Frage nach dem äußeren Druck: »Dass irgendjemand mal gesagt hat: ›Was machst du da? Was soll das?‹ Ne (lacht), da hätte ich auch nicht drauf reagiert – nein, ich weiß, ich spüre, dass es gut ist, und da könnte mir keiner von außen sagen: ›Lass das sein‹, sondern solange ich spüre, dass es stimmig ist, mach ich das. Ich bin immer meinen eigenen Weg gegangen.« Und sie gibt sich die Erlaubnis, nicht alle Erwartungen erfüllen zu müssen. »Das ist mein Standard eigentlich, ich darf für mich bleiben, ich darf mich zurückziehen, und dann kann ich wieder tätig werden. Ich kann nicht ständig verfügbar sein. Man muss selbst die Fäden in der Hand behalten und auch mal wieder auftanken. Ich gehe auch regelmäßig in die Stille – für mich in die Stille – und dann habe ich wieder Kraft.« Autonomie meint auch, sich gegen die Anforderungen anderer abzuschirmen.

Ähnliche Aussagen finden sich auch bei Petra und Erwin. Es scheint eine sichere Gewissheit zu sein, dass das, für was sie sich entschieden haben, genau richtig für sie ist und äußere Widerstände in diesem Fall keine Rolle spielen.

Sie alle verteidigen ihre Autonomie und tun mit dem Freiraum, was ihnen Freude macht und der Selbstentfaltung dient. Das zweite große Geheimnis des Aufbrechens liegt also hier deutlich vor uns. Es ist demnach: *Sich nicht abhalten lassen. Menschen, die gefunden haben, was sie tun möchten, geben der Sache eine Wichtigkeit, die nichts stören kann.*

Das Frühjahr ist da! Die ersten Sonnenstrahlen sind das größte Glück! Jetzt, jetzt geht es bergauf. Ich liebe Vordächer: Man steht nicht sofort in der Welt. Man tritt aus der Haustür und ist noch einen Moment lang geschützt: Im Herbst vor Regen und Sturm, zieht die Jacke zu, bereitet sich vor. Im Winter vor Kälte und Schnee – unter dem Vordach ist es noch etwas molliger als direkt draußen. Und im Sommer erst: keine knallende Hitze direkt auf dem holden Haupt. Aber das Schönste ist es, im Frühling rauszugehen: Man steht unter dem Vordach, schließt die Haustür ab und dreht sich voller Freude dem Leben zu: Jetzt, jetzt nichts wie raus und eintauchen in die aufwachende Lebendigkeit der Natur und erwachenden Lebenskraft des Selbst. Ich liebe Vordächer und jede andere Art von Puffer für das pralle Leben, so wie der Frühling, der Vorfreude weckt.

Noah schläft viel wegen seiner Hüftprobleme und Altersschwäche und Vinci braucht einen Spielkameraden. Wir suchen und suchen online die Tierheime ab und finden schließlich einen Husky-Mix, den wir super für Vinci finden. Als wir bei dem 300 Kilometer entfernten Tierheim ankommen, ist die Ernüchterung groß: Unser Traumhund kommt uns mit Maulkorb entgegen, er hatte in letzter Zeit mehrfach andere Hunde und auch wohl mal Besucher gebissen. In dieser Pandemie gab es einen ungeheuren Run auf die Tierheimhunde. Das Homeoffice hatte es vielen Menschen und Familien ermöglicht, sich endlich ihren Wunsch nach einem Hund zu erfüllen. Doch nun waren die Tierheime recht leer und schweren Herzens entscheiden wir uns, diesen Hund nicht zu nehmen. Ich hatte schon mal über zehn Jahre lang einen bissigen Hund und weiß, was das für die sozialen Kontakte bedeutet …

Einige Wochen später springt uns unser neuer Hund im Internet entgegen: Ein junger Hund, ein kleiner Husky, und ich bin schockverliebt. Timba zieht bei uns ein, hüpft durch unsere Räume, pinkelt auf unsere Teppiche, nagt unser Sofa an und hält uns auch ansonsten auf Trab. Timba, ein südamerikanischer Salsa-Stil – übersetzt als »Lebensfreude«, die mit Leidenschaft, Musikalität und Rhythmus verbunden ist. Passt. Wir kommen mit ihr aus dem tiefen Dunkel-Starre-Lockdown ins Sonnenlicht und lieben sie, so wie sie ist.

Auch bin ich froh, dass wir zumindest ab und an positive zwischenmenschliche Kontakte haben: Egal ob unsere Apothekerin, unsere Friseurin, unser Arzt oder unsere Bäckereiverkäuferin: Anscheinend haben wir uns im Laufe der Jahre freundliche, zugewandte Menschen gewählt.

Wir gehen in den Tierbedarfsladen, kaufen Dutzende Welpenspielzeuge, Timba setzt einen riesigen, stinkenden Haufen in den Gang mit den Halsbändern, frisst sich durch die offen stehende Schweineohrauslage, wir zahlen eine Rechnung in der Höhe unseres Monatsgehalts, Timba frisst den Futternapf vor der Tür leer. Ich vermute, wir kriegen da Hausverbot. Beim Einladen unserer prallen Tüten ins Auto blinzelt Andrea mich lächelnd an: »Und was machen wir, wenn das Hündchen alles Spielzeug in die Ecke schmeißt und weiterhin unsere Schuhe schreddert?« Andrea ist ein wundervoller Mensch. Sie hat diese ungeheure Lebendigkeit voller Lebensfreude und Leichtigkeit, ich schaue sie an und freue mich.

Und Timba? Das bisschen Erziehung bringen wir Timba noch bei. Sie ist eine Lichtgestalt.

Epilog

Es war wieder Frühling und ich hatte einen Traum. Ich bin mit den Hunden im Wald und es wird immer dunkler, ich verlaufe mich, kann Andrea per Handy nicht erreichen, weil es keinen Empfang gibt. Ich lege mich auf den Waldboden und übernachte mit ihnen dicht eingerollt. Bei Sonnenaufgang sehe ich einige Holzhütten an einer Klippe vor dem Meer.

Das Meer ist keine Landschaft – das Meer ist eine Erfahrung von Unendlichkeit und Ewigkeit – wie die Weite des Menschen – wie die Unbegrenztheit unseres Wesens, unseres Selbst.

Da sind wenige Menschen. Sie erzählen, dass sich keiner mehr bewegen soll, weil Virusalarm ist. Andrea findet uns und wir leben sieben Wochen an der Küste in den Wäldern und jeder hat für sich und seine Liebsten ein kleines Holzhäuschen – wie Edvard Grieg – und lebt mit sich und im Einklang mit den anderen. Eine geht joggen, jemand spielt Cello auf der Wiese, einer geht wandern, jemand hämmert, malt, plant oder schreibt. Und abends erzählen sie ihre Lebensgeschichten: Petra, Norbert, Erwin, Yvonne, Hanne und all die anderen. Irgendwann schreibe ich das alles auf und das Buch wird heißen: Triff mich in der Hütte am Meer. Irgendwann bauen wir ein Dorf auf der Klippe am Meer.

»Andrea, ich habe geträumt, wir bauen ein Dorf am Meer, für all die, die selbstbestimmt leben wollen. Wir leben da und jeder entfaltet sich nach seinen Talenten, seinen eigenen Träumen, so wie in der Human Potential Movement in Kalifornien, sie tun, wofür ihr Herz schlägt.«

Andrea lacht.

»Du bist eine große Visionärin – und ich muss gucken, wie wir es bezahlen …«

Born to be wild. Wir lachen und lachen.

Was immer du tun willst, sei frei genug, um dich nicht abhalten zu lassen.

Denn aufzubrechen hat mit weitläufigen Freiräumen zu tun. Dorthin zu gehen ist einer der wichtigsten Schritte, um unsere Träume zu leben. Folge deinem Traum, alles andere findet sich von selbst, und eines Tages treffen wir uns in einem Dorf auf der Klippe am Meer.

Freie Auswahl: Lieblingsaktivitäten

Mithilfe der ersten Liste kannst du deine derzeitige Zufriedenheit in deinen verschiedenen Lebensbereichen einschätzen. In einer zweiten Liste findest du die in unserer Studie genannten neu entdeckten Interessen, Hobbys und Fähigkeiten. Beide Listen sind als Impulse gemeint, in denen du herausfinden kannst, in welchem Lebensbereich du ein Vorhaben einbringen möchtest beziehungsweise welches Vorhaben das sein könnte. Sehr umfangreiche und vollständige Aktivitätslisten findest du auch im Internet (z. B. auf der Website der Universität Münster[1]).

Lebensbereiche

Falls du möchtest, betrachte die Lebensbereiche in der Tabelle auf den folgenden Seiten und schätze deine gegenwärtige Situation ein. Wie zufrieden bist du zurzeit mit:

		prima	gut	mittel	könnte verbessert werden	könnte stark verbessert werden
Beziehungen	Partnerschaft/Ehe					
	Familie/ Kinder/ Eltern					
	Freunde					
	Bekannte/ Nachbarn/ Arbeitskollegen					
Persönlichkeitswachstum	kognitiv (denken, verstehen, wissen)					
	emotional					
	motivational					
	sozial					
	Zukunftspläne und Ziele					
Umfeld	Wohnraum					
	Umgebung					
Reichtum	Finanzen					
	materieller Wohlstand					

		prima	gut	mittel	könnte ver-bessert werden	könnte stark ver-bessert werden
Körper	Fitness					
	Gesundheit					
Psyche	Trans-zendenz: Religiosität, Spiritu-alität, Kulturer-fahrungen, Naturer-fahrungen					
	Werte, Selbst-erkenntnis, Sinn des Lebens, Beitrag zum großen Ganzen					
Life Ma-nage-ment	Ordnung, Planung, Einkäufe, Versiche-rungen					
	Rituale, Strukturen					

		prima	gut	mittel	könnte verbessert werden	könnte stark verbessert werden
Beruf	Karriere					
	berufliche Erfüllung					
Muße	Freizeit, Hobbys, Reisen					
	Abenteuer					

Reflexion der Lebensbereiche

Aktivitätenliste

Hier die Liste der Aktivitäten, Fähigkeiten, Interessen und möglichen Vorhaben der Teilnehmerinnen und Teilnehmer unserer Befragung:

Akkordeon spielen
Alleine Reisen
Alleine sein können
Alltag wieder mehr genießen, z. B. Freude am Spazierengehen in der Natur
Annehmen von Menschen/Situationen, so wie sie sind
App-Spiele
Aquarellieren
Arabisch lernen (lesen, hören, sprechen, schreiben)
Ballett
Blumen einpflanzen
Bootfahren
Brettspiele
Buddhismus und achtsame Lebensführung

Cello spielen
Coaching
Diplomatie lernen
Durchhaltevermögen
E-Gitarre spielen
Eigene Firma aufbauen
Einfühlsam werden
Fahrrad fahren
Fechten
Fitnesstraining
Forschen und Entdecken mit dem Sohn
Fotografieren
Freude am Sport und an Bewegung
Frühaufsteher
Gartenarbeit
Gartengestaltung
Geld sparen, mehr Geld sparen
Geist wieder mehr fordern, z. B. durch Auffrischen meiner Englischkenntnisse
Gemüse anbauen
Gitarre spielen
Großeltern sein, engagiert und mehrmals die Woche
Häkeln
Handwerkliche Tätigkeiten
Hausbau
Haushalten, Lebensmittel besser verwerten
Homeschool-Lehrer
Hundesport
Hypnose
Indisch kochen
Introversion
Jumping
Kitesurfen
Klavier spielen
Klettern
Kochen
Kreativität
Kunst
Laufen
Lego
Lernen digital
Lesen
Loslassen und im Hier und Jetzt leben
Malen
MBSR (Achtsamkeitsbasierte Stressreduktion)
Mediävistik
Meditation
Möbel restaurieren
Monastisches Leben kennenlernen
Motorradfahren
Mundharmonika spielen
Nachrichten lesen
Nähen
Neuer Job
Neuer Sport
Neugierde

Online-Trainings geben
Ornithologie
Plastizieren
Politik verfolgen
Rätsel lösen
Reisen
Rettungssanitäterausbildung
Salsa tanzen
Schach
Schreibcoaching
Schreiben von Geschichten
Segeln
Selbstakzeptanz erlernen
Selbstkritisches Denken
Seniorenbühne für Theaterspielen gründen
Sich unterhalten
Singen im Chor
Slackline (Balancieren auf einem Gurtband)
Spazieren gehen
Spielen
Statistik lernen
Stepp-Aerobic
Sticken sehr großer Porträts
Studium beginnen/fortsetzen
Tai-Chi
Tanzen
Ukulele spielen
Umgang mit Krisen lernen
Unterrichten
Vegan ernähren, vegan leben
Verantwortung für einen Hund übernehmen
Videospiele spielen
Vögel beobachten
Wachteln züchten
Wandern
Workouts
Yoga
Zeichnen
Zirkus
Zoo
Zukunftsorientiert denken

Dank

Mein besonderer Dank für die Unterstützung bei der Erstellung dieses Buchs gilt meiner Literaturagentin Dr. Hanna Leitgeb von der Agentur rauchzeichen für die Impulse, der Programmleiterin Sachbuch des Beltz Verlags Carmen Kölz sowie meiner Lektorin Judith Roth für die unterstützenden und anregenden Rückmeldungen. Ebenso den Studierenden der Bildungswissenschaften und Mitarbeiterinnen und Mitarbeitern der Abteilung »Empirische Lehr-Lern-Forschung und Didaktik« der Universität Trier für die anregenden Gespräche und Recherchen zum Buch. Stellvertretend genannt seien hier Dr. Julian M. Greve, Kristina Eschle, Jil Herker, Anica Bosnjak, Marion Hoener und Luisa Simon.

Mein besonderer Dank gilt meinen Interviewpartnern, insbesondere Erwin, Hanne, Norbert, Petra und Yvonne sowie all den anderen, die in den Befragungen ihre Geschichten erzählt haben.

Für die Geduld, Ideen und aufbauenden Rückmeldungen während des Schreibprozesses danke ich meinen Freunden und meinen Schwestern Andrea, Christiane und Julia sowie insbesondere meiner Frau Andrea.

Ihnen, liebe Leserin, lieber Leser, wünsche ich eine wunderbare Zeit des Aufbrechens und wäre dankbar für Ihre Rückmeldungen oder Anregungen zum Buch (Deutsches Institut für Motivation, broba@dim.sc).

Anmerkungen

Tun, was wir wirklich wollen

1 *Blinded by the light.* Musik & Text von Bruce Springsteen. Veröffentlichung auf dem Album »Greetings from Asbury Park, 1973. Bekannte Coverversion von Manfred Mann's Earth Band, Columbia, 1976.
2 *Deutsches Wörterbuch von Jacob und Wilhelm Grimm.* Lfg. 3 (1859), Bd. III (1862), Sp. 658, Z. 63
3 Das Wörterbuch des deutschen Wortschatzes (DWDS). www.dwds.de/wb/entwickeln#d-1-1
4 Krech & Crutchfield (2008): *Grundlagen der Psychologie.* S. 65
5 Dixon (2003): *Themes in the aging of intelligence*; Lachman (2004): *Development in midlife.*
6 Gerrig & Zimbardo (2008): *Psychologie.* S. 363
7 *Meine eigenen Wege.* Musik: Heiner Lürig & Heinz Rudolf Kunze. Text: Heinz Rudolf Kunze. © 1988 Edition Intro Meisel GmbH / Weltverbesserer Musikverlag GmbH Heinz Kunze
8 Bauer et al. (2015): Growth motivation toward two paths of eudaimonic self-development. S. 187
9 Huta (2016): *Eudaimonic and hedonic orientations.*
10 Schulze (2019): Grenzerfahrung beim Schlauchturmrennen.
11 Mietzel (1997): *Wege in die Entwicklungspsychologie.* Bd. 1, S. 11
12 Adam-Lauer (o. J.): *Die Entwicklung des Menschen: Terminologie, Methodik, Entwicklungstheorien.*
13 Gerrig & Zimbardo (2008): *Psychologie.* S. 522
14 ebd. S. 12
15 ebd. S. 12
16 Murphy (o. J.): Esalen Institute.
17 Maslow (1954/2014): *Motivation und Persönlichkeit.* S. 187
18 ebd. S. 180
19 ebd. S. 183
20 ebd. S. 187
21 Asendorpf (2019): Humanistische Persönlichkeitstheorien.
22 ebd.
23 Caspar (2016): Humanistische Therapien.
24 Asendorpf (2019): Humanistische Persönlichkeitstheorien.

Was wir brauchen

1 Fromm (1947): *Psychoanalyse und Ethik. Bausteine zu einer humanistischen Charakterologie.*
2 Fromm (1976a): *Haben oder Sein. Die seelischen Grundlagen einer neuen Gesellschaft.*

3 ebd.
4 Fromm (1999): *Credo eines Humanisten.* S. 593-596
5 Fromm (1973a): *Anatomie der menschlichen Destruktivität.* S. 33
6 vgl. Fromm (1964a): *Die Seele des Menschen.* S. 185. https://fromm-online.org/biophilie-liebe-zum-lebendigen-biophilie/
7 Hölderlin: www.deutsche-liebeslyrik.de/holderlin_hyperion.htm
8 Kermani: www.bad-homburg.de/medien/bindata/kultur/Rede_Navid_Kermani.pdf
9 ebd.
10 Funk (2020). In: Fromm: *Lieben wir das Leben noch*? S. 7
11 ebd.
12 ebd.
13 Fromm (2020): *Lieben wir das Leben noch?* S. 35 f.
14 *Up Where We Belong.* Words by Will Jennings; Music by Buffy Sainte-Marie & Jack Nitzsche. © 1982 Sony Music Publishing LLC. All Rights Administered by Sony Music Publishing LLC, 424 Church Street, Suite 1200, Nashville, TN 37219. International Copyright Secured. All Rights Reserved. Used by permission of Hal Leonard Europe Limited
15 Fromm (2020): *Lieben wir das Leben noch?* S. 27
16 ebd. S. 27 f.
17 Fromm (2020): *Authentisch leben.* S. 59
18 ebd. S. 59
19 ebd. S. 60
20 ebd. S. 61 f.
21 ebd. S. 62
22 Fromm: Credo eines Humanisten.
23 Funk (2020). In: Fromm (2020): *Lieben wir das Leben noch*? S. 19

Das alles und noch viel mehr: Selbstbestimmung

1 Neal (2017a)
2 Roberts (2017): A Systematic Review of Personality Trait Change Through Intervention.
3 Asendorpf (2019): Anlage-Umwelt.
4 Einige Hinweise auf zentrale Forschungsbefunde: http://rhsweb.org/slovelady/AssignmentsHonBioMed/BioMed2/EpigeneticsProject/
5 Jonsson et al. (2021): *Differences between germline genomes of monozygotic twins.*
6 Fraga et al. (2005): *Epigenetic differences arise during the lifetime of monozygotic twins.*
7 Cyranoski (2009): *Developmental biology: Two by two.*
8 Lebensstil beeinflusst Gene: https://blogs.scientificamerican.com/guest-blog/lifestyle-choices-could-affect-gene-sequences-that-code-for-cancer/
9 Berndt (2021): Zwillinge unterscheiden sich stärker als gedacht.
10 Teixeira, Marques et al. (2020): A Classification of Motivation and Behavior Change Techniques Used in Self-Determination Theory-Based Interventions in Health Contexts.
11 Adel Tawil: *Ist da jemand?*
12 Teixeira, Marques et al. (2020): A Classification of Motivation and Behavior Change Techniques Used in Self-Determination Theory-Based Interventions in Health Contexts.
13 ebd. S. 48
14 Deci & Ryan (1985): *Intrinsic motivation and self-determination in human behavior.* S. 699; Ryan & Deci (2017): *Self-determination theory. Basic psychological needs in motivation, development, and wellness.*
15 ebd.
16 Teixeira, Marques et al. (2020): A Classification of Motivation and Behavior Change Techniques Used in Self-Determination Theory-Based Interventions in Health Contexts.

17 *All by myself.* Musik von Eric Carmen und Sergei Rachmaninoff. Text von Eric Carmen. Veröffentlicht auf dem Album »All by myself« von Eric Carmen, Arista Records, 1975. Bekannte Coverversion von Céline Dion, 1996.
18 St. John (1959), S. 233
19 Zit. nach Klein (1984): *Virginia Woolf. Genie – Tragik – Emanzipation.* S. 699

Aufbrechen: Das Geheimnis, 1. Teil

1 Ryan & Deci (2017): *Self-determination theory. Basic psychological needs in motivation, development, and wellness.*
2 ebd. S. 11
3 ebd. S. 124
4 *Night fever.* Musik & Text von Barry Gibb, Robin Gibb und Maurice Gibb. Veröffentlicht auf dem Album »Saturday Night Fever (The Original Movie Sound Track)«, RSO Records, 1977.
5 Fromm: *Die Faszination der Gewalt und die Liebe zum Leben.* S. 23-42
6 Klusmann, Trautwein, Lüdtke (2005): *Intrinsische und extrinsische Lebensziele.* Sowie: Deci & Ryan (1997): *Aspirations Index. Scale description.* Zugriff Dezember 2001: www.psych.rochester.edu/ SDT/measures/aspir.html
7 *My way.* Musik von Claude François und Jaques Revaux, Text(e) von Gilles Thibaut und Paul Anka. Mit dem Text von Paul Anka veröfffentlicht auf der Single »My Way I Blue Lace« von Frank Sinatra, Reprise Records, 1969.
8 *It's my life.* Musik & Text von Jon Bon Jovi, Richie Sambora und Max Martin. Veröffentlicht auf dem Album »Crush« von Bon Jovi, Island Records, 2000.

Was uns die Freiheit nimmt

1 *Zieh' dir bloß die Schuhe aus.* Musik & Text von Marius Müller-Westernhagen. Veröffentlicht auf dem Album »Mit Pfefferminz bin ich dein Prinz«, Neue Welt Musikverlag GmbH, 1978.
2 Forsa-Umfrage (2016): *Größte Stressfaktoren.*
3 *Unchain My Heart.* Words & Music by Bobby Sharp & Teddy Powell. © 1960 (Renewed) by B. Sharp Music. All Rights controlled by Music Sales Corporation (USA/ Canada) / Music Sales Ltd (Rest of the World). International Copyright Secured. All Rights Reserved. Used by permission of Hal Leonard Europe Limited.
4 Oliver, Markland, Hardy (2010): Identifying important practice behaviors for the development of high-level youth athletes.
5 Ryan & Deci (2017): *Self-determination theory. Basic psychological needs in motivation, development, and wellness.* S. 150
6 ebd. S. 151
7 ebd.
8 ebd.
9 Lepper, Greene, Nisbett (1973): *Undermining childrens intrinsic interest with extrinsic reward: A test of the »overjustification« hypothesis.*
10 Ryan & Deci (2017): *Self-determination theory. Basic psychological needs in motivation, development, and wellness.*
11 ebd. S. 127
12 ebd. S. 127
13 ebd. S. 149
14 ebd. S. 150
15 ebd. S. 150
16 ebd. S. 150
17 ebd. S. 151
18 Deci & Flaste (1996): *Why we do, what we do.*

19 Brohm-Badry (2019): *Das gute Glück.*
20 Fahrenberg (2016): Autoritärer Charakter.
21 ebd.
22 Deci & Flaste (1996): *Why we do, what we do.* S. 157
23 ebd.
24 ebd. S. 158
25 ebd.

Wie unsere Freiheit wächst: Autonomie-Support-Techniken

1 Teixeira, Marques et al. (2020): A Classification of Motivation and Behavior Change Techniques Used in Self-Determination Theory-Based Interventions in Health Contexts. S. 51
2 Kendall & Treadwell (2007): The role of self-statements as a mediator in treatment for youth with anxiety disorders.
3 Deci & Ryan (1985)
4 Silva, Marques, Teixeira (2014), S. 173
5 Teixeira, Marques et al (2020): A Classification of Motivation and Behavior Change Techniques Used in Self-Determination Theory-Based Interventions in Health Contexts. S. 51
6 Senftleben: Zeitzuleben.de
7 ebd.
8 ebd.
9 Brohm (2012): *Motiviert studieren.*
10 ebd.
11 ebd.
12 Seligman (2012), S. 343 ff.
13 Fullmann (o. J.): *Schütte deine Gedanken aufs Papier.*
14 Professur für Empirische Lehr-Lern-Forschung in den Bildungswissenschaften der Universität Trier. www.uni-trier.de/universitaet/fachbereiche-faecher/fachbereich-i/faecher-und-institute/erziehungs-und-bildungswissenschaften/bildungswissenschaften/abteilungen/bildungswissenschaften-ii/professur
15 vgl. Deutsches Institut für Motivation (DIM), www.dim.sc/
16 Fredrickson (2003/2005)

Motivationsressourcen stärken

1 Bandura (1994): *Self-efficacy.*
2 Antonovsky (1987): *Unraveling the mystery of health.*
3 *My Way.* Musik von Claude François und Jaques Revaux, Text(e) von Gilles Thibaut und Paul Anka. Mit dem Text von Paul Anka veröfffentlicht auf der Single »My Way I Blue Lace« von Frank Sinatra, Reprise Records, 1969.
4 Keupp (2002): *Von der (Un-)Möglichkeit, erwachsen zu werden.* S. 10
5 Brohm-Badry (2019): *Das gute Glück.*
6 Erhart, Hölling, Bettge et. al. (2007): Der Kinder- und Jugendgesundheitssurvey (KiGGS). Risiken und Ressourcen für die psychische Entwicklung von Kindern und Jugendlichen, S. 802
7 Teixeira, Marques et al (2020): A Classification of Motivation and Behavior Change Techniques Used in Self-Determination Theory-Based Interventions in Health Contexts. S. 51
8 Kanning (2002/2005)
9 Saint-Exupéry, Antoine de (1943/2003): *Der kleine Prinz*
10 *I'm still standing.* Musik von Elton John, Text von Bernie Taupin. Veröffentlicht auf dem Album »Too Low for Zero« von Elton John, Geffen (US), Rocket (UK), 1983.

11 Erhart, Hölling, Bettge et. al. (2007): Der Kinder- und Jugendgesundheitssurvey (KiGGS). Risiken und Ressourcen für die psychische Entwicklung von Kindern und Jugendlichen.
12 Wustmann (2005): Die Blickrichtung der neueren Resilienzforschung.
13 ebd. S. 197
14 ebd. S. 197

Die Freiheit, aufzubrechen: Das Geheimnis, 2. Teil

1 Carpentier & Mageau (2013): *When change-oriented feedback enhances motivation, well-being and performance: A look at autonomy-supportive feedback in sport.* S. 430

Freie Auswahl: Lieblingsaktivitäten

1 uni-muenster.de/imperia/md/content/psychotherapie_ambulanz/aktivit__tenliste.pdf

Literatur

Adam-Lauer, Gisela (2003): *Die Entwicklung des Menschen: Terminologie, Methodik, Entwicklungstheorien.* Fachhochschule Nordostniedersachsen, Zugriff am 14.08.2020 unter https://pub-data.leuphana.de/frontdoor/index/index/docId/288.

Antonovsky, Aaron (1987): *Unraveling the mystery of health: How people manage stress and stay well.* London: Sage.

Asendorpf, Jens B. (2019): *Persönlichkeitstheorien, humanistische.* In: Wirtz, M. A. (Hrsg.): *Dorsch Lexikon der Psychologie.* Bern: Hogrefe. Zugriff am 01. Dezember 2020 unter https://dorsch.hogrefe.com/stichwort/persoenlichkeitstheorien-humanistische.

Asendorpf, Jens B. (2019): *Anlage-Umwelt.* In: Wirtz, M. A. (Hrsg.): *Dorsch Lexikon der Psychologie.* Bern: Hogrefe. Zugriff am 19.04.2021 unter: https://dorsch.hogrefe.com/stichwort/anlage-umwelt.

Bandura, Albert (1994): *Self-efficacy.* In: V.S. Ramachaudran (Hrsg.): *Encyclopedia of human behavior* (Vol. 4, pp. 71–81). New York: Academic Press.

Bauer, Jack J.; Park, Sun W.; Montoya, R. Matthew & Wayment, Heidi A. (2015): *Growth motivation toward two paths of eudaimonic self-development.* In: *Journal of Happiness Studies*, 16, 185–210.

Berndt, Christina (2021): *Zwillinge unterscheiden sich stärker als gedacht.* Zugriff am 19. April 2021 unter www.sueddeutsche.

de/gesundheit/zwillinge-genforschung-mutationen-epigenetik-1.5178260.

BioMed: *Epigenetics Project 2020.* Zugriff am 19.April 2021 unter http://rhsweb.org/slovelady/AssignmentsHonBioMed/BioMed2/EpigeneticsProject/.

Brohm-Badry, Michaela (2019): *Das gute Glück. Wie wir es finden und behalten können.* Salzburg: Ecowin.

Brohm-Badry, Michaela (2017): *Warum wir Leistung neu denken sollten: Weckruf für ein humanistisches Leistungsparadigma.* In: M. Brohm-Badry, C. Peifer & J. M. Greve (Hrsg.), *Positiv-Psychologische Forschung im deutschsprachigen Raum – State of the Art* (S. 8–17). Lengerich: Pabst Science Publishers.

Brohm, Michaela (2009): *Sozialkompetenz und Schule. Theoretische Grundlagen und empirische Befunde zu Gelingensbedingungen sozialbezogener Interventionen.* Weinheim: Beltz Juventa.

Brohm, Michaela (2016): *Motiviert studieren.* Paderborn: Ferdinand Schöningh, UTB.

Brohm, Michaela (2016): *Positive Psychologie in Bildungseinrichtungen. Konzepte und Strategien für Fach- und Führungskräfte.* Wiesbaden: Springer.

Brohm, Michaela (2017): *Werte, Sinn und Tugenden als Steuerungsgröße in Organisationen. Für Fach- und Führungskräfte.* Wiesbaden: Springer.

Brohm, Michaela & Vogt, Dominic (2016): *Leistungsmotivation: der Einfluss von Flowerleben und Reflexionsfähigkeit.* In: *Empirische Pädagogik, 30* (2), 227–249.

Carpentier, Joëlle & Mageau, Geneviève A. (2013): *When change-oriented feedback enhances motivation, well-being and performance: A look at autonomy-supportive feedback in sport. Psychology of Sport and Exercise, 14*(3), 423–435. https://psycnet.apa.org/record/2013-05927-015.

Caspar, Franz (2016): *Humanistische Therapien.* In: M. A. Wirtz (Hrsg.): *Dorsch Lexikon der Psychologie.* Bern: Hogrefe. Zugriff am 20.04.2021 unter https://dorsch.hogrefe.com/stichwort/humanistische-therapien.

Cyranoski, David (2009): *Developmental biology: Two by two.* doi:10.1038/458826a. Zugriff am 07. Mai 2021 unter www.nature.com/news/2009/090415/full/458826a.html?s=news_rss.

Deci, Edward L. & Flaste, Richard (1995/1996): *Why we do, what we do. Understanding Self-Motivation.* London: Penguin Books.

Deci, Edward L. & Ryan, Richard M. (1997): *Aspirations Index. Scale description.* Rochester University homepage, Department of Clinical and Social Science in Psychology. Zit. nach Klusmann, Trautwein, Lüdtke, Oliver (2005): Intrinsische und extrinsische Lebensziele. Reliabilität und Validität einer deutschen Fassung des Aspirations Index. In: *Diagnostica*, 51, Heft 1, 40–51, Göttingen: Hogrefe Verlag.

Deci, Edward L. & Ryan, Richard M. (1985): *Intrinsic motivation and self-determination in human behavior. New Intrinsic motivation and self-determination in human behavior*. New York: Plenum Press.

Deutsches Wörterbuch von Jacob Grimm und Wilhelm Grimm, Erstbearbeitung (1854–1960), digitalisierte Version im Digitalen Wörterbuch der deutschen Sprache, Zugriff am 19.04.2021 unter »entwickeln« www.dwds.de/wb/dwb/entwickeln.

Dixon, Roger A. (2003): *Themes in the aging of intelligence: Robust decline with intriguing possibilities.* In: R. J. Sternberg, J. Lautrey & T. L. Lubart (Hrgs), *Models of intelligence: International perspectives* (S. 151–167). Washington, DC: American Psychological Association.

Erhart, Michael; Hölling, Heike; Bettge, Susanne et al. (2007): *Der*

Kinder- und Jugendgesundheitssurvey (KiGGS). Risiken und Ressourcen für die psychische Entwicklung von Kindern und Jugendlichen. In: *Bundesgesundheitsblatt* 50, 800–809 (2007).

Fahrenberg, Jochen (2016): *Autoritärer Charakter*. In: M. A. Wirtz (Hrsg.), *Dorsch Lexikon der Psychologie* (18. Aufl.). Bern: Hogrefe.

Forsa-Umfrage (2016): *Größte Stressfaktoren in Deutschland nach Geschlecht im Jahr 2016*. Zugriff am 07.Mai 2021 unter https://de.statista.com/statistik/daten/studie/282578/umfrage/umfrage-zu-den-groessten-stressfaktoren-im-alltag-nach-geschlecht/.

Fraga, Mario F.; Ballestar, Esteban; Paz, Maria F. et al. (2005): *Epigenetic differences arise during the lifetime of monozygotic twins.* DOI: 10.1073/pnas.0500398102. www.pnas.org/content/102/30/10604.

Fredrickson, Barbara L. (2003): *The value of positive emotions. The emerging science of positive psychology is coming to understand why it's good to feel good.* In: *American Scientist, 91*, 330–335.

Fredrickson, Barbara L. (2005): *The broaden-and-build theory of positive emotions.* In: F. Huppert, N. Baylis & B. Kevern (Eds.), *The Science of Well-being.* S. 217–238), New York: Oxford University Press.

Fredrickson, Barbara L. & Losada, Marcial F. (2005): *Positive affect and the complex dynamics of human flourishing.* In: *American Psychologist, 60*, 678–686.

Fromm, Erich (2000): *Authentisch leben.* In: Funk, Rainer (Hrsg.). Freiburg: Herder.

Fromm, Erich (2020): *Lieben wir das Leben noch? Über Macht und Ohnmacht der Liebe.* In: Funk, Rainer (Hrsg.). München: dtv.

Fromm, Erich (1973): *Anatomie der menschlichen Destruktivität.* In: Erich-Fromm-Gesamtausgabe, Band VII, S. 331. München:

Deutsche Verlags-Anstalt und Deutscher Taschenbuchverlag. Zugriff am 01. Dezember 2020 unter https://fromm-online.org/biophilie-liebe-zum-lebendigen-biophilie/.

Fromm, Erich (1976): *Haben oder Sein. Die seelischen Grundlagen einer neuen Gesellschaft.* In: Erich-Fromm-Gesamtausgabe, Band II, S. 333. Zugriff am 01. Dezember 2020 unter https://fromm-online.org/sein/.

Fromm, Erich (1953): *Die Pathologie der Normalität des heutigen Menschen.* In: Erich-Fromm-Gesamtausgabe, Band XI, S. 248f. Zugriff am 01.Dezember 2020 unter https://fromm-online.org/bezogenheit-beziehung-beziehung-bezogenheit/.

Fromm, Erich (1999): *Credo eines Humanisten.* In: Erich-Fromm-Gesamtausgabe, Band XI, S. 593–596. Zugriff am 07. Dezember 2021 unter https://fromm-online.org/das-leben-erich-fromms/fromms-credo-eines-humanisten/.

Fromm, Erich (1964): *Die Seele des Menschen. Ihre Fähigkeit zum Guten und zum Bösen.* In: Erich-Fromm-Gesamtausgabe, Band II, S. 185. Zugriff 07.12.2020 unter https://fromm-online.org/biophilie-liebe-zum-lebendigen-biophilie/.

Fromm, Erich (1947): *Psychoanalyse und Ethik. Bausteine zu einer humanistischen Charakterologie.* In: Erich-Fromm-Gesamtausgabe, Band II, S. 16. Zugriff 19.04.2021 unter https://fromm-online.org/leben/.

Fullmann, Sylvia (o. J.): *Schütte deine Gedanken aufs Papier.* Abgerufen am 1. Dezember 2020 unter www.gefragt-sein.at/wp-content/uploads/Freewriting.pdf.

Funk, Rainer (2020): *Einleitung des Herausgebers.* In: Fromm, Erich (2020): *Lieben wir das Leben noch? Über Macht und Ohnmacht der Liebe.* München: dtv.

Geenen, Noreen Y. R.; Hohelüchter, Mareike; Langholf, Valentin & Walther, Eva (2014): *The beneficial effects of prosocial spen-*

ding in happiness: Work hard, make money and spend it to others? In: *Journal of Positive Psychology*, 9, 204–208.

Gerrig, Richard J. & Zimbardo, Philipp G. (2008):. *Psychologie*. 18., aktualisierte Auflage. München: Pearson Studium.

Hölderlin, Friedrich (o. J.): *Liebesgedichte. Hyperion oder Der Eremit in Griechenland.* In: Irene Stasch, *Homepage Deutsche Liebeslyrik*. Zugriff am 1. Dezember 2020 unter http://www.deutsche-liebeslyrik.de/holderlin_hyperion.htm.

Huta, Veronica (2016): *Eudaimonic and hedonic orientations: Theoretical considerations and research findings*. In: J. Vittersø (Hrsg.): *Handbook of Eudaimonic Well-being*. Cham: Springer.

Jonsson, Hakon; Magnusdottir, Erna; Eggertsson, Hannes P. et al. (2021): *Differences between germline genomes of monozygotic twins*, https://www.nature.com/articles/s41588-020-00755-1

Kanning, Uwe Peter (2002): *Soziale Kompetenz. Definition, Strukturen und Prozesse.* In: *Zeitschrift für Psychologie*, 210/4, S 153–163.

Kanning, Uwe Peter (2005): *Soziale Kompetenzen. Praxis der Personalpsychologie*. Göttingen: Hogrefe.

Kasser, Tim & Ryan, Richard M. (1993): *A dark side of the American dream: Correlates of financial success as a central life aspiration.* In: *Journal of Personality and Social Psychology*, 65, 410–422.

Kendall, Philip. C. & Treadwell, Kimberli. R. H. (2007): *The role of self-statements as a mediator in treatment for youth with anxiety disorders.* In: *Journal of Consulting and Clinical Psychology*, 75(3), 380–389.

Kermani, Navid (2020): *Dankrede zur Verleihung des Friedrich Hölderlin-Preises.* bad-homburg.de. Zugriff am 11. Dezember

2020 unter www.bad-homburg.de/medien/bindata/kultur/Rede_Navid_Kermani.pdf.

Keupp, Heiner (2002): *Von der (Un-)Möglichkeit, erwachsen zu werden – Welche Ressourcen brauchen Heranwachsende in der Welt von Morgen?* Vortrag beim »Josefstaler Gespräch« am 30. Juni 2002.

Klein, Jürgen (1984): *Virginia Woolf. Genie – Tragik – Emanzipation.* München: Heyne.

Klusmann, Uta; Trautwein, Ulrich; Lüdtke, Oliver (2005): *Intrinsische und extrinsische Lebensziele. Reliabilität und Validität einer deutschen Fassung des Aspirations Index.* In: *Diagnostica*, 51, Heft 1, 40–51, Göttingen: Hogrefe. Zugriff am 11. Dezember 2020 unter www.researchgate.net/publication/289963214_Intrinsische_und_extrinsische_LebeLeLebeL_Reliabilitat_und_Validitat_einer_deutschen_Fassung_des_Aspirations_Index.

Krech, David & Crutchfield, Richard et al. (1982, Sonderausgabe 2008): *Grundlagen der Psychologie.* Augsburg: Weltbild.

Lachman, Margie E. (2004): *Development in midlife.* In: *Annual Review of Psychology*, 55, 305–331.

Lepper, M. R.; Greene, D.; Nisbett, R. E. (1973): *Undermining childrens intrinsic interest with extrinsic reward: A test of the «overjustification« hypothesis.* In: *Journal of Personality and Social Psychology.* 28(1), S. 129–137.

Maslow, Abraham H. (1954, 13. Aufl. 2014): *Motivation und Persönlichkeit.* Reinbeck bei Hamburg: Rowohlt.

Mietzel, Gerd (1997): *Wege in die Entwicklungspsychologie.* Weinheim: Beltz.

Murphy, Michael (o. J.): *Esalen Institute and Esalen Center for Theory & Research.* Zugriff am 1. Dezember 2020 unter https://www.esalen.org/ctr-main.

Neal, Jennifer Watling; Durbin, C. Emily; Gornik, Allison E.; Lo, Sharon L. (2017a): *Codevelopment of Preschoolers' Temperament Traits and Social Play Networks Over an Entire School Year.* In: *Journal of Personality and Social Psychology*, 2017; DOI: 10.1037/pspp0000135.

Neal, Zachary P. & Neal, Jennifer (2017b): *Network Analysis in Community Psychology. Looking Back, Looking Forward.* In: *American Journal of Community Psychology, Vol. 10,* 279–295. Zugriff am 11. Dezember 2020 unter https://onlinelibrary.wiley.com/doi/full/10.1002/ajcp.12158.

Oliver, Emily J.; Hardy, James & Markland, David (2010): *Identifying important practice behaviors for the development of high-level youth athletes. Exploring the perspectives of elite coaches.* In: *Psychology of Sport and Exercise,* 11(6), 433–443. Zugriff am 11. Dezember 2020 unter https://psycnet.apa.org/record/2010-11558-001.

Roberts, B. W.; Luo, J.; Briley, D. A. et al. (2017): *A Systematic Review of Personality Trait Change Through Intervention.* In: *Psychological Bulletin*, 143(2), 117–141. http://dx.doi.org/10.1037/bul0000088.

Ryan, Richard M., & Deci, Edward L. (2017, Paperback 2018): *Self-determination theory. Basic psychological needs in motivation, development, and wellness.* New York: Guilford Press.

Saint-Exupéry, Antoine de (2003, 77. Aufl.): *Der kleine Prinz.* Düsseldorf, Karl Rauch Verlag.

Schulze, Lea (2019): *Grenzerfahrung beim Schlauchturmrennen.* In: *Landeszeitung.de*. Zugriff am 01. Dezember 2020 unter www.landeszeitung.de/lokales/27445-grenzerfahrung-beim-schlauchturmrennen/.

Seligman, Martin (2012): *Flourish – Wie Menschen aufblühen. Die Positive Psychologie des gelingenden Lebens.* München: Kösel-Verlag.

Senftleben, Ralf (2019): *Setzt du dich selbst oft unter Druck? Dieser Trick hilft.* Zugriff am 1. Dezember 2020 unter https://zeitzuleben.de/selbst-unter-druck-trick/.

Silva, Marlene N.; Marques, Marta & Teixeira, Pedro (2014): *Testing theory in practice: The example of self-determination theory-based interventions.* In *European Health Psychologist.* 16. 171–180.

St. John, Christopher Marie (1959): *Ethel Smyth. A biography*. London, New York, Toronto: Longmans.

Teixeira, Pedro; Marques, Marta M. et al (2020): *A Classification of Motivation and Behavior Change Techniques Used in Self-Determination Theory-Based Interventions in Health Contexts.* In: *Motivation Science.* 6. 10.1037/mot0000172.

Universität Münster: *Aktivitätenliste.* Zugriff am 03. Februar 2021 unter uni-muenster.de/imperia/md/content/psychotherapie_ambulanz/aktivit__tenliste.pdf.

Wagman, Lawrence D. & Brown, Sandra M. (2014): *Lifestyle Choices Could Affect Gene Sequences that Code for Cancer.* Zugriff am 07. Mai 2021 unter https://blogs.scientificamerican.com/guest-blog/lifestyle-choices-could-affect-gene-sequences-that-code-for-cancer/.

Wustmann, Corina (2005): *Die Blickrichtung der neueren Resilienzforschung. Wie Kinder Lebensbelastungen bewältigen.* In: *Zeitschrift für Pädagogik*, 51 (2), 192–206.